U0874748

经贸名家经典规划教材

国际贸易

（精简本）

薛荣久 著

对外经济贸易大学出版社

图书在版编目（CIP）数据

国际贸易：精简本／薛荣久著．—北京：对外经济贸易大学出版社，2009（2014.08 重印）

经贸名家经典规划教材

ISBN 978-7-81134-500-1

Ⅰ．国…　Ⅱ．薛…　Ⅲ．国际贸易－教材　Ⅳ．F74

中国版本图书馆 CIP 数据核字（2009）第 029451 号

国际贸易（精简本）

薛荣久　著

责任编辑：曹　麦

对 外 经 济 贸 易 大 学 出 版 社

北京市朝阳区惠新东街 10 号　　邮政编码：100029

邮购电话：010-64492338　　发行部电话：010－64492342

网址：http：//www. uibep. com　　E-mail：uibep@126.com

北京市山华苑印刷有限责任公司印装　　新华书店北京发行所发行

成品尺寸：185mm×230mm　　18 印张　　362 千字

2009 年 8 月北京第 1 版　　2014 年 8 月第 6 次印刷

ISBN 978-7-81134-500-1

印数：33 001－39 000 册　　定价：27.00 元

著者说明

编者从20世纪60年代中期至今，在对外经济贸易大学一直从事国际贸易的教学与研究工作，并一直担任学校、商务部和教育部《国际贸易》教材的主编和著者。20世纪80年代担任教育部高等学校财经类专业核心课程《国际贸易》教材的主编、教育部成人教育专用教材《国际贸易理论与实务》的主编。20世纪八九十年代，与陈同仇教授共同为原外经贸部外贸院校以及教育部成人自考主编了《国际贸易》教材。2003年担任对外经济贸易大学"211工程"《国际贸易》（新编本）的主编。由于上述教材使用范围广泛，体例科学完整，内容不断更新，便于教学与研究，曾荣获教育部、原外经贸部和北京市的各种奖励。2005年，对外经济贸易大学"国际贸易"课程被教育部定为精品课程。2006年9月后，担任全国高等教育自学考试指定教材《国际贸易》主编，2008年7月由中国人民大学出版社出版。2007年起，本人撰著"普通高等教育'十一五'国家级规划教材"《国际贸易》，于2008年2月由对外经济贸易大学出版社出版。

为教学使用方便，著者在"十一五"国家级规划教材《国际贸易》的基础上撰著这本精简本，在保持原教材体例的基础上，字数减少了近一半。在精简本中，著者力求做到以下几点。

（1）体例完整。本书覆盖了当今国际贸易的全部领域的基本内容，包括货物、服务和与贸易有关的知识产权交易。（2）内容更新。本书包括了国际贸易的最新理论、最新知识和最新的数据资料与图表。（3）有机结合。历史与当今结合，以今为主；国际贸易理论与政策结合；国际贸易政策、措施与WTO规则结合。（4）求真务实。第一，在贸易理论上不做抽象的演绎，而是把贸易理论与贸易作用、国际分工、国际价格、贸易政策、跨国公司、区域经济一体化等有机结合。第二，在贸易政策的制定主体上，以国家为基础，扩展到经济贸易集团，再到世界贸易组织。第三，在国际贸易交易内容上，从货物贸易到服务贸易再到知识产权交易。第四，在国际贸易政策上，从重商主义→自由贸易→保护幼稚工业→超贸易保护→贸易自由化→新贸易保护主义→贸易自由化深化。第五，在贸易措施上，从进口到出口；从关税到非关税；从国家单边措施到国际多边措施。（5）文字力求简明、易懂。

为便于教材的使用和双语教学，本教材还将陆续推出英文译本和国际贸易案例集。

在本教材的编写过程中，我的博士生杨凤鸣做了许多工作，薛艳女士做了一些协助工作，对此表示感谢。

本书如有不妥之处，望读者多提宝贵意见和建议，以便进一步修改和完善。

对外经济贸易大学教授、博士生导师

北京市高等学校首届教学名师

薛荣久

2009 年 1 月 5 日

目　录

第一章　导　论

学习目标

本章介绍对外贸易或国际贸易的含义，国际贸易产生的条件与发展，对外贸易与国内贸易的异同，对外贸易的分类，并分析国际贸易的基本概念。

通过学习，学生应知道国际贸易产生与发展的条件，准确地把握国际贸易的主要概念，为以后的学习打下基础。

第一节　国际贸易的产生与发展

一、对外贸易或国际贸易的含义

对外贸易或国际贸易是指世界各国之间货物、服务和生产要素交换的活动。国际贸易是各国之间分工的表现形式，体现了世界各国在经济上相互依存的状况。从国家角度可称为对外贸易，从国际角度可称为国际贸易。

二、国际贸易的产生与发展

（一）对外贸易产生的条件

对外贸易的产生必须具备两个条件：第一，有可供交换的剩余产品。第二，出现了政治实体。它是社会生产发展的必然结果。

（二）国际贸易的发展

在奴隶社会和封建社会，自然经济占据统治地位，生产力水平低下，社会分工不发达，导致对外贸易发展缓慢，国际商品交换只是个别和局部的现象，不存在真正的世界市场。

15 世纪末 16 世纪初，随着资本主义因素的发展，加上地理大发现和海外殖民地的开拓，对外贸易范围不断扩大，形成了区域性的国际商品市场。18 世纪 60 年代到 19 世纪 60 年代，以蒸汽机为代表的科学技术获得了惊人的发展。英国与其他欧洲一些国家和美国，相继完成了产业革命。资本主义生产从工厂手工业过渡到机器大工业，随之形成了与之相适应的国际分工体系；大机器工业更新了交通和通讯工具，把世界联结成一个整体，出现了世界市场和全球性的国际交换。随着国际贸易和国外投资的发展，出现了国际货币，最后形成了资本主义经济体系，为国际贸易的发展奠定了基础。

（三）国际贸易大发展的动因

1. 资本主义生产方式的要求

马克思指出："对外贸易的扩大，虽然在资本主义生产方式的幼年时期是这种生产方式的基础，但在资本主义生产方式的发展中，由于这种生产方式的内在必然性，由于这种生产方式要求不断扩大市场，它成为这种生产方式本身的产物。"①

（1）资本主义生产方式确立的基础

资本主义生产方式的产生需要两个条件：一是要有大批有人身自由的劳动力，他们丧失了一切生产资料，只能依靠出卖劳动力生活；二是要有建立企业所必需的大量货币财富。欧洲封建社会末期，对外贸易的扩大促进了自然经济的瓦解和商品经济的发展，使小生产者分化破产，沦为被迫出卖劳动力的雇佣劳动者；同时，一些殖民主义者通过不文明和肮脏的对外贸易，从海外掠取了大量的黄金和白银，为资本主义企业的建立提供了货币财富。这些因素促进了欧洲资本主义因素的蓬勃发展，导致了资本主义生产方式的产生。

（2）资本主义生产方式发展的产物

资本主义生产方式确立以后，追求高额利润和可持续发展的需要，使对外贸易从促进资本主义生产方式产生的基础变成了资本主义生产方式的内在要求和产物。

① 通过对外贸易实现产品价值，获取高额利润。追求高额利润和实现利润最大化是资本的内在要求和动力。对外贸易可以加速资本循环，加速产品价值的实现，获取更多的利润，实现利润最大化，这种动机必然驱使资本家开拓国外市场，千方百计发展对外贸易。

② 维持国民经济可持续发展。在利润驱使下，企业内部精打细算，计划周密，但社会生产是无序的，由于竞争激烈，整个国民经济各部门的发展是不平衡的，如果没有对外贸易和国外市场，各经济部门产品的实现和食物形态的补充将出现"瓶颈"，社会生产将难以继续。

③ 缓和经济衰退和化解危机。从资本主义的基本矛盾来看，经济波动、衰退和危机是不可避免的，而对外贸易是缓和化解经济衰退的重要途径。

④ 构筑资本主义经济体系的基础。对外贸易使资本主义经济规律扩展到世界，把经济发展水平不同的国家结合起来，形成世界市场和世界货币。通过对外贸易，资产阶级"把一切民族甚至最野蛮的民族都卷到文明中来了。它的商品的低廉价格，是它用

---

① 马克思，恩格斯．马克思恩格斯全集：第46卷．2版．北京：人民出版社，2003：264.

来摧毁一切万里长城、征服野蛮人最顽强的仇外心理的重炮”。①

2. 经济发展阶段的差异

美国经济学家罗斯托把世界各国的经济成长划分为六个阶段，即传统社会阶段、“起飞”阶段、向成熟推进阶段、高额群众消费阶段、追求生活质量阶段。世界各国所处阶段不同，所生产的产品种类、等级与性质有所差异，导致分工的不同。基于各国经济活动对各种产品带来的供给与需求的差异，需要通过对外贸易来解决。

3. 各国经济资源禀赋不同

由于历史、自然和社会人文等方面的原因，生产产品所需的生产要素，诸如人力、资本、土地、管理等生产要素在世界各国分配极不平均，为保持经济的持续发展和满足人民群众的不同需求，需要展开国际贸易。

4. 各国之间生产要素缺乏流动性

在国家存在的前提下，由于自然、政治和社会等原因，生产要素不像在国内那样能够自由移动，所以需要通过货物和服务贸易替代国家间生产要素的流动。

5. 经济全球化与规模经济

经济全球化是指以市场经济为基础，以先进科技和生产力为手段，以发达国家为主导，以利润和经济效益最大化为目标，通过贸易、分工、投资和跨国公司，实现世界各国市场和经济相互融合的过程，它是全球化的基础和产物的重要组成部分。在经济全球化下，世界各国的市场日益融为一体，使企业在更广阔的市场上参与竞争。为了充分地获得规模经济效益，分工和国际贸易变得日益重要。

6. 国民需求偏好存在差异

当人们收入提高，解决了温饱以后，生活方面的需求变得日益多样化，这也促进了相互贸易的发展。

三、当代国际贸易的发展态势

（一）国际贸易发展速度超过历史水平

从第二次世界大战结束到2007年的世界货物贸易的发展速度都超过历史水平。世界货物贸易年均增长速度1870～1913年为3.4%，1913～1950年为0.9%，1950～1973年为7.88%，1973～1998年为5.07%，1980～1990年为6.0%，1990～2000年为6.7%，2000～2005年为11.3%，2006年15.4%，2007年为14.4%。

（二）发达国家一直是国际贸易的主体

发达国家在世界货物贸易出口中的比重1950年为60.6%，1980年为65.3%，1990

① 马克思，恩格斯．马克思恩格斯选集：第1卷．2版．北京：人民出版社，1995：276页．

年为72.0%，2006年为59.1%。同期，发展中国家的比重分别为33.0%、29.5%、24.2%和36.8%，东南欧和独联体国家的比重分别为6.4%、5.3%、3.7%和4.0%。

2007年，发达国家在世界服务出口贸易中的比重为71.9%，同年，发展中国家相应的比重为25.4%，东南欧和独联体国家相应的比重为2.6%。

（三）国际分工向纵深发展

第二次世界大战后，国际分工向纵深发展，其特点如下：第一，参加国际分工的国家遍及世界各国，形成了世界性的分工。第二，水平型分工成为国际分工的主要形式。第三，国际分工从产业间分工向产业内部发展。第四，国际分工从货物分工向服务业领域发展。第五，第二次世界大战前，发达国家处于国际分工中心，而殖民地、落后国家处于国际分工的外围。战后，随着殖民体系的瓦解和经济发展，发展中国家中的新兴工业化国家和地区开始向中心地位发展。第六，随着服务业的发展，国际服务分工也在发展。第七，国际分工机制从战前的殖民统治、不平等条约和价值规律共同发挥作用，转变为以主权国家为主，通过价值规律作用，以跨国公司全球生产体系和资本国际化的方式进行。

（四）科学技术在国际贸易中的作用日益加强

科学技术成为对外贸易发展的关键因素。第一，国民经济是发展对外贸易的基础，发达国家经济增长的70%是依靠科技进步实现的。第二，跨国公司在当代世界经济、贸易中占据主导地位，而掌握技术优势成为跨国公司实施全球战略的基础。第三，科学技术使国际贸易商品结构向高级、优化方向发展。科学技术不仅能节省大量的原材料，而且能研制出大量的替代品。第四，科研使拥有劳动力优势国家的竞争力下降。在新的以知识为基础的财富创造系统中，劳动力成本在生产总成本中的比例不断缩小。第五，发达国家因拥有绝大部分世界科技成果，竞争能力不断加强。第六，科学技术促进了国际服务贸易和技术贸易的发展。第七，科技的发展使国际贸易方式不断发生革命。随着计算机网络、电视媒体和电话通信的空前繁荣，出现了新的贸易手段——电子商务。这增加了企业的贸易机会，提高了服务水平与质量，降低了交易成本，使企业内部运作过程合理化。电子商务的出现和应用，被认为是“一场结构性的商业革命”。

（五）多边贸易体制加强，贸易自由化成为贸易政策的主流

第二次世界大战后，为了促进世界经济的恢复与重建，1947年关税与贸易总协定（以下简称“关贸总协定”）成立，成为世界贸易体制的组织和法律基础。通过关贸总协定主持下的多边贸易谈判，关税不断下调，非关税壁垒受到约束，推动了关贸总协定缔约方的贸易自由化。经济全球化的发展，要求世界贸易体制得到加强，1995年建立的世界贸易组织（WTO），取代了1947年的关贸总协定，其管理的贸易协定与协议，从货物延伸到投资、服务贸易和知识产权。这使世界贸易体制进一步巩固和完善，使贸

易自由化向纵深发展。

第二节 对外贸易与国内贸易的异同

在国家消亡以前，国内贸易与对外贸易一方面出现了趋同；另一方面，由于经济结构的差异和文化、政治与法律的不同，使国内外贸易仍然存在巨大的差异。

一、对外贸易与国内贸易的相同点

对外贸易与国内贸易的一致性表现在：两者都是商品、服务和要素的交换活动；经营的目的都是取得利润或经济效益。

二、对外贸易与国内贸易存在差异的原因

(一) 文化环境不同

其中包括语言不同、社会制度、宗教和风俗习惯不同。

(二) 贸易环境不同

其中包括贸易政策与措施不一、国际汇兑复杂、海关和商检制度繁琐、贸易环节众多。

三、对外贸易与国内贸易差异带来的风险

其中包括信用风险、商业风险、汇兑风险、运输风险、价格风险、政治风险。

因此，对外贸易经营者要具有远大的眼光、良好的商业信誉、熟练的外语，具备专业理论与知识、灵通的商业情报、雄厚的资金和完备的组织机构等。

第三节 对外贸易的分类

一、货物贸易分类

(一) 按货物内容划分

货物贸易 (goods trade) 指有形商品的国际交易，《联合国国际贸易标准分类》把国际货物分为 10 大类。其中：0 类为食品及主要供食用的活动物，1 类为饮料及烟类，2 类为燃料以外的非食用粗原料，3 类为矿物燃料、润滑油及有关原料，4 类为动植物

油脂及油脂，5类为未列名化学品及有关产品，6类为主要按原料分类的制成品，7类为机械及运输设备，8类为杂项制品，9类为没有分类的其他商品。

在国际贸易统计中，一般把0～4类商品称为初级产品，把5～8类商品称为制成品。各国通过海关登录货物贸易种类、金额和进出口地。

（二）按货物移动方向划分

1. 出口贸易

出口贸易（Export Trade）是指将本国生产和加工的货物因外销而运出国境，作为出口贸易或输出贸易。不属于外销的货物则不算。例如，运出国境供驻外使领馆使用的货物、旅客个人使用带出国境的货物均不列入出口贸易。

2. 进口贸易

进口贸易（Import Trade）是指将外国生产和加工的货物外购后，因内销而运进国境，列入进口贸易或输入贸易。同样，不属于内销的货物则不算。例如，外国使领馆运进供自用的货物、旅客带入供自用的货物均不列入进口贸易。

3. 过境贸易

过境贸易（Transit Trade）是指从甲国经过丙国国境向乙国运送的货物，而货物所有权不属于丙国居民，对丙国来说，是过境贸易。有些内陆国家同非邻国的贸易，其货物必须经过第三国国境。

4. 复出口与复进口

复出口（Reexport Trade）是指输入本国的外国货物未经加工而再输出。复进口（Reimport Trade）是指输出国外的本国货物未经加工而再输入。例如，出口后退货、未售掉的寄售货物的退回等。

5. 净出口与净进口

一国在某种货物贸易上既有出口也有进口，若出口量和值大于进口量和值，称为净出口（Net Export）；反之，若进口量和值大于出口量和值，称为净进口（Net Import）。某项商品出口量和值大于进口量和值的国家，称为该项货物贸易的净出口国，表明该国在该种货物贸易中整体居于优势；反之，某项货物进口量和值大于出口量和值的国家，称为该项货物贸易的净进口国，表明该国在该项货物整体贸易中居于劣势地位。

（三）按交易对象划分

1. 直接贸易

直接贸易（Direct Trade）是指货物生产国与货物消费国直接卖买货物的行为。对生产国而言，是直接出口贸易；对消费国而言，是直接进口贸易。

2. 间接贸易

间接贸易（Indirect Trade）是指货物生产国与消费国之间，经由第三国商人进行贸易的行为。对生产国来说，是间接出口贸易；对消费国来说，是间接进口贸易。

3. 转口贸易

转口贸易（Entrepot Trade）是指货物生产国与消费国之间，或货物供给国与需求国之间，经由第三国贸易商分别签订进口合同和出口合同所进行的贸易。从第三国的角度来看，即是转口贸易，又称中转贸易。即使货物直接从生产国、供给国运往消费国、需求国，由于它们之间未直接发生交易关系，仍属于转口贸易的范畴。

（四）按运输方式划分

按运输方式，对外货物贸易可分为海运贸易、陆运贸易、空运贸易、多式联运贸易与邮购贸易。

二、服务贸易分类

服务贸易（Trade in Service）指无形商品的国际交易。其特点是提供和消费同时产生，不可储存，不以关境划分进出口，而是以服务提供和消费地点统计进出口。服务业包括12个部门，即商业、通讯、建筑、销售、教育、环境、金融、卫生、旅游、娱乐、运输、其他。

WTO《服务贸易总协定》确定国际服务贸易四种形式为："从一参加方境内向任何其他参加方境内提供服务。在一参加方境内向任何其他参加方的服务消费者提供服务。一参加方在其他任何参加方境内通过提供服务的实体的介入而提供服务。一参加方的自然人在其他任何参加方境内提供服务。"因服务贸易不通过海关，服务贸易额不列入各国海关统计，而计入各国国际收支表。

三、技术贸易分类

国际技术贸易（Tnternational Technology Trade）是指技术跨越国界进行有偿转让的交易。主要类别包括：许可贸易，工业产权、非工业产权的转让，技术服务与技术咨询，合作生产与合作设计，工程承包，与设备买卖相结合的技术贸易。

第四节 国际贸易的基本概念

一、总贸易体系与专门贸易体系

（一）总贸易体系

总贸易体系（General Trade System）是以国境作为统计货物进出口的方法。据此，所有进入本国国境的货物一律计入进口贸易；所有离开本国国境的货物一律计入出口贸易。

（二）专门贸易体系

专门贸易体系（Special Trade System）是指以关境作为统计进出口货物的方法。凡是通过海关结关进入的货物均计为进口贸易；凡是通过海关出口的货物均计为出口贸易。

总贸易体系和专门贸易体系都是贸易各国用来登记进出口货物的统计方法。前者说明一国在国际货物流通中的地位和作用，后者说明一国作为生产者和消费者在世界货物贸易中的地位和作用。

由于各国在编制货物进出口贸易统计时，有的采用总贸易体系，有的采用专门贸易体系，所以联合国在发表各国货物对外贸易额时，一般均注明是按何种贸易体系编制的。

世界各国服务贸易额的统计，只列入国际收支统计，不列入海关统计。故总贸易体系与专门贸易体系只适用于货物贸易统计。

二、对外贸易额与对外贸易量

（一）总对外贸易额

1. 概念

对外贸易额是指以金额表示的一国对外货物贸易值（value of foreign merchandise trade）与服务贸易值（value of trade in commercial services）相加之和。

2. 货物贸易额

一定时期内一国从国外进口货物的全部价值，称为进口货物贸易额；一定时期内一国对外出口货物的全部价值，称为出口货物贸易额。两者相加为货物进出口贸易额，它是反映一国对外货物贸易规模的重要指标之一。它一般以国际货币，如以美元来表示。把世界上所有国家以国际货币表示的进口货物额或出口货物额相加，就得出了世界货物贸易额。但由于一国货物的出口就是另一国货物的进口，因此，从世界范围来看，所有国家进口货物贸易额应等于所有国家出口货物贸易额。故通常以世界货物贸易出口额代表世界货物贸易额。

3. 服务贸易额

通常以各国国际收支经常项目中的服务额代表服务贸易额。服务包括运输、旅游和其他服务。因服务的对外出口和进口部分，不易与国内服务剥离，故统计中的对外或国际服务贸易额常常低于实际价值额。

（二）对外贸易量

按不变价格计算的对外贸易额，称为对外贸易量。以现实价格表示的对外货物贸易额经常受到价格变动的影响，因而不能确切地反映一国对外贸易发展的实际规模。为了反映贸易发展的实际规模，往往要以固定年份的价格为基期价格计算进出口贸易额，再进行比较。通过这种方法计算出来的对外货物贸易额已经剔除了价格变动的影响，只单纯反映对外货物贸易的量，所以又称为对外货物贸易量。

三、对外贸易差额

1. 概念

对外贸易差额（balance of trade）是一定时期内一国出口（货物与服务）总额与进口（货物与服务）总额之间的差额，用来表明一国对外贸易的收支状况。一国的进出口贸易收支是其国际收支经常项目中最重要的组成部分，故贸易差额状况对一国的国际收支有重要的影响。

2. 贸易顺差与逆差

当出口贸易总额超过进口贸易总额时，称为贸易顺差，也可称为出超；当进口贸易总额大于出口贸易总额时，称为贸易逆差，也可称为入超。通常贸易顺差以正数表示，贸易逆差以负数表示。

3. 贸易平衡

若出口贸易总额与进口贸易总额相等，则称为贸易平衡。

此外，为了表明货物贸易和服务贸易各自进出口贸易额之间的关系，还可进一步细分为货物贸易差额和服务贸易差额。

四、对外贸易或国际贸易结构

（一）广义的对外贸易或国际贸易结构

它是指货物、服务在一国总进出口贸易或国际贸易中所占的比重。如2007年，国际贸易总额为170 930亿美元，其中，货物贸易出口额为138 330亿美元，所占比重为80.9%；服务贸易出口额为32 600亿美元，所占比重为19.1%。

（二）狭义的对外贸易或国际贸易结构

它是指货物贸易或服务贸易本身的结构比较，可分为对外货物贸易结构与对外服务贸易结构。

对外货物贸易结构是指一定时期内一国或世界进出口货物贸易中以百分比表示的各类货物的构成。

对外服务贸易结构是指一定时期内一国或世界进出口服务贸易中以百分比表示的各类项目的构成。

（三）意义

广义和狭义的对外贸易或国际贸易结构可以反映出一国或世界的经济发展水平、产业结构的变化和服务业的发展水平等。为了进行深入比较，还可对货物贸易和服务贸易结构进行细分。

五、对外贸易地理方向

1. 概念

对外贸易地理方向（Direction of Foreign Trade）表明一国出口货物和服务的去向地及进口货物和服务的来源地。计算公式为：（对某国家和地区的出口或进口贸易额/对世界出口或进口贸易额）×100%。

2. 意义

对外贸易地理方向表明一国和地区与其他国家和地区之间经济贸易联系的程度。如2006年发达国家货物出口为70 136亿美元，其中对发达国家出口占出口比重为73.8%，对发展中国家的出口占出口比重为23.0%。对经济转型国家出口占出口比重为2.7%；同年，在发达国家货物进口中，来自发达国家本身进口的比重为64.0%，来自发展中国家进口的比重为32.1%。来自经济转型国家进口占进口比重为3.4%。这表明发达国家本身是主要的贸易对象。

六、国际贸易地区分布

（一）概念

国际贸易地区分布（International Trade by Country or Region）是指世界各洲、各国或地区在国际贸易中所占的比重。计算公式为：（对世界出口或进口额/整个世界贸易额）×100%。在国际货物贸易中地区分布的计算公式为：（对世界货物出口贸易额/世界货物出口贸易额）×100%。在国际服务贸易中地区分布的计算公式为：（对世界服务出口贸易额/世界服务出口贸易额）×100%。这一概念也可以再细分到商品本身。如2007年，在世界出口货物贸易地区分布中，发达国家比重为58.6%，发展中国家为37.5%，经济转型国家为3.9%。

（二）意义

国际贸易地区分布表明各洲、地区或国家在国际贸易中的地位。其影响因素主要有：世界各国和地区的国内生产总值、经济贸易的发展和所处的地理位置等。

七、对外贸易或国际贸易依存度

（一）概念

对外贸易依存度或国际贸易依存度（degree of dependence upon foreign or world trade）指一国对外贸易额或国际贸易额占国民生产总值（GNP）或国内生产总值（GDP）的比重。

（二）类型与计算方法

1. 贸易总依存度

贸易总依存度是指一国贸易总额在国民生产总值或国内生产总值中的比重。一国贸易总依存度的计算公式为：对外贸易额/国民生产总值(GNP)或国内生产总值(GDP)×100%。国际贸易总依存度计算公式为：世界贸易额/世界国民生产总值(WNP)或世界国内生产总值(WDP)×100%

2. 对外货物贸易依存度

对外货物贸易依存度是指一国货物贸易额在国民生产总值或国内生产总值中的比重。一国对外货物贸易依存度的计算公式为：货物贸易出口额/国民生产总值（GNP）或国内生产总值（GDP）×100%。世界对外货物贸易依存度的计算公式为：世界货物贸易出口额/世界国民生产总值（WNP）或世界国内生产总值（WDP）×100%。

3. 对外服务贸易依存度

对外服务贸易依存度是指一国服务贸易额在国民生产总值或国内生产总值中的比重。一国对外服务贸易依存度的计算公式为：对外服务出口贸易额/国民生产总值(GNP)或国内生产总值(GDP)×100%。世界对外服务贸易依存度的计算公式为：世界服务贸易出口额/世界国民生产总值(WNP)或世界国内生产总值(WDP)×100%。

（三）影响贸易依存度的因素

影响一国或国际贸易依存度的因素主要有：国内和世界市场的发展程度、加工贸易的层次、汇率的变化和地区特点等。通常，自然疆域大国和市场经济发达的国家贸易依存度低于疆域小国和国内市场不发达的国家。

第五节 国际贸易的作用

一、国际贸易与国家

当今世界，对外贸易从以下几个方面维系国家的生存和发展。

（一）延续社会再生产

在社会再生产的四个环节中，生产表现为起点，消费表现为终点，分配和交换表现为中间环节，而交换又是生产、分配和交换的媒介要素。如果没有交换活动，一个国家的社会再生产过程则无法正常进行。对外贸易是国家与国家之间的货物、服务和生产要素的交换活动，使社会进行再生产，做到可持续发展。

（二）实现社会产品价值

对外贸易对世界各国社会生产几大部类的平衡、各部门间的产品价值实现和实物形态补偿起着重要作用。对外贸易有助于解决社会生产大部类的不平衡，对外贸易有助于社会产品的实现。

（三）获得成本降低的效益

对外贸易能降低生产成本和实现比较成本优势。

（四）利用与转化生产要素

由于自然、历史和社会等原因，人力、资本、土地及企业家精神等生产要素在世界各国分配并不平均，差异很大。通过对外贸易，世界各国可以充分利用本国所拥有的充裕资源，从国外换取更多的由其相对稀缺生产要素生产的商品，以弥补本国生产要素的不足。

（五）接受国际经济“传递”

国际经济中对外贸易“传递”（Transmission）是指在国际经济领域中，一国经济盛衰通过对外贸易渠道直接或间接地对另一国经济产生影响。

一般说来，各国经济发展中的对外贸易“传递”，是通过产品价格变动对产量、就业和整个经济变动的影响进行的，其“传递”过程如石头投入池中。

（六）成为“经济增长的引擎”

20 世纪 30 年代，D · H · 罗伯逊首先认为 19 世纪的对外贸易不仅是简单地把一定数量的资源加以最适当配置的手段，而且是外围国家和地区经济增长的发动机。①

（七）参与经济全球化

经济全球化是指以市场经济为基础，以先进科技和生产力为手段，以发达国家为主导，以最大利润和经济效益为目标，通过分工、贸易、投资、跨国公司和要素流动等，实现世界各国市场相互融合的过程。

在国家存在的前提下，经济全球化下国内市场与世界市场的融合是一个长期发展的历史过程。其融合的过程是通过对外贸易（货物、服务、投资、知识产权）自由化和世界贸易体制进行的。

---

① Ragnar Narkse. Equilibrium and Growth in the World Economy. Harvard University，1961：283 – 297.

（八）维护和改善国际环境

对外贸易一直是世界各国对外政治、经济活动的重要工具。

例如：通过对外贸易获取政治利益；通过对外贸易施展经济外交；通过贸易维护国际地位。

二、国际贸易与企业

古今中外，不论何种社会制度与经济发展阶段，企业从事国际贸易的目的都是为了赚钱，追求高额利润，实现利润最大化。对外贸易成为企业实现上述目标的最佳途径：

对外贸易可使企业获得高额利润率，提高生产效率，达到规模经济。

三、国际贸易与国民

当今世界，对外贸易与每个国家国民的成长、收入水平和生活质量息息相关。通过对外贸易，可以增加福利、满足需求偏好、增长才干和实现自身价值。

本章小结

1. 本章为全书导论，简要回顾了国际贸易的产生与发展、国内外贸易的差异、对外贸易的分类、国际贸易的基本概念。

2. 国家的形成和可供交换产品的出现，导致了对外贸易的出现。在自然经济占主导地位的奴隶社会和封建社会中，对外贸易发展缓慢。在商品经济和市场经济占主导地位的资本主义社会中，对外贸易发展迅速，成为国际贸易。

3. 第二次世界大战以后，随着世界经济的恢复和发展、第三次科技革命、资本的国际化和贸易自由化，国际贸易取得空前发展，反过来又促进了世界经济的发展。

4. 在国家存在的前提下，由于经济发展阶段的差异，加上文化等方面的不同，国内贸易与对外贸易的差异在缩小，但仍然存在，给从事对外贸易的人员和企业带来了一定的难度和风险。

5. 对外贸易按交易内容、商品流动方向、交易对象和运输方式，可以分为各种贸易；按交易内容划分，在货物贸易的基础上，出现了服务贸易和技术贸易。

6. 在研究对外贸易或国际贸易时，经常使用一些概念，如贸易体系、贸易额、贸易量、贸易差额、贸易结构、地区分布和依存度等。

7. 对外贸易的发展给国家、企业和国民本身都带来了许多利益；它与国家的发展、企业的壮大和以人为本观念的体现都息息相关。国际贸易已成为国家和企业发展的引擎，成为国民素质提高和生活改善的枢纽。

思考题

1. 何谓国际贸易？
2. 对外贸易的产生需要什么条件？
3. 国际贸易如何分类？
4. 如何区分狭义与广义的对外贸易结构？
5. 影响一国对外贸易依存度的因素有哪些？
6. 对外贸易给国家、企业和国民带来了哪些利益？

第二章　国际分工

学习目标

本章系统地分析了国际分工产生的基础，介绍了国际分工的新发展、制约国际分工发展的各种因素，以及各种国际分工理论。通过学习，学生应了解国际分工与国际贸易的相互关系，知道制约国际分工发展的各种因素，掌握国际分工学说的主要内容。

第一节　国际分工的产生与发展

一、国际分工的概念与作用

（一）概念

国际分工（International Division of Labor）是指世界各国之间的劳动分工。它是社会分工发展到一定历史阶段，国民经济内部分工超越国家界限而形成的国家之间的分工。其表现形式是各国货物、服务和生产要素的交换。

（二）作用

1. 国际分工是国际贸易的基础

国际分工源于对外贸易的发展，在资本主义生产方式下，国际分工又变成对外贸易的基础。各国参与国际分工的形式和格局决定了该国对外贸易的结构、对外贸易地理方向和贸易利益的获得等。与此同时，各国对外贸易又是国际分工利益实现的途径，各国对外贸易的模式与措施影响着国际分工的发展。由此，国际分工与国际贸易相辅相成，互为因果。

2. 国际分工促进国内分工的发展

国际分工是发达国家国内社会分工发展的结果。发达国家国内各种产业分工超越国界形成国际分工，再把这种分工推向后进国家，形成国际分工体系。这种分工体系促进了对发达国家国内的分工，扩大了国内市场，促进了新兴产业的产生；冲击瓦解了对后进国家落后的社会分工体系，促使新的国内分工和新产业的出现。

3. 国际分工推动世界市场的扩大

国际分工使各国在其具有相对优势的部门或产品上扩大生产规模，形成规模经济，增加产品数量，取得规模效益。国际分工使各国生产要素得到有效的配置，节约了社会资本，提高了效率，大大推动了整个世界社会生产力的发展。世界社会生产力的发展加深了国际分工的深度与广度，从而扩大了世界市场。

4. 国际分工影响国际贸易格局

由于世界各国经济发展阶段和进入国际分工的方式不同，形成了不同国际分工的形式和格局。发达国家处于国际分工的优势地位和格局的中心，发展中国家处于劣势地位和格局中的外围。这种差异决定了他们在国际贸易中的主次地位和贸易利益的多寡，够成了不平等的国际贸易秩序，改变不平等秩序的斗争又推动着国际分工关系的改善、改革和重构。

二、国际分工的产生与发展

（一）萌芽阶段

这一阶段包括 16 ~18 世纪中叶资本原始积累时期以及资本主义以前的各个社会经济形态。由于自然经济占主导地位，该阶段只存在着不发达的社会分工和不发达的地域分工。

随着社会生产力的发展，11 世纪欧洲城市兴起，手工业与农业逐步分离，商品经济有了较快的发展。特别是在 15 世纪末到 16 世纪上半叶的“地理大发现”和随后的殖民地开拓，使市场大大地扩展，并促进了手工业向工场手工业的过渡。这种过渡也体现了社会分工水平的进一步提高。从此，资本主义进入了资本原始积累时期。殖民主义国家用暴力和超经济的强制手段，在亚、非、拉美殖民地开采矿山，建立甘蔗、烟草等农作物种植园，为本国提供不能生产的农作物原料，以维持和扩大本国工业品的生产和出口。形成了宗主国和殖民地之间的垂直型国际分工。

（二）发展阶段

这一阶段包括 18 世纪 60 年代 ~19 世纪 60 年代。此段时间内，第一次工业革命出现在英国，又迅速扩展到其他国家。工业革命推动了资本主义经济体系的构建，加快了商品经济和社会分工的发展，推进了国际分工。

1. 大机器工业加深了国际分工的基础

第一，大机器生产使生产能力不断增强，生产规模迅速扩大，源源不断地生产出来的大批商品使国内市场饱和，需要寻求新的市场。同时，生产力革命带来的生产的急剧扩大，引起原料供应的紧张，要求开辟大量而稳定的新的原料来源地。第二，大机器工业改进了运输方式，提供了电报等现代化的通信工具，把原料生产国和工业品生产国联系在一起。第三，大机器工业成为工业化国家开拓市场的“重炮”，消灭了古老的民族手工业，打破了以往地方和民族的自给自足和闭关自守的市场，把各种类型的国家卷入世界市场。

2. 英国成为国际分工的中心

率先完成工业革命的英国，生产力和经济迅速发展，在国际经济竞争中处于绝对优势地位。为进一步发展经济，英国放弃了重商主义政策，转向自由贸易。它通过强有力的竞争和殖民统治将亚、非、拉美国家落后的自然经济纳入国际分工和世界市场。马克思指出："英国是农业世界的大工业中心，是工业太阳，日益增多的生产谷物和棉花的卫星都围着它运转。"①

3. 世界市场上出现大宗商品

国际贸易中交换的商品，由过去主要为满足地主贵族和商人需要的奢侈品和消费品转向现代大工业生产需要的农业和原材料，如小麦、棉花、羊毛、咖啡、铜、木材等。这些产品的贸易推进了垂直型的国际分工体系和格局。

（三）形成阶段

这一阶段包括 19 世纪中叶到第二次世界大战。这个时期出现第二次产业革命，石油、汽车、电力、电器工业建立，交通运输加快发展，苏伊士运河（1869 年）和巴拿马运河（1913 年）相继开通，电报和海底电缆的铺设，大大促进了社会生产力的发展，确立了资本主义经济体系，国际分工体系最终形成。

1. 国际分工中心国家增多

这一期间完成产业革命的法国、德国、日本、美国等工业化国家都成为国际分工的中心国家。国际分工中心国家由英国变成一组国家。

2. 发达国家间出现部门分工

根据工业化后的经济结构和优势，发达国家之间形成部门分工，如，挪威专门生产铝，比利时专门生产铁和钢，芬兰专门生产木材和木材加工产品，芬兰和丹麦专门生产畜产品，美国成为谷物的生产大国。

3. 亚、非、拉美国家形成单一经济

随着国际分工中心国家的增多，亚、非、拉美殖民地和后进国家垂直型分工加深，他们主要生产和出口一两种中心国家生产和生活所需的农产品和矿产品，而所需的工业品和消费品则从中心国家进口。

4. 世界性的生产和消费形成

随着国际分工体系的形成，参与国际分工的每个国家都有许多生产部门首先是为世界市场生产的，而每一个国家所消费的生产资料和生活资料，都全部和部分地依靠其他国家供应。其结果是，参与国际分工国家的生产和消费变成世界性，相互形成依赖的关系。

---

① 马克思，恩格斯．马克思恩格斯选集：第 4 卷．2 版．北京：人民出版社，1995：425.

第二节　当代国际分工

一、当代国际分工发展的背景

第二次世界大战后，世界经济和政治发生重大变化。第一，在第三次科技革命作用下，出现电子、信息、服务、宇航、生物工程等新型产业，产业分工日益细化。第二，发达国家通过“工厂外迁”等方式，进行经济结构的调整和优化，促使国际资本流动加速，跨国公司兴起，形成全球性的生产和销售体系。第三，随着殖民地体系瓦解，殖民地和落后国家取得政治独立，开始发展民族经济，需要国外的资本和技术。第四，20世纪90年代以后，冷战结束，世界各国重视经济的发展和合作。第五，市场经济成为世界经济的主流，为世界各国市场的相互融合和分工提供了基础。第六，世界贸易体制的建立与加强。1995年WTO建立，取代1947年关贸总协定成为世界贸易体制的组织和法律基础，使多边贸易体制得到加强。关贸总协定主持的八轮回合多边贸易谈判和WTO的运行，促进了世界范围的贸易自由化。

二、当代国际分工的特点

（一）国际分工基础在深化

1. 世界性产业结构升级与调整

随着科学技术的进步，生产社会化和专业化大大发展，产业结构出现了高技术化、服务化、融合化和国际化的趋势，促使整个社会分工向纵深发展。一方面，各国国内分工在细化；另一方面，细化的国内分工加速向国外延伸。传统的以自然资源为基础的分工逐步发展为以现代化技术、工艺为基础的分工。

2. 经济全球化快速发展

20世纪90年代以后，经济全球化发展迅速。（1）建立起了全球性的生产体系和吸收体系。（2）出现全球性的金融、货币和投资市场。（3）出现了世界范围的人力资源流动。世界性移民、人才跨国培养、公开和隐蔽性流动都在加大。（4）建立起了地区和全球性的管理和协调机构与机制。各种经济贸易集团的大量出现和完善，国际货币基金组织、世界银行和世界贸易组织机制不断加强。大国首脑定期举行高层会议，共谋国际大事和商讨对策。

3. 市场经济体制被普遍接受

20世纪90年代以后，市场经济体制为世界绝大多数国家接受，对外开放政策成为各国对外经济贸易政策的主流。它们为市场经济规律充分发挥作用提供了广阔的空间，促进了世界的社会分工向广化和深化发展。

4. 国际分工的参与度扩大

参与国际分工的国家和地区遍及世界，各大类国家参与国际分工的程度在加深。1990 年到 2006 年间，对外贸易总出口依存度，发达国家从 18.1% 提高到 25.9%，发展中国家从 27.9% 提高到 44.0%，经济转型国家从 30.7% 提高到 37.8%。

（二）国际分工形式多样化

1. 垂直型

垂直型国际分工（Vertical International Division of Labor）是指经济发展水平不同的国家之间的纵向分工，主要指发达国家与发展中国家之间历史上形成的制造业与农业、矿业的分工。第二次世界大战后，随着发展中国家的经济发展，这种类型的分工有所削弱，但仍然存在。2003 ~ 2005 年间，4 种初级产品占出口收入比重为 50% 的发展中国家有 78 个；占出口收入 31% 的发展中国家有 75 个；在 45 个最不发达的国家中，有 30 个占出口收入的 50% 以上；非洲 52 个发展中国家有 34 个占出口收入的 50% 以上；非洲贝宁和布基纳法索出口中，棉花、可可和咖啡占出口收入 65% 以上。

2. 水平型

水平型国际分工（Horizontal International Division of Labor）是指经济发展水平相近的发达国家之间横向的产业分工。第二次世界大战后，这种类型的分工深化到产业内部，形成工业部门内部的国际分工。

（1）不同型号和规格产品的分工

由于同种类产品型号和规格的多样化，不同国家根据其自身优势，对同一类产品的不同型号和规格的生产进行分工。例如，在拖拉机生产上，美国着重发展大功率的轮式和履带式拖拉机，英国发展中型轮式拖拉机，德国生产小功率的轮式拖拉机。

（2）零件、配件和部件生产的分工

由于各国科技和工艺水平的差异，就产品零件、配件和部件的生产进行分工。这种形式的专业化生产得到了广泛发展。例如，在喷气式飞机、原子能发电站设备、电子计算机、汽车、拖拉机、收音机、电视机等产品大批量生产时所需的各种零件、配件和部件往往采用这种分工形式。

（3）工艺过程的分工

这种分工是指不同国家对生产过程的不同阶段进行专业化生产。例如，在化学工业方面，某国一些工厂专门生产半成品，然后出口这些半成品供给设在其他国家的化工厂去生产各种化学制成品。如举世闻名的德国拜耳公司以它所生产的中间产品提供给世界各地上万家的化工厂制造各种化学成品，就属于工艺过程的专业化。

水平型国际分工成为当今主流的国际分工形式。参与这种分工的国家除了发达国家，还有一些新兴工业化国家。

3. 混合型

混合型国际分工（Mixed International Division of Labor）是指垂直型分工与水平型分工混合起来的国际分工。例如，德国曾是典型的混合型国际分工的代表，它与发展中国家进行垂直型分工，而与其他发达国家则进行水平型分工。

4. 外包型

21 世纪初以来，在经济全球化浪潮下，兴起外包型国际分工，就是公司将某些业务和服务从自身内部剥离，然后外包给其他国家的公司。其表现形式是货物生产企业产品从自制到外购，将非核心工作和软件研发包给国外公司，以降低成本，提高核心竞争力。

5. 立体型

整体国际分工向纵向型的“宝塔型”分工与横向型的水平型分工并存的局面。它体现了世界各国之间在经济发展上的互补、融合和依存的经济全球化趋势。

（三）国际分工格局层次化

1. 发达国家仍处于国际分工中心

在国际分工的形成和发展过程中，发达国家一直处于主导地位。第二次世界大战后，发达国家仍然是国际分工中的中心，处于主导地位。

（1）发达国家处于科技发展的领先地位，发达国家产业结构的纵深发展使国际分工向广化和深化发展。

（2）发达国家的跨国公司通过直接投资建立全球性生产体系和销售体系，并把世界各国纳入其中，成为当代国际分工重要的营造者。

（3）发达国家是世界科技、贸易、金融、信息中心，是世界经济的火车头，引领经济全球化。

（4）以发达国家为主和为中心的地区经济贸易集团效益显著，影响最大，其内部分工的加速发展影响着整个国际分工。

2. 国际分工格局出现层次化

（1）部分发展中国家和地区离开外围

第二次世界大战前，国际分工的中心和外围界限清楚。第二次世界大战后，随着发展中国家和地区的经济发展，出现了新兴的工业化国家和地区，它们发展成为制成品出口的主要国家和地区，其中包括：巴西、中国、中国香港、中国台湾、印度、韩国、马来西亚、墨西哥、菲律宾、新加坡、泰国和土耳其。他们与发达国家形成了初步的水平型分工。2006 年，在其对世界的出口中，制成品已占 82.5%，对发达国家出口中，制成品占 84.0%；同年，从世界的进口中，制成品占 69.7%，从发达国家进口中，制成品占 79.0%。

这些国家和地区与一些发展中国家是垂直型分工。如 2006 年，它们对非洲的出口中，制成品占到 82.6%；而从非洲国家的进口中，燃料占到 63.2%。

(2) 经贸集团内部分工加强

经贸集团内部通过贸易和投资等的自由化，通过各种计划，协调和扩大成员内部产业之间的分工，使内部贸易占整个对外贸易的比重不断提高。欧盟（25 个成员国）内部贸易占整个对外贸易的比重从 1980 年的 62.3% 提高到 2006 年的 67.6%。同期，东盟该比重从 17.4% 提高到 24.9%，北美自由贸易区从 33.6% 提高到 53.8%。

(3) 区域内部分工在加强

如日本在汽车业的生产中，形成了与东南亚国家之间的分工。例如，在日本丰田汽车部件中，印度尼西亚和泰国集中生产柴油机、踏脚和电动设备；菲律宾生产传动系统；马来西亚生产驾驶连杆和电动设备；新加坡办事处协调和管理各种交易。

20 世纪 80 年代以后，国际分工从有形商品领域向服务业领域扩展，并出现了相互结合、相互渗透的趋势。在国际服务贸易中，发达国家在金融、保险、计算机、信息、通信等资本和技术密集型的服务中具有优势，发展中国家在海运、旅游和劳务输出等服务中具有优势。两类国家之间尚未形成固定的分工形式。

第三节 国际分工的发展条件

一、自然条件

（一）自然条件是国际分工产生和发展的基础

自然条件包括气候、土地、水流、自然资源、地理位置和国土面积等，它是一切经济活动的基础，没有一定的自然条件，进行任何经济活动都是困难的。自然条件对各国产业结构的影响是显而易见的。如只有地处热带的国家，才能生产热带作物；只有沿海且渔业资源丰富的国家，才有可能发展海洋渔业和养殖业。国土面积小的国家，可能只拥有少数几种自然资源，也就只能以有限的自然资源发展某几种产业。相反，国土辽阔的大国，如俄罗斯、美国、中国等，国内各地区自然条件具有多样性，自然资源也很丰富，为发展多种产业和建立相对完整的工业生产体系提供了必要条件。一个内陆国家，没有出海口，对外交通不便，自然会影响到该国的经济发展；同样，一个孤悬于大洋的岛国，与其他地区和国家相距甚远，交往困难，也会影响其经济的发展。

（二）自然条件的制约作用在下降

自然条件是国际分工产生和发展的重要基础，但并不是绝对的。自然条件的优劣，能促进或限制一个国家发展某种产业，但这种促进或限制的作用不是决定性的。因为人类的生产力，即人类开发和利用自然的能力在不断提高。随着社会生产力的发展，自然因素的作用逐渐下降，建立在自然条件上的国际分工的意义也随之减弱。

二、社会生产力

社会生产力是国际分工形成和发展的决定性因素。

（一）促进国际分工的发展

生产力的增长是社会分工的前提条件。一切分工，其中包括国际分工，都是社会生产力发展的结果。它突出地表现在科学技术的重要作用上。迄今为止出现的三次科学技术革命，都深刻地改变了许多生产领域，不断地改善生产技术、工艺过程和生产过程，使社会分工和国际分工随之发生变革。

（二）决定国际分工的地位

历史上，英国最早完成产业革命，生产力得到巨大发展，使其成为“世界工厂”，英国在国际分工中便居于主导地位。继英国之后，欧美资本主义国家的产业革命相继完成，生产力迅速发展，它们便与英国一起成为国际分工的中心国家与支配力量。第二次世界大战以后，原来的殖民地半殖民地国家在政治上取得独立，努力发展经济，生产力得到较快发展，出现了一些新兴工业化国家。它们在国际分工中的不利地位得到逐步改善。

（三）影响国际分工的参与度

随着生产力的发展，各种经济类型的国家都加入国际分工的行列，国际分工已把世界各国紧密地结合在一起，形成了世界性的分工。随着各国生产力的发展，各国参与国际分工的形式从垂直型向水平型过渡；从国际货物分工向国际服务业分工延伸；从单一类型的国际分工向多层次的国际分工形式发展。

（四）提高国际分工的层次

以高科技为核心的知识作为一种要素，在生产中的作用大大超过了自然资源，使各国的经济活动在更大程度上依靠科学技术和人的智力，促使国际分工向高层次发展。

第一，科学技术具有不断创新的潜力和可能性。第二，人类掌握了科学技术，并把它应用于自然资源的勘探和开发上，自然资源才得以为人类所利用。如中东地区有丰富的石油资源，但直到20世纪初，人类掌握了油田勘探开发技术和原油炼制技术后，那里的石油工业才发展起来。第三，科学技术使一部分天然原材料得以用人工合成的材料代替。如人造纤维代替棉麻等天然纤维，人造橡胶代替天然橡胶等。第四，科学技术使新产业、新产品的科技含量不断提高，而原材料含量则不断降低。如目前生产的芯片，其价值的98%是科学技术，原材料只占2%。第五，科学技术使生产工艺日益改进，单位产品中原材料和能源的消耗日益减少。

三、人口与市场

人口分布、生产规模和市场发育度与规模影响各国参与国际分工的能力。

（一）人口分布

人口分布的不均衡，会使分工和贸易成为一种需要。人口稀少、土地广阔的国家往往偏重发展农业、牧业、矿业等产业；而人口众多、资源贫乏的国家往往大力发展劳动力密集型产业。于是，在国家间就有进行国际分工与国际贸易的必要。

（二）生产规模

现代大规模的生产使分工成为必要的条件，这种分工跨越了国界，就产生了国际分工。随着劳动规模越来越大，分工就会越来越细，任何一个国家都不可能包揽所有的生产，必须参与国际分工。

（三）市场发育度与规模

在自给自足的自然经济条件下，由于商品经济不发达，市场狭小，各国参与国际分工的动力不足。在市场经济条件下，商品经济日益发展，市场不断扩大，分工向纵深发展，各国参与国际分工的愿望日益强烈。

四、交通与通信业

第一，交通运输和通信是连接世界各国分工的经络，它们把分工连接在一起，使分工成为可能。第二，交通运输和通信的发展使国际分工深化和广化成为可能。第三，交通运输和通信状况决定了一国参与国际分工的程度。第四，交通运输和通信的成本决定产业内分工和服务分工的程度。

五、资本流动

资本流动是国际分工深入发展的关键。以跨国公司为主的资本国际化促进了当代国际分工的迅速发展。第一，跨国公司通过国外直接投资，把子公司所在国纳入国际分工体系，发挥这些国家和地区的比较优势。第二，跨国公司通过承包方式构筑世界性的生产和营销体系。如美国波音公司于1994年组装第一架波音飞机，其最大承包商是日本，其他部件由意大利、澳大利亚、韩国和加拿大等国的公司提供。这种承包方式在汽车、家用电器、机器设备、纺织品、鞋类和服装等行业中被广泛运用。

六、国际生产关系

生产关系影响着国际分工的性质和作用。国际分工是社会分工超出国家界限的结果，社会的生产关系也随之超越国界，形成国际生产关系。

国际分工的产生与发展同资本主义生产方式的产生与发展密切相关，体现了这个生产方式发展生产力的要求，同时，包含着这个生产方式的生产关系。由此，使资本主义国际分工具有两重性。一方面，它节约了社会劳动，使世界各国人力资源和物质资源得到合理利用，有利于发挥分工国家的比较优势，并把这种优势转化为世界范围的巨大社会生产力，促进了先进国家和后进国家生产力的提高和经济发展。另一方面，它又带有资本主义的劣根性，即国际分工的利益不能平等地、合理地被分工国家获得，在经济上出现畸形和依附性。

七、经济体制与政策

经济体制是参与国际分工内因的基础。处于自然经济形态的国家，分工与市场不发达，缺乏参与国际分工的内在要求，其参与国际分工是被动的和外加的。计划经济体制国家，分工与市场较自然经济有所发展，但与国际市场处于相对隔绝状态，不能广泛和深入地参与国际分工。市场经济体制使国内分工和市场获得巨大的发展空间，为参与国际分工提供了切实的基础，而其发展程度影响到一国参与国际分工的广度和深度。

通常，自然经济国家倾向于采取保护贸易政策；计划经济体制国家倾向于采取国家高度垄断的保护贸易政策；市场经济体制的国家受竞争能力驱使，交替使用自由贸易和保护贸易政策。

经济体制和贸易政策对一国参与国际分工起着推进、延缓和掩后的作用。

第四节　国际分工理论

国际分工理论是指研究国际分工产生、发展、利益与作用的论述。就意识形态而言，国际分工理论有马克思主义和西方经济学派两大派系；就西方经济学派而言，有古典学派和新古典学派的国际分工学说；就分工与国家发展关系而言，有发达国家经济学派和发展中国家学派。具有重大影响的国际分工理论如下。

一、亚当·斯密的国际分工理论

亚当·斯密（Adam Smith，1723～1790），英国人，是资产阶级经济学古典学派的主要奠基人之一，也是国际分工和国际贸易理论的创始者。他处在英国从手工制造业开始向机器大工业过渡时期，在其代表作《国民财富的性质和原因的研究》（An Inquiry into the Nature and Causes of the Wealth of Nations）（中译本为《国富论》）中，提出地域分工理论。其要点如下。

（一）分工促进生产力的发展

斯密指出："劳动生产力上最大的增进，以及运用劳动时所表现的更大的熟练、技巧和判断力，似乎都是分工的结果。"① 为证明这一论断，他举了他幼年时期见到的扣针制造的例子。在一个只雇用了10名工人的小工厂里，扣针的制造被分成18道工序，一个人抽铁丝，一人拉直，一人截断铁丝，一人磨尖铁丝的一端，另一人磨另一端，以便装上圆头。而做圆头，又分成三道工序。这个小工厂设备虽然简陋，但一天可以生产12磅扣针，以每磅4 000枚扣针计算，这10名工人每日总共可生产48 000枚扣针，平均每人生产4 800枚。如果不实行专业化的分工，他们每天可能连一根扣针也生产不出来。由此可见，"凡能采用分工制的工艺，一经采用分工制，便相应地增进劳动的生产力。各种行业之所以各自分立，似乎也是由于分工有这种好处。一个国家的行业与劳动生产力的增进程度如果是极高的，则其各种行业的分工一般也都达到极高的程度。"②

分工能够大幅度提高劳动生产率的原因是："第一，劳动的技巧因专业而日进；第二，一种劳动转到另一种工作，通常须损失不少时间，有了分工，就可以免除这种损失；第三，许多简化劳动和缩减劳动的机械的发明，使一个人能够做许多人的工作。"③

（二）分工能够促进全社会的普遍富裕

斯密认为，分工不仅能极大地促进劳动生产力的发展，还能增进全社会的普遍富裕，这是因为，"各行各业的产量由于分工而大增。各劳动者，自身所需要的以外，还有大量产物可以出卖；同时，因为一切其他劳动者的处境相同，各个人都能以自身生产的大量产物，换得其他劳动者生产的大量产物，换言之，都能换得其他劳动者大量产物的价格。别人所需的物品，他能予以充分供给；他自身所需的，别人亦能予以充分供给。于是，社会各阶级都普遍富裕。"④

① 亚当·斯密．国民财富的性质和原因的研究：上卷．中译本．北京：商务印书馆，1983：5，7.

② 亚当·斯密．国民财富的性质和原因的研究：上卷．中译本．北京：商务印书馆，1983：8.

③ 亚当·斯密．国民财富的性质和原因的研究：上卷．中译本．北京：商务印书馆，1983：8.

④ 亚当·斯密．国民财富的性质和原因的研究：上卷．中译本．北京：商务印书馆，1983：11.

（三）分工产生的原因

斯密认为，尽管人类智慧预见到分工会促进劳动生产力的发展和人民富裕，但这并不是促使分工产生的原因。分工的产生来源于人类互通有无、物物交换和相互交易的天性。“这种倾向，为人类所共有，亦为人类所特有，在其他各种动物中是找不到的。”这是因为，“一个人尽毕生之力，亦难博得几个人的好感，而他在文明社会中，随时有取得多数人的协作和援助的必要。别的动物，一达到壮年期，几乎全部能够独立，自然状态下，不需要其他动物的援助。但人类几乎随时随地都需要同胞的援助，要想仅仅依赖他人的恩惠，那是一定不行的。他如果能够刺激他们的利己心，使有利于他，并告诉他们，给他做事，是对他们自己有利的，他们达到目的就容易得多了。……我们所需要的相互帮助，大部分是依照这个方法取得的。我们每天所需要的食物和饮料，不是出自屠户、酿酒家或烙面包师的恩惠，而是出自他们自利的打算。……由于我们所需要的相互帮助，大部分是通过契约、交换和买卖取得的，所以当初产生分工的也正是人类要求相互交换这个倾向。”①

（四）限制分工发展的因素

斯密认为，分工发展受到三个因素的约束。首先，由于分工起因于交换能力，因此分工的程度总要受到交换能力大小的限制，即受市场广窄的限制。而市场的广窄又与人口密度和交通状况有直接关系。其次，分割的发展受制于产业领域发展的影响，如农业分工不如制造业分工发达。“农业由于它的性质，不能像制造业那样细密地分工，各种工作，不能像制造业那样判然分立。”② 第三，分工的发展还受制于商品经济和交换媒体的发展。这是因为，分工一经建立，一个人的大部分欲望，须用自己劳动的剩余产品同别人劳动的剩余产品相交换来满足，也就是说，一切人都要依赖商品交换而生存。在开始分工的时候，这种交换能力还受到交换媒介不通用的限制。

（五）国家之间如何分工

斯密由个人交换动机提出了国家之间按产品成本多寡进行分工的思想。“有时，在某些特定产品的生产上，某一国占有那么大的自然优势，以致全世界都认为，跟这种优势做斗争是枉然的。通过嵌玻璃、设温床、建温壁，苏格兰也能栽种极好的葡萄，并酿造最好的葡萄酒。单单为了要奖励苏格兰酿造波多尔和布冈迪红葡萄酒，便以法律禁止一切外国葡萄酒输入，这难道是合理的吗？即使不是多三十倍，而仅多三十分之一，也同样是不合理的。”“只要甲国有此优势，乙国无此优势，乙国向甲国购买，总是比自己制造有利。”所以，“如果外国能以比我们自己制造还便宜的商品供应我们，我们最

---

① 亚当·斯密．国民财富的性质和原因的研究：上卷．中译本．北京：商务印书馆，1983：13.

② 亚当·斯密．国民财富的性质和原因的研究：上卷．中译本．北京：商务印书馆，1983：14.

好就用我们有利地使用自己的资源生产出来的物品的一部分向他们购买。国家的总劳动既然总是同维持它的产业的资本成比例，就决不会因此减少……要是把劳动用来生产那些购买比自己制造还要便宜的商品，那一定不是用得最为有利的。”① 由此演绎出斯密主张以商品生产成本的绝对优势形成国际分工的学说。

斯密的这种学说被称为绝对成本说，或者绝对优势说，或者地域分工说。他认为，一国如果在某种产品的生产上具有比别国更高的劳动生产率，或者更低的生产成本，该国在这种产品上就具有绝对优势。每个国家都集中生产其具有绝对优势的产品，在此基础上进行分工交换，就能够使各国的福利水平都得到提高。

二、大卫·李嘉图的国际分工理论

大卫·李嘉图（David Ricardo，1772～1823），英国人，是英国工业革命深入发展时期的经济学家和政治活动家，也是古典学派的代表人物。其代表作是1817年出版的《政治经济学及赋税原理》。他在该书中提出了按比较优势进行国际分工的理论。

（一）比较优势理论的产生

1815年，英国政府为维护土地贵族阶级利益而修订了《谷物法》。《谷物法》颁布后，英国粮价上涨，地租猛增，它对地主贵族有利，却严重地损害了产业资产阶级的利益。昂贵的谷物，使工人的货币工资被迫提高，成本增加，利润减少，削弱了工业品的竞争能力；同时，昂贵的谷物，也增加了英国各阶层的粮食开支，减少了对工业品的消费。《谷物法》还招致外国以高关税阻止英国工业品对它们的出口。总之，《谷物法》大大损害了英国产业资产阶级的利益。出于发展资本、提高利润率的需要，英国产业资产阶级迫切要求废除《谷物法》，从而与土地贵族阶级展开了激烈的斗争。

为了废除《谷物法》，工业资产阶级在全国各地组织“反谷物法同盟”，广泛抨击《谷物法》，鼓吹谷物自由贸易的好处。而地主贵族阶级则千方百计维护《谷物法》。他们认为，英国能够自己生产粮食，根本不需要从国外进口，反对在谷物上自由贸易。李嘉图认为，英国不仅要从外国进口粮食，而且要大量进口，因为英国在纺织品生产上所占的优势比在粮食生产上的优势还大。故英国应专门发展纺织品生产，以其出口换取粮食，取得比较利益，提高商品生产数量。为此，李嘉图在进行废除《谷物法》的论战中，提出了比较优势理论（Theory of Comparative Advantage）。

（二）比较优势理论的主要内容

李嘉图的比较优势理论是在亚当·斯密绝对优势理论的基础上发展起来的。根据斯

① 亚当·斯密．国民财富的性质和原因的研究：上卷．中译本．北京：商务印书馆，1983：7.

密的观点，国际分工应按地域、自然条件所形成的绝对成本差异进行，即一个国家输出的商品一定是生产上具有绝对优势、生产成本绝对低于他国的商品。李嘉图认为每个国家不一定要生产各种商品，而应集中力量生产那些利益较大或不利较小的商品，在资本和劳动力不变的情况下，产品的生产总量将增加，然后通过国际交换获取收益。如此形成的国际分工对贸易各国都有利。

他以英国和葡萄牙各生产酒和毛呢的比较优势形成的分工，说明了国际分工的利益。他指出："英国的情形可能是生产毛呢需要 100 人一年的劳动，而如果要酿制葡萄酒则需要 120 人劳动同样长的时间。因此英国发现对自己有利的办法是输出毛呢以输入葡萄酒。葡萄牙生产葡萄酒可能只需要 80 人劳动一年，而生产毛呢却需要 90 人劳动一年。因此，对葡萄牙来说，输出葡萄酒以交换毛呢是有利的。即使葡萄牙进口的商品在该国制造时所需要的劳动少于英国，这种交换仍然会发生。虽然葡萄牙能够以 90 人的劳动生产毛呢，但它宁可从一个需要 100 人劳动生产毛呢的国家输入，因为对于葡萄牙来说，与其挪用种葡萄的一部分资本去制造毛呢，还不如用资本来生产葡萄酒，因为由此可以从英国换得更多的毛呢。"①

根据李嘉图的表述，葡萄牙生产酒和毛呢，所需劳动人数均少于英国，从而英国在这两种产品的生产上都处于不利地位。根据斯密的绝对优势理论，英国需放弃两种产品的生产，均从葡萄牙进口，因此在两种产品上不会进行相互分工。而李嘉图认为，葡萄牙生产酒所需劳动人数比英国少 40 人，生产毛呢只少 10 人，即分别少 1/3 和 1/10；显然，葡萄牙在酒的生产上优势更大，虽然它在毛呢生产上也具有优势；英国在两种产品生产上都处于劣势，但在毛呢生产上劣势小一些。英国和葡萄牙应以"两利取重，两害取轻"的原则进行分工。即英国虽然在两种产品的生产上都处于绝对不利地位，但应取其不利较小的毛呢生产；葡萄牙虽然在两种产品的生产上都处于绝对有利地位，但应取其有利更大的酒生产。按这种原则进行国际分工，两国产量都会增加，再通过贸易进行交换，两国都会得利。

李嘉图认为，在资本与劳动力在国际间不能自由流动的情况下，按照比较优势理论进行国际分工，可以使劳动配置更合理，生产总额增加，对贸易各国均有利。但实现这种分工前提必须是自由贸易。

（三）比较优势理论的前提

李嘉图提出根据商品付出劳动的比较优势进行国际分工的理论，源于资本和劳动在国家之间的转移和流动不如国内容易。"英国将以 100 人的劳动产品交换 80 个人的劳动产品。这种交换在同一个国家中的不同个人间是不可能发生的。不可能用 100 个英国人

---

① 李嘉图．政治经济学及赋税原理：第 1 卷．中译本．北京：商务印书馆，1962：114.

的劳动交换 80 个英国人的劳动，但却可能用 100 个英国人劳动的产品去交换 80 个葡萄牙人、60 个俄国人或 120 个印度人的劳动产品。关于一个国家和许多国家之间的这种差别是很容易解释的。我们只要想到资本由一个国家转移到另一个国家以寻找更为有利的用途是怎样困难，而在同一个国家中资本必然会十分容易地从一个省转移到另一个省，情形就很清楚了。”此外，“每一个人自然都不愿意离乡背井，带着已成的习惯而置身于异国政府和新法律下”。①

李嘉图的比较优势理论为英国工业资产阶级推行自由贸易政策提供了理论基础，对英国经济贸易的发展起到了推动作用，并成为自由贸易理论的核心。

三、马克思的国际分工理论

马克思（1818～1883），德国人，是马克思主义的创始人。他在《资本论》等著述中，从历史和辩证唯物主义的方法对以英国为中心的国际分工作了考察与研究，提出应从社会生产方式演变中分析国际分工产生和发展的现象，从而揭示出资本主义国际分工的二重性。

（一）反对抽象地研究国际分工

马克思在研究国际分工这一社会现象时，主张要把它们纳入一定的历史条件下进行研究，以明确它们的性质和影响。“市场的大小和它的面貌所赋予各个不同时代的分工的面貌和性质，单从一个‘分’字，从观念、范畴中是很难推论出来的。”②

（二）资本主义国际分工来源于社会分工的发展

马克思认为，资本主义国际分工是资本主义社会分工发展的深化过程。在资本主义商品经济下，各种不同的经济单位建立起来，单独的经济部门的数量日益增多，执行同一经济职能的经济单位的数量日益减少，专业化过程在加速。这种专业化过程，把产品的各种加工过程彼此分离开来，创立了越来越多的工业部门和农业部门。“由于机器和蒸气的应用，分工的规模已使大工业脱离了本国基地，完全依赖于世界市场、国际交换和国际分工。”③

因此，资本主义国际分工的动力来自资本主义首先进行产业革命的国家社会分工发展的内在要求。

（三）资本主义国际分工初级阶段的形式与形成因素

15 世纪和 16 世纪早期的地理大发现，打通了东西方通商的渠道，有力地促进了国

① 李嘉图．政治经济学及赋税原理：第 1 卷．中译本．北京：商务印书馆，1962：114－115.

② 马克思，恩格斯．马克思恩格斯全集：第 4 卷．北京：人民出版社，1958：159－160.

③ 马克思，恩格斯．马克思恩格斯全集：第 4 卷．北京：人民出版社，1958：169.

际贸易和世界市场的扩大，加速了西欧资本原始积累的进程，从而为资本主义早期国际分工的产生提供了条件。

18世纪中叶，英国发生了产业革命，出现了大机器工业，促进英国国内分工迅猛发展。马克思指出：“机器对分工起着极大的影响，只要一种物品的生产中有可能用机械制造它的某一部分，生产就立即分成两个彼此独立的部门”。① 这种国内分工的发展要求扩大市场，形成以英国为中心的国际分工。其结果使地球的一部分主要从事农业生产的地区，服务于另一部分主要从事工业生产的地区。例如，东印度被迫为英国生产棉花、羊毛、大麻、靛蓝等，形成了以英国为中心的垂直型的国际分工。随着西欧国家产业革命的相继发生，资本主义迅速发展，这些国家也在英国之后成为国际分工的中心国家。这些国家工业所加工的，已经不是本国的原料，而是来自极其遥远地区的原料；它们的产品不仅供给本国消费，而且同时供给世界各地消费。出现了工业制成品与原材料生产，即工业国与农业国和矿业国之间的垂直型国际分工。

资本主义初级阶段的国际分工是在以下因素的基础上形成的。首先，工业发达国家生产力的巨大发展。以英国为首的西欧国家的产业革命，使它们生产力的发展超过其他国家。这种发达的生产力，使得它们的生产工具先进，生产效率高，商品物美价廉，能够摧毁生产力落后国家的手工业；同时使得本国工人不断“过剩”，促使其向落后国家移民。其次，通过殖民统治，强迫殖民地生产工业国（宗主国）需要的原料，销售工业国（宗主国）生产的消费品，进行不平等贸易。最后，发动商业战争，依靠先进的武器和铁舰打败落后国家，签订不平等条约，使它们沦为工业国家的原料来源地和产品的销售市场。

（四）资本主义国际分工的二重性

一方面，它具有进步性。首先，资本主义国际分工促进了资本主义生产力的巨大发展。这是因为，分工可以提高劳动生产率和劳动熟练程度，促进生产专业化。社会分工成为用同量劳动生产更多商品，从而使商品变得便宜和加速资本积累的手段。其次，资本主义国际分工加强了各国的专业化。专业化可以节约世界社会劳动，提高世界生产力的水平。最后，资本主义国际分工普及了资本主义先进的生产方式和现代化文明。“大工业便把世界各国人民互相联系起来，把所有地方性的小市场联合成为一个世界市场，到处为文明和进步准备好地盘，使各文明国家里发生的一切必然影响到其余各国”。②在这种情况下，“过去那种地方的和民族的自给自足和闭关自守状态，被各个民族的各

---

① 马克思，恩格斯．马克思恩格斯全集：第4卷．北京：人民出版社，1958：361－362.

② 马克思，恩格斯．马克思恩格斯全集：第4卷．北京：人民出版社，1958：361－362.

方面的互相往来和各方面的互相依赖所代替了。”①

另一方面，国际分工是和一定的国际生产关系联系在一起的。资本主义的国际分工体现着资本主义的生产关系。这种国际分工使“卫星”国家和地区的经济畸形单一，影响了这些国家的发展。“那些还在奴隶劳动或徭役劳动等较低级形式上从事生产的民族，一旦卷入资本主义生产方式所统治的世界市场，而这个市场又使它们的产品外销成为首要利益，那就会在奴隶制、农奴制等等野蛮灾祸之上，再加上一层过度劳动的文明灾祸。”②

四、俄林的国际分工理论

俄林（Bertil Ohlin，1899～1979）是瑞典著名的经济学家和活跃的政治家，擅长于国际贸易理论和政策方面的研究。1933 年他的代表作《地区间贸易和国际贸易》出版。在第一版序言中，俄林提出其致力于解决以下几个问题：（1）建立一种与价格相互依赖理论一致的国际贸易理论，从而脱离古典的劳动价值论；（2）证实国际贸易理论仅仅是资源布局理论的一部分，对价格形成在空间位置方面予以充分的考虑；（3）分析国内、国际生产要素的流动，特别是它们与商品流动之间的关系；（4）描述国际贸易交换机制。1977 年，俄林与英国的米德（J. E. Meade）因“对国际贸易与国际资本移动的理论作出了创造性的贡献”，同时获得了诺贝尔经济学奖。在书中，他提出了按照生产要素禀赋进行分工的学说，因获得诺贝尔经济学奖而享誉国际贸易学术界。

（一）生产要素禀赋分工说的形成背景

1929 年，资本主义世界爆发了历史上最严重、持续时间最长的一次经济危机。危机使当时的英国放弃自由贸易，各国对市场的争夺加剧，超保护贸易主义兴起。瑞典是一个经济发达的小国，国内市场狭小，对国外市场依赖很大，因而人们对超保护贸易主义深感不安。在这种背景下，俄林的《地区间贸易和国际贸易》，以生产要素禀赋说为立论基础，深入探讨了国际贸易产生的原因，论证了国际分工和自由贸易的必要性。俄林的生产要素禀赋说师承赫克歇尔（E. F. Heckscher，1879～1952）。1919 年，赫克歇尔发表了题为《对外贸易对收入分配的影响》的文章。他在文中提出了如何解释李嘉图比较成本学说中两个国家两种商品之间的成本差异问题。他认为，如果两个国家生产要素（土地、资本、劳动）的拥有和分布量相同，各生产部门的技术水平一样，当不考虑运输成本的时候，国际贸易既不会给其中一个国家带来利益，也不会给另一个国家

---

① 马克思，恩格斯．马克思恩格斯选集：第 1 卷．2 版．北京：人民出版社，1995：276.

② 马克思，恩格斯．马克思恩格斯全集：第 23 卷．北京：人民出版社，1972：263－264.

造成损失。因此，比较成本差异存在的前提条件是：两个国家存在不同的生产要素拥有量和分布量；两个国家生产的不同商品所使用的生产要素比例不一样。因此，俄林的生产要素禀赋说又被称为“赫克歇尔—俄林原理”（The Heckscher-Ohlin Theorem），或简称赫俄原理（H-O 原理）。

（二）生产要素禀赋理论的精要

1. 贸易的直接原因根基于商品的价格差异

“贸易的直接原因总是：货物从外面用钱买进比在家里生产便宜；反之亦然。”① 国与国之间的贸易也是如此。商品和商品生产要素的价格在不同区域或国家间存在差异成为地区间或国际贸易存在的必要条件。

2. 货物价格的差别来源于国家间生产要素禀赋的差异

俄林把生产要素分为三类：自然资源（含土地）、资本和劳力。自然资源又分为五小类：农业和林业用资源、渔业和狩猎业用资源、矿产资源、水力发电用资源和运输业用资源。资本分为两小类：短期资本和长期资本或安全资本和风险资本。劳力分为三小类：不熟练工、熟练工和技术工。由于自然、社会等原因，各地区或国家之间的上述生产要素禀赋存在差异，形成了本地区或国家的价格机制。这种价格机制受到生产要素需求和供给因素的影响。

3. 生产要素的比例决定具体产业的设立

“某一地区可能富产铁矿，但只有少量的小麦耕地，而另一地区麦地很多但缺少矿物资源的供应。显然，同后者相比，前者较适宜于生产铁矿，不太适于种植小麦。是某一地区的生产要素的比例来决定适合于什么样的具体产业。”在各个地区的生产要素不如上面绝对多和少，而是多少都有时，则应按比例多少来设置产业，即设置要素较多的产业。如“澳大利亚同英国相比拥有较多的耕地，较少的劳力、资本和矿藏，因而，澳大利亚更适合于生产那些需要大量耕地的产品；而英国在生产需要相当大量其他要素的产品方面具有优势。”②

按要素丰缺和比例进行地区和国家之间的分工。“贸易的首要条件是某些商品在某一个地区生产要比在另一个地区便宜。在每一个地区，出口品中包含着该地区在其他地区拥有的较便宜的相对大量的生产要素，而进口别的地区能较便宜地生产的商品。简言之，进口那些含有较大比例昂贵生产要素的商品，而出口那些含有较大比例便宜生产要素的商品。”③ 由此可知，每个地区和国家在生产某些产品上具有优势，源于这些产品

---

① 俄林．地区间贸易和国际贸易．中译本．北京：首都经济贸易大学出版社，2001：5－6.

② 俄林．地区间贸易和国际贸易．中译本．北京：首都经济贸易大学出版社，2001：21.

③ 俄林．地区间贸易和国际贸易．中译本．北京：首都经济贸易大学出版社，2001.21.

含有该地区和国家拥有的丰裕而便宜的相当大量的生产要素。

（三）生产要素禀赋理论的贡献

1. 深化了李嘉图比较成本产生的来源

李嘉图用比较成本解释国际分工，而俄林用生产要素禀赋差异解释比较成本差异，在理论上有所发展。

2. 建立了完整的一般均衡分析框架

俄林的理论引进了两个生产要素，既分析了商品市场的均衡，也分析了生产要素市场的均衡。该理论还建立了一个完整的一般均衡分析框架，成为其后国际贸易理论分析的主要理论框架。

3. 为各国参与国际分工的产业提供了依据

根据要素禀赋学说，各国可以根据其要素禀赋的丰缺多寡，分别发展土地、劳动和资本密集型产业。

五、当代国际分工理论

第二次世界大战以后，随着科学技术革命的深入以及国际分工的纵深发展，国际分工学说出现了四大发展趋势。第一，对俄林的分工学说进行检验和深化；第二，加强了对产业内部分工理论的研究；第三，加强了跨国公司内分工理论的研究；第四，出现了国家竞争优势理论，对比较优势的分工理论提出挑战。

（一）"里昂惕夫之谜"对俄林要素禀赋理论的挑战

1. "里昂惕夫之谜"的提出

里昂惕夫（Vassily W. Leontief），美国经济学家，1906 年在俄国出生，1930 年定居美国，哈佛大学教授。由于他的投入—产出分析法对经济学作出了杰出贡献，获得了 1973 年诺贝尔经济学奖。他的主要著作有《投入—产出经济学》、《生产要素比例和美国的贸易结构：进一步的理论和经济分析》等。

里昂惕夫利用投入—产出分析法对美国的对外贸易商品结构进行验算，以验证赫俄原理。他把生产要素分为资本和劳动力两种，对 200 种商品进行分析，得出了如下的结果：1947 年平均每人进口替代商品的资本量与出口商品的资本量之比是 1.30（=18 184/13 991），即高出 30%，而 1951 年这一比率为 1.06（=13 726/12 977），即高出 6%。据此，里昂惕夫得出结论："这些数字表明，当我们以平均价值 100 万美元的国内出口去置换相同数额的竞争性进口品的时候，出口品含有资本要少得多，而劳动则相对多一些。因此，美国参与国际分工是以劳动密集型高而不是以资本密集型高的生产专业化为基础的。换句话说，这个国家进行对外贸易是为了节约它的资本并解决其劳动力过剩问题。"①

这个结论使西方经济学界大为震惊，称之为“里昂惕夫之谜”（the Leontief paradox），并掀起了验证、探讨和解释“里昂惕夫之谜”的热潮，引申出一些新的分析美国贸易结构的理论。

2. 对“里昂惕夫之谜”解释的理论

对“里昂惕夫之谜”的解释很多，其中代表性的理论主要有以下几种。

（1）劳动熟练说

劳动熟练说（Skilled Labor Theory），又称人类技能说（Human Skill Theory）和劳动效率说。最先是里昂惕夫自己提出的，后来由美国经济学家基辛（D. B. Keesing）加以发展。他们用劳动效率和劳动熟练或技能的差异来解释“里昂惕夫之谜”。

里昂惕夫认为，“谜”的产生可能是由于美国工人的劳动效率比其他国家工人高。他认为，美国工人的劳动生产率大约是其他国家工人的三倍。因此，在劳动以效率单位衡量的条件下，美国就成为劳动要素相对丰富、资本要素相对稀缺的国家。但有的学者认为他的解释过于武断，一些研究表明实际情况并非如此。如美国经济学家克雷宁（Krelnin）经过验证，认为美国工人的效率和欧洲工人相比，最多高出1.2倍~1.5倍。

后来，美国经济学家基辛对这个问题进行了进一步研究。他利用美国1960年的人口普查资料，将美国企业职工区分为熟练劳动和非熟练劳动两大类。熟练劳动包括科学家、工程师、厂长或经理、技术员、制图员、机械工人、电工、办事员、推销员、其他专业人员和熟练的手工操作工人等。非熟练劳动指不熟练和半熟练工人。他还按照这一分类对14个国家的进出口商品结构进行分析，得出的结论是：资本较丰富的国家倾向于出口熟练劳动密集型商品，资本较缺乏的国家倾向于出口非熟练劳动密集型商品。发达国家在生产含有较多熟练劳动的商品方面具有比较优势，而发展中国家在生产含有较少熟练劳动的商品方面具有比较优势。因此，熟练劳动程度的差异是国际分工和国际贸易发生和发展的重要原因之一。

（2）人力资本说

人力资本说（Human Capital Theory）是美国经济学家凯南（P. B. Kenen）等人提出的。他们以人力资本投入的差异来解释美国对外贸易商品结构。凯南等人认为，国际贸易商品生产所需的资本应包括有形资本和无形资本，即人力资本。人力资本主要是指一国用于职业教育、技术培训等方面投入的资本。人力资本投入可以提高劳动技能和专门知识水平，促进劳动生产率的提高。由于美国投入了较多的人力资本，而拥有更多的熟练技术劳动力，因此，美国出口产品含有较多的熟练技术劳动。如果把熟练技术劳动的

---

① 里昂惕夫．国内生产与对外贸易：美国资本状况的再检验．美国哲学学会会议录，1959.

收入高出简单劳动的部分算作资本并同有形资本相加，美国仍然是出口资本密集型产品。这个结论符合赫俄生产要素禀赋理论。

但是，由于难以具体衡量人力资本的真正价值，这种解释并非为经贸学术界普遍接受。但凯南将里昂惕夫和基辛的观点进行深化，对熟练劳动说起到了一定的补充作用。

（3）技术差距说

技术差距说（Theory of Technological Gap）又称技术间隔说，是美国经济学家波斯纳（M. U. Posner）提出的，经过了格鲁伯（W. Gruber）和弗农（R. Vernon）等人的进一步论证。波斯纳认为，人力资本是过去对教育和培训进行投资的结果，因而可以将其作为一种资本或独立的生产要素；而技术是过去对研发进行投资的结果，也可以作为一种资本或独立的生产要素。但是，由于各国对技术的投资和技术革新的进展不一致，因而存在着一定的技术差距。这样就使得技术资源相对丰裕或者在技术发展中处于领先的国家，有可能享有生产和出口技术密集型产品的比较优势。

然后，格鲁伯和弗农等人对1962年美国19个产业的有关资料进行了统计分析，其中5个具有高度技术水平的产业（运输、电器、工具、化学、机器制造）的研发经费占19个产业全部研发经费总额的89.4%；5个产业中的技术人员占19个产业总数的85.3%；5个产业的销售额占19个产业总销售额的39.1%；5个产业的出口量占19个产业总出口量的72%。这表明，美国在上述5个技术密集型产品的生产和出口方面，确实拥有比较优势。因此可以认为，出口科研和技术密集型产品的国家也就是资本要素相对丰裕的国家。按这一标准衡量，美国就是这种国家。技术差距论与赫俄生产要素禀赋理论是一致的。

3. 俄林的应对

1966年，俄林对其1933年出版的《地区间贸易和国际贸易》作了修订，在补充的“对当代国际贸易理论的看法”中，对“里昂惕夫之谜”作出回应。他认为“里昂惕夫之谜”根源于要素模型的简化，“必须牢记，在里昂惕夫的对生产要素比例模型的统计测验这一有名和重要的尝试中，他只考虑两种生产要素。模型中所作的每一种简化都构成了同现实的或多或少是重要的偏离，因而不能期望得到‘密切的吻合’”。①

（二）产业内贸易说

1. 提出的背景

20世纪60年代以后，国家之间的产品交换从产业间发展到产业内部，出现了产业内贸易说（Intra-industry Trade Theory）。这是由美国经济学家格鲁贝尔（H. G. Grubel）等人提出的。他们在研究共同市场成员国之间贸易量的增长时，发现发达国家之间的贸

---

① 俄林．地区间贸易和国际贸易．中译本．北京：首都经济贸易大学出版社，2001：387.

易并不是按赫俄生产要素禀赋理论进行，即不是工业制成品和初级产品之间的贸易，而是产业内同类产品的相互交换。格鲁贝尔等人继而对产业内贸易进行研究，提出了产业内同类产品贸易增长原因的理论。

他们认为，当代国际贸易产品结构大致可以分为产业间贸易和产业内贸易两大类。前者是指不同产业间的贸易，后者是指产业内部同类产品之间的贸易，即一个国家同时出口和进口同类产品，例如美国和日本之间相互输出汽车。

2. 产业内贸易的主要特点

（1）产业内贸易是同类产品的相互交换，而不是产业间非同类产品的交换。

（2）产业内贸易的产品流向具有双向性，即同一产业内的产品，可以在两国之间相互进出口。

（3）产业内贸易的产品具有多样性。这些产品中既有资本密集型，也有劳动密集型；既有高技术产品，也有标准技术产品。

（4）产业内贸易的商品必须具备两个条件：一是在消费上能够相互替代；二是在生产中需要相近或相似的生产要素投入。

3. 产业内贸易形成的原因

（1）同类产品的异质性是产业内贸易的重要基础。从实物形态上，同类产品可以由于商标、牌号、款式、包装、规格等方面的差异而被视为异质产品，即使实物形态相同，也可以由于信贷条件、交货时间、售后服务和广告宣传等方面的差异而被视为异质产品。这种同类的异质性产品可以满足不同消费心理、消费欲望和消费层次的需要，从而导致不同国家之间产业内部的分工和产业内部贸易的产生与发展。

（2）规模经济收益递增是产业内贸易的重要成因。生产要素比例相近或相似国家之间之所以能够进行有效的国际分工并获得贸易利益，主要原因是其企业规模经济的差别。一国的企业可通过大规模专业化生产，取得规模节约的经济效果，其平均成本随着产量的增长而递减，使生产成本具有比较优势，打破了各生产企业之间原有的比较优势均衡状态，使自己的产品处于相对竞争优势，在国际市场上具有更强的竞争力，扩大了该产品的出口。这样，产业内部的分工和贸易也就形成了。二战后，日本的汽车、彩电进入美国和欧洲市场就是一个典型的例子。

（3）经济发展水平是产业内贸易的重要制约因素。经济发展水平越高，产业部门内部异质性产品的生产规模也就越大，产业部门内部分工就越发达，从而形成异质性产品的供给市场。同时，经济发展水平越高，人均收入水平也越高，较高人均收入层上的消费者的需求会变得更加复杂和多样化，呈现出对异质性产品的强烈需求，从而形成异质性产品的需求市场。当两国之间人均收入水平趋于相等时，其需求结构也趋于接近，产业内分工和贸易发展的趋向就越强。

（三）国家竞争优势理论

迈克尔·波特（Michael Porter）是美国著名管理学家，哈佛大学商学院教授，兼任世界上许多大公司和政府机构的咨询顾问，是当今世界有关竞争策略与国际竞争力方面的权威之一。1983年波特开始在里根总统的产业竞争力委员会任职。在竞争理论方面，他发表了《竞争策略》（1980）、《竞争优势》（1985）、《国家竞争优势》（1990）以及《竞争策略案例》（1992）等著作，被美国《幸福》杂志标列的全美500家最大企业的经理、咨询顾问及证券分析家们奉为必读的“圣经”。

波特在《国家竞争优势》一书中认为，李嘉图和俄林的比较利益分工学说脱离了当代国际贸易实际，他提出了国家竞争优势理论来修正他们的分工理论。

1. 李、俄国际分工理论与现实脱节

波特教授认为，李嘉图和俄林的分工学说不能解释当今世界丰富多元的贸易形态。越来越多的例证显示，生产要素的比较利益不足以解释丰富多元的贸易形态。例如：韩战结束时的韩国资本奇缺，但却建立了出口导向的钢铁、造船、汽车等资本密集型产业。相反，美国虽然拥有充沛的资金、杰出的科学家以及熟练的工人，但是却在理当强势的工具机、半导体、精密电子产品的市场上节节败退。同时，全球大多数的贸易发生在资源相近的工业先进国家之间。国际贸易中有相当多的商品，其生产条件颇为相似。而跨国企业与其海外子公司之间大量的进出口贸易现象，更超出了生产要素的比较利益法则。①

2. 李、俄国际分工的理论前提不切实际

李、俄生产要素比较利益法则的假设没有考虑经济规模，认为技术具有普遍性，生产本身没有差异性，连国家资源也被设定，还假设资金与熟练工人不会在国家之间移动。这个理论是一个完全静态的概念。

3. 影响当代国际分工发展的因素

（1）技术的变迁。越来越多的产业不按照比较优势理论的模式发展，这背后的因素很多，如规模经济的扩大、产品的差异、各国的消费者对产品的需求不同，但技术的演进则是最普遍、最具有持续影响的因素。技术所造成的影响力，如果不是完全淘汰传统生产因素，至少也可以相当程度地减轻这些因素的影响。在很多产业中，企业对资源的需求反而不如对技术、效能、效率的需求。

（2）资源条件的逐渐普及。传统上有利于先进国家的资源条件，如今正在向一些发展中国家普及。一些发展中国家重视教育，很多产业的劳动力素质和技能都在提高，再加上基础建设的发展，它们也逐步具备了与发达国家进行竞争的条件。

---

① 迈克尔·波特．国家竞争优势．中译本．台北：天下文化出版社，1996：18－20.

（3）经济全球化趋势。很多产业的竞争已经国际化。国际化竞争不只出现在制造业，而且还出现在服务业。企业的全球化竞争策略包括全球化的生产、销售以及全球化的资源和材料。产业全球化解决了企业依赖单一国家资源的问题。此外，资金流向国际间资信良好的国家，也使产业发展不再受限于本国资金的投资环境。在经济全球化趋势下，即使国家之间的特殊技术交流仍存在障碍，跨国企业也可以通过在当地设立子公司来解决。①

4. 单纯依靠比较利益原则危害产业发展

（1）生产要素作为财富源泉的作用被加速替代

在产业竞争中，生产要素非但不再扮演决定性的角色，其价值也在快速消退。以生产要素作为比较优势来源的弱点在于，更低成本的生产环境会不断出现。今天以廉价劳动力占有优势的国家，明天可能就会被新的廉价劳动力国家取代。由于新科技的快速发展，以往被认为不可能的、不经济的资源会异军突起，让以传统资源见长的国家，一夕之间失去了竞争力。谁能想象得到，黄沙遍地的以色列竟然成为高效率的农业生产国家！

（2）劳动力或天然资源的竞争力在衰退

以劳动成本或天然资源为优势的产业，往往是资金周转率低的产业，容易引来众多竞争者，以进行生产成本和价格上的竞争，并时时处于失去竞争力的威胁中；当产业竞争依靠品质及产品开发的时效与特性，而不是价格时，以生产要素为基础拥有比较优势的国家，会陷入困境。

（3）对发展中国家是一个“陷阱”

发展中国家单纯以比较利益法则指导产业发展时，“无法逃脱生产成本的限制。因此，这类国家时时处在失去竞争力的威胁中，年复一年面临薪资与资本周转的问题。它们有限的利润完全得仰仗国际经济的波动。”②

5. 需要以国家竞争优势取代比较优势理论

波特对以生产要素为基础的比较优势理论进行考察后，提出了当代竞争理论必须从比较优势提升到国家竞争优势。

（1）原因

第一，国家是企业最基本的竞争优势。产业竞争优势的创造与持续是一个本土化的过程。竞争的成功更源于各个国家经济结构、价值、文化、政治体制以及历史文化的差异。在经济全球化下，国家在产业竞争中的地位更加重要。随着贸易自由化的深化，当保护障碍初步取消后，以产业技术和现场经验为支柱的国家，重要性将大大提高。国家

① 迈克尔·波特．国家竞争优势．中译本．台北：天下文化出版社，1996：21－23.

② 迈克尔·波特．国家竞争优势．中译本．台北：天下文化出版社，1996：22－24.

不但影响企业所作的策略，也是创造并持续生产与技术发展的核心。

第二，创新没有国界。在资本流动全球化下，企业的国籍不再成为主要问题。在此背景下，一个国家保持并提升自身生产力的关键在于，它是否有资格成为一种先进产业或重要产业环节的基地。

（2）前提

在动态国家竞争优势理论中，“动态与不断进化的竞争”是其前提，必须把“技术进步”和“创新”放在重要位置。

6. 国家竞争优势图解

波特把他所构建的国家竞争优势理论体系冠名为“国家钻石体系”，如图 2.1 所示。

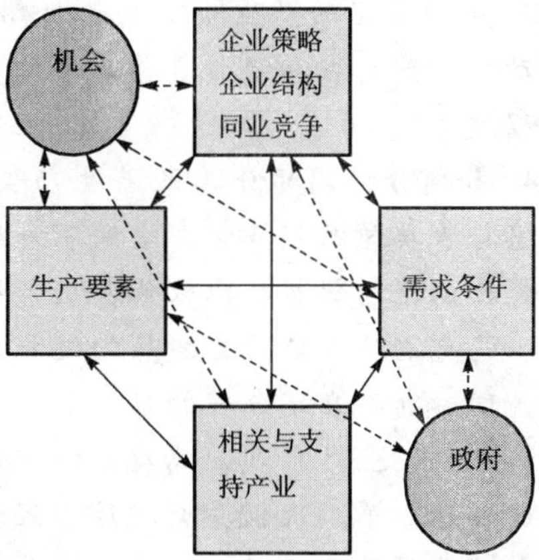

图 2.1　国家钻石体系

资料来源：迈克尔·波特．国家竞争优势．中译本．台北：天下文化出版社，1996：186.

钻石体系中一国的竞争优势取决于以下四个方面：

（1）生产要素。指一个国家在特定产业竞争中有关生产方面的表现，如：劳工素质或基础建设的良莠。

（2）需求条件。指本国市场对该项产业所提供产品或服务的需求如何。

（3）企业策略、企业结构和同业竞争。指一个国家的企业组织和管理形态，以及国内市场竞争对手的表现。

（4）相关与支持产业的环境。指该项产业的上游和下游产业是否具有国际竞争力。

这些因素组合状况会加强本国企业创造国内竞争的优势，也可能使企业发展迟滞不前。

在国家环境与企业竞争力的关系上，还有“机会”和“政府”两个变数。产业发展的机会通常要等基础发明、技术、战争、政治环境发展、国外市场需求等方面出现重大变革与突破。政府在构成一国整个竞争力中具有重要作用。比如，反托拉斯法有助于国内竞争对手的崛起，法规可能改变国内市场的需求，教育发展可以改变生产要素，政府的保护收购更可能刺激相关产业的兴起等等。

本章小结

1. 国际分工是国际贸易的基础，国际贸易是国际分工的表现，二者相辅相成，互相制约，互相促进。

2. 在资本主义生产方式下，国际分工随着市场经济和技术革命的发展，不断向纵深发展。第二次世界大战后，国内分工演变为国际分工，分工的形式多样化；参与国际分工的国家遍及全球；原有的国际分工格局被打破；国际分工的利益在扩散，但国际分工的性质未发生根本的改变。

3. 国际分工的产生与发展受自然条件、社会生产力、市场的发育程度和规模、资本流动、生产关系和经济贸易政策的综合影响，其中决定性的制约条件是社会生产力的发展程度。

4. 如何分析国际分工的产生与发展？如何看待资本主义生产方式下的国际分工？马克思与古典学派经济学家看法不一致。斯密和李嘉图在确认资本主义生产方式的基础上，提出以绝对优势和比较优势进行国际分工，从而掩盖了资本主义国际分工不平等的性质。马克思从人类历史发展的过程看待国际分工。他认为资本主义国际分工具有进步意义，同时也存在不合理的性质。

5. 20 世纪 30 年代，瑞典经济学家赫克歇尔和俄林提出了以要素禀赋丰缺进行国际分工的理论。第二次世界大战后，经过里昂惕夫的验证，发现美国贸易结构与赫俄理论推论相反，被称为“里昂惕夫之谜”。引起不少经济学家解“谜”，导致一些新的贸易理论出现。

6. 美国波特教授认为，李嘉图和俄林的国际分工理论滞后于当今国际经济发展的现实，以国家竞争优势学说进行修正。

思考题

1. 什么是国际分工？
2. 国际分工与国际贸易的关系如何？
3. 第二次世界大战以来国际分工有哪些特点？
4. 国际分工发展的条件是什么？
5. 李嘉图比较优势说的主要内容是什么？
6. 马克思如何看待资本主义国际分工？
7. 赫俄生产要素禀赋分工学说的主要内容是什么？
8. 什么是“里昂惕夫之谜”？

第三章　世界市场

学习目标

世界各国参与国际分工的态势表现为其世界市场上的交易活动。本章系统地考察了世界市场的形成、发展和构成，介绍各国开拓世界市场的途径，竞争手段和竞争策略，给出了竞争力的测算公式。通过学习，学生应了解世界市场的构成，知悉开拓世界市场的办法，掌握世界市场上的交易方式和竞争特点，能够运用指标测算并分析一国的竞争力。

第一节　世界市场的发展与构成

一、世界市场的含义与作用

（一）含义

世界市场是世界各国进行货物、服务和生产要素交换的领域，是国际分工和国际贸易的表现。世界市场是在国内市场的基础上发展起来的，但它不是各国国内市场的总和。在国家存在的前提下，各国国内市场有其独立性，世界市场和国内市场通过对外贸易联系起来。马克思指出："世界市场不仅是同存在于国内市场以外的一切外国市场相联系的国内市场，而且同时也是作为本国市场的构成部分的一切外国市场的国内市场。"①

相对于国内市场而言，世界市场具有如下特点：首先，货物、服务和要素流动不如在国内市场自由；其次，价值规律起作用不如在国内市场通畅；再次，由于国家和国境的存在，世界市场依靠的社会制度、经济体系和发展程度比国内市场更加多样和复杂；最后，国内市场与世界市场的融合度取决于各国经济与市场的发展程度。

（二）作用

1. 调节世界各国的生产要素和资源配置

在世界市场上，通过供求关系的变化和价值规律的作用决定世界各国资本、技术、

① 马克思，恩格斯．马克思恩格斯全集：第46卷．上．北京：人民出版社，1979：238.

生产资料和劳动力等资源的流向，使其得到比较合理的配置。

2. 世界各国相互依赖和相互依存的基础

马克思在 19 世纪就指出："要知道每一个经济部门个别地、安静地独自存在的时代早已过去了，现在它们全都互相依赖，既依赖最遥远的国家的进步，也依赖紧邻的国家的进步以及变动着的世界市场行情。"① 在经济全球化迅猛发展的 21 世纪，这种状况大大加深。

3. 促进各国国内市场经济体制的建立与完善

"如果要让一个复杂的市场经济发挥作用，它就必须解决五个问题，第一，就是资讯务必平稳顺畅地流通，使得人们对于他们所要买的东西拥有充分的信心；第二，它必须理性地假定人们会遵守他们的承诺，即便这些承诺是在未来几十年后才执行，也要充分信任对方；第三，必须培育出竞争的环境；第四，财产权必须获得保障；第五，第三者所带来最糟的副作用必须能够有效地制止。"② 世界市场上各国的竞争和合作，加强了市场经济的开放性、平等性、规范性和分化性。它们影响着各个参与国际贸易国家本身的经济体制和贸易体制改革的建立与完善。

4. 加强世界各国之间的相互传递

第一，发达国家与发展中国家之间的双向传递。开始是发达国家通过世界市场把它们的经济发展传递到发展中国家和地区，同时也把它们的经济衰退和危机传递到发展中国家，是单向传递。在经济全球化下，在发达国家传递的基础上，发展中国家和地区对发达国家也进行反传递。第二，世界市场上交换内容相互之间的传递在扩大。在世界市场交换对象以货物贸易为主时，国家之间的上述传递局限在货物贸易领域，在经济全球化下，世界市场的交换内容从货物延伸到服务、知识和生产要素，拓宽了传递的领域。第三，在市场经济体制被世界各国广泛接受的情况下，传递机制障碍减少，传递速度加快。第四，在上述背景下，世界各国的经济波动、衰退和危机向同步化发展。各国尤其是经济贸易大国的国内经济贸易问题演变成国际问题。

二、世界市场的发展

（一）萌芽阶段

这个时期包括 16～17 世纪和 18 世纪的大部分年份。15 世纪末和 16 世纪初的地理大发现促进了西欧各国的经济发展，使世界市场进入萌芽阶段。

---

① 马克思，恩格斯．马克思恩格斯全集：第 16 卷．北京：人民出版社，1964：258.

② 马丁·沃夫．新世界蓝图．中译本．台北：早安财经文化有限公司，2006：95.

（二）迅速发展阶段

这个时期始于18世纪60年代，结束于19世纪70年代。在这个时期内发生了产业革命，使资本主义生产方式居统治地位，大机器工业建立起来，市场交换的商品种类日益增多，这不仅需要一个不断扩大的世界销售市场，也需要日益扩大的原料供应来源。同时这也促进了工业和人口不断向城市集中，扩大了世界劳动市场，促进了铁路、海运、通讯事业的发展，把各国的市场真正有效地联系在一起，世界市场进入迅速发展的时代。

（三）形成阶段

这个时期始于19世纪80年代，结束于20世纪初。这一时期垄断代替了自由竞争。第二次科技革命的发生以及资本输出的加强，使国际分工进一步发展，形成了统一的、无所不包的世界市场。

1. 多边贸易和支付体系的建立

1870年以前，世界贸易的中心国家是英国，国家之间的贸易支付比较简单。1870年后，其他一些国家都开始成为贸易的重要国家，加上国际分工的形成，更多地区进入世界市场，过去国家对国家的贸易单边支付被多边支付体系取代。这时，各国不再刻意追求与每一个贸易国家保持贸易平衡，而是在出现不平衡后，用对一国的贸易顺差抵补对另一国的贸易逆差。这样，参与贸易的各国相互结成多边贸易的多边支付网，便利了贸易的往来。这个网络为所有贸易参加国提供购买货物的支付手段，同时使国际之间债权债务的清偿、利息与红利的支付能够顺利完成，促进了资本输出和国际间短期资金的流动。

2. 国际金本位制度的建立与世界货币的形成

世界市场的发展与世界货币的发展是紧密联系在一起的。作为一般支付手段的货币职能起源于对外贸易。随着国内市场和世界市场的发展，货币的职能也趋于多元化，要求出现国际货币。早期的国际货币是黄金和白银。到19世纪末期，黄金被各国确立为世界货币，建立起国际金本位制度。这个制度的作用主要有两点：第一，它给世界市场上各种货币的价值提供了一个互相比较的尺度，并使世界各国货币间的比价，亦即汇价保持稳定；第二，它给世界市场上各国的商品价格提供了一个相互比较的尺度，把各国的价格结构联系在一起。国际金本位制度不是一个单纯的货币制度，而是世界市场的一个重要组成部分。

3. 世界市场上商品多样化和大宗贸易的增长

19世纪下半叶，随着第二次产业革命的进展和大机器工业所生产的各种制成品的数量和种类的增加，以及对工业原料需求的增加，一些大宗产品的统一世界市场开始形成。17世纪以前，国际贸易以香料和其他奢侈品贸易为主。18世纪，糖、烟、棉花、茶叶和酒成为国际贸易中的主要商品。19世纪70年代以后，伴随着交通运输工具的改进，国际贸易中的商品种类大量增加，加工贸易所需的价格比较低、体积比较大的原材料，如煤炭、铁矿石、粮食、肉类、纤维等大宗货物出现在世界市场上。20 世纪初，亚洲、非洲和拉丁美洲的采矿业和种植园迅速发展。大量的锡、铜、橡胶、石油以及糖、咖啡、茶叶等在世界市场上销售，以适应新兴汽车工业和其他工业的生产需要及西欧国家人民的消费需要。进入 20 世纪，随着科技进步和交通运输的发展，一些鲜活商品如鲜花、草莓、蔬菜、鲜鱼、新鲜龙虾等都成为国际贸易的商品。

4. 出现了比较固定的销售渠道

19 世纪末 20 世纪初，随着国际贸易的发展，形成了大型、固定的商品交易所、国际拍卖市场、博览会；建立健全了航运、保险、银行等各种专业机构；建立了比较固定的航线、港口、码头。这一切都把世界市场有机地结合在一起。

5. 资本主义经济规律制约着世界市场的发展

资本主义社会中各种规律诸如基本经济规律、经济发展不平衡规律、价值规律等在世界市场上居于主导地位，制约着世界市场的发展和波动。

三、当代世界市场的构成

（一）国家与地区

按照经济发展类型，参加世界市场活动的国家和地区可分为三个主要类别：发达国家、发展中国家、经济转型国家。按照主要出口商品的类别，发展中国家又可分为三个类型，即主要石油出口国家，主要制成品出口国家，其他国家和地区。按照主要特征，发展中国家又可分为最不发达国家、内陆国家和沉重负债的穷国。按照人均国内生产总值（GDP），世界又分为高收入国家（人均 GDP 在 4 500 美元以上）、中等收入国家（人均 GDP 位于 4 500 ~ 1 000 美元之间）、低收入国家（人均 GDP 在 1 000 美元以下）。

由于发达国家占有国际货物贸易、服务贸易和要素流动的绝大部分，它们成为世界市场的主体，在世界市场上起着主导作用。

（二）贸易厂商

世界市场上的订约人，按照活动的目的和性质可分为三类：公司、企业主联合会、国家机关（政府各部和各主管部门）和机构。公司是指那些追求商业目的的订约人，它们是在工业、贸易、建筑、运输、农业、服务等方面以谋利为目的而进行经济活动的企业。企业主联合会是企业家集团的联合组织，它们与公司的区别在于，其活动目的不是获取利润，而是以协会、联盟、代表会议等形式参与政府的决策活动，为企业扩大出口、开拓世界市场服务。国家机关（政府各部和各主管部门）和机构是世界市场上第三类订约人，它们只有在得到政府授权后才能进入世界市场，从事外贸业务活动，但不以营利为目的。

（三）交易商品

交易标的是指世界市场上交易的商品，它包括货物、服务和生产要素等。《联合国国际贸易标准分类》将货物分为10大类、67章、261组、1 032个分组和3 188个基本项目。WTO将服务性产品划分为12大项，即商务服务、通讯服务、建筑服务、销售服务、教育服务、环境服务、金融服务、卫生服务、旅游服务、娱乐服务、运输服务和其他服务。此外，还有各种技术产品的贸易。

（四）交易场所与渠道

1. 有固定组织形态的国际市场

有固定组织形态的国际商品市场，是指在固定场所按照事先规定的原则和规章进行商品交易的市场。这种市场主要包括商品交易所、拍卖、集市、博览会和展销会等。

2. 没有固定组织形态的国际市场

除了有固定组织形态的国际市场外，通过其他方式进行的国际商品交易，都可以纳入没有固定组织形态的国际市场。这种市场可以大致分为两大类：一类是单纯的商品购销；另一类则是与其他因素结合的商品购销形式，如“三来一补”、投标与招标、易货贸易、租赁贸易等等。

3. 商品销售渠道

商品销售渠道是指商品从生产者到消费者手中所要经过的环节。其作用是：沟通生产与销售；节约企业推销商品所需的人力和时间；为贸易各方提供各种方便；化解企业商品生产后的风险；满足消费者的不同需要。

世界市场上的销售渠道通常由三部分构成：第一部分是出口国的销售渠道，包括生产企业或贸易公司本身；第二部分是出口国与进口国之间的销售，包括贸易双方的中间商；第三部分是进口国国内的销售渠道，包括经销商、批发商和零售商等。

4. 运输和信息媒体网络

运输网络由铁路运输、公路运输、水上运输、航空运输、管道运输等组成，承担着世界市场上的各种运输服务。

信息媒体网络由国际电话、电视、广播、报刊、通讯卫星、计算机网络等组成，承担着世界市场上的信息传播和通讯。

5. 国际物流

整个世界的经济活动由生产、流通和消费三大部分构成，其中流通是联系生产和消费的必要环节。没有流通，整个世界经济活动将停止，商品的价值和使用价值都无法实现。随着经济全球化的加速发展、国际分工的深化和广化、跨国公司的发展以及竞争的加剧，需要在世界市场上有效、合理地组织世界各国之间的商品物流，以获得较高的经济效益和实现利润最大化。在这一背景下，国际物流应运而生。

国际物流（International Logistics，IL）是指物流活动超越国家疆界的限制，延伸到其他国家和地区，其目的是降低运输费用，加快商品周转和提高竞争力，获取销售效益。它把商品制造、运输和销售有机地结合起来，是集采购、生产、运输、保管、信息和管理为一体的世界市场活动。

21 世纪国际物流进入大发展的时代，呈现信息化、网络化、智能化、柔性化、标准化和整体化的特点。如果世界市场上交换的商品是“血液”，国际物流则是世界市场肌体中的“血管”。

（五）管理与协调机构

包括世界市场上各种管理组织和机构，如世界贸易组织、国际货币基金组织、世界银行、国际商会、仲裁机构、各种认证机构，标准化组织等。通过它们的运作，保证世界市场健康、有序地运行。

四、当代世界市场的分类

（一）按交易国家划分

1. 发达国家市场

发达国家市场一般是指那些生产力高度发达，具有成熟的市场经济体系的国家。在全世界 191 个国家中，发达国家有 42 个。2006 年，这些国家拥有人口 9.7 亿，占当年世界人口的 13.9%；其国土面积总和为 3 247 万平方公里，占世界面积的 23.9%。2005 年，它们的国内生产总值为 33.3 亿美元，占当年世界国内生产总值的 75.0%，其中，农业占 3.9%，工业占 24.9%，服务业占 73.5%。2004 年，发达国家的人均国内生产总值为 33 052 美元，是世界人均国内生产总值（6 411 美元）的 5.2 倍。2006 年，发达国家的出口贸易额占当年世界出口贸易额的 59.1%。

上述特点决定发达国家市场成为世界市场中的主导市场。

2. 发展中国家市场

发展中国家市场通常是指那些过去长期遭受帝国主义国家殖民统治和剥削，第二次世界大战后取得政治独立，但经济发展相对落后，面临经济发展问题的国家。全世界发展中国家有 170 多个，分布在亚洲、非洲和拉丁美洲。

第二次世界大战后，发展中国家在经济上有所发展，但发展很不平衡。按其出口产品划分，有主要石油出口国（21 个）、主要制成品出口国家和地区（12 个）以及其他国家和地区（其中包括 50 个最不发达国家）。

2006 年，整个发展中国家拥有人口 52.8 亿，占世界人口的 75.9%；土地面积为 8 083 万平方公里，占世界土地面积的 59.4%。2005 年，其国内生产总值为 9.9 万亿美元，其中，农业占 10.5%，工业占 37.8%，服务业占 51.7%。2004 年发展中国家的人均国内生产总值为 1 648 美元，相当于世界人均国内生产总值（6 411 美元）的 22.3%。2006 年，其出口贸易额占当年世界出口贸易额的 36.8%。

上述特点决定了发展中国家市场是世界市场中的次要市场，其运行要受制于发达国家市场。

3. 经济转型国家市场

经济转型国家共有 19 个，20 世纪 90 年代以前，它们都属于社会主义国家，20 世纪 90 年代以后，这些国家的政治和经济制度都发生了巨变，开始重新组合，如俄罗斯和一些国家组成独联体，有些国家加入了欧盟。

2004 年，这些国家人口为 3.3 亿，占世界人口的 4.7%；土地面积为 2 272 万平方公里，占世界土地面积的 16.7%。2005 年，其国内生产总值为 1.2 万亿美元，其中，农业占 8.1%，工业占 36.7%，服务业占 55.3%，占世界国内生产总值的 2.8%。2004 年经济转型国家的人均国内生产总值为 2 816 美元，占世界人均国内生产总值（6 411 美元）的 44.0%。2006 年，其出口贸易额占当年世界出口贸易额的 4.1%。

上述特点决定了经济转型国家的市场是一个新兴的市场。

（二）按交易内容分类

1. 货物市场

按加工程度划分，货物市场可分为两类：

（1）初级产品市场。其中包括：农业食品（粮食、咖啡、水果等）；农业原料（棉花、天然橡胶、木材等）；燃料（石油、煤、天然气等）；金属矿产品（铜、铁矿砂等）。

（2）工业制成品市场。其中包括：化工产品；机械产品；纺织品和服装；其他。

2. 服务市场

这是指无形商品的国际交易，也称为无形贸易。服务业包括 12 个部门，即商业、通讯、建筑、销售、教育、环境、金融、卫生、旅游、娱乐、运输、其他。

此外，按对市场集中和控制的程度，世界市场可分自由竞争市场、垄断竞争市场、垄断市场和寡头市场；按供求关系区分，在供过于求时，形成买方市场；反之，在供不应求时，会出现卖方市场。

五、当代世界市场的特征

（一）国内外市场的融合加速

20 世纪 90 年代以后，世界各国国内市场与世界市场的融合在加速。其融合途径如下。

（1）市场经济体制逐步趋同。20 世纪 80 年代，首先是印度，然后是中国逐步脱离了计划经济体制。90 年代，东欧和中亚的前社会主义国家脱离计划经济体制，转向市场经济体制。

（2）贸易壁垒下降，关税税率不断下调，非关税壁垒受到约束和规范，扩大了货物贸易的市场准入。

（3）资本自由化。绝大多数国家从限制外资转变为欢迎外资，给外资以各种优惠待遇。

（4）在跨国公司的作用下，形成了世界性的生产网络和销售网络，出现了“无国界经济”。

（5）在科技革命的作用下，世界的通讯、运输、物流网络不断完善，把各国市场有机地结合起来。

（6）世界贸易组织取代 1947 年关税与贸易总协定成为多边贸易体制的组织和法律基础。其成员根据该组织负责实施、管理的协定与协议修正本国的贸易规则。

（7）地区经贸集团大量出现，通过内部的自由化，加速成员之间市场的融合。

（8）国际协调机制加强。

其融合的成果是：世界贸易的增长速度高于世界生产的增长速度。世界出口贸易额占世界国内生产总值的比重从 20 世纪 70 年代的 10% 提高到 2005 年的 23.4%，表明国内外市场的融合度在不断扩大。

（二）市场容量不断扩大

随着各国国内市场与世界市场融合的加速，世界市场的容量（贸易额）在不断扩大，世界出口贸易额迅速增加。世界货物出口贸易额从 1980 年的 20 320 亿美元提高到 2007 年的 138 330 亿美元。出口贸易额的年均增长速度从 20 世纪八九十年代的个位数提高到 21 世纪初的两位数。具体增长速度见表 3.1。

表 3.1　世界与大类国家货物出口贸易年均增长速度　单位：%

	1980～1990	1980～2000	1980～1985	1990～2000	1990～2005	1995～2005	2000～2005	2002～2003	2003～2004	2004～2005	2005～2006	2007
世界	6.0	7.1	7.1	6.8	6.9	6.5	11.3	16.3	21.8	13.9	14.8	14.4
发达国家	7.3	7.6	6.8	5.9	5.8	5.2	9.4	15.3	17.9	9.2	12.6	13.7

续表

	1980～1990	1980～2000	1980～1985	1990～2000	1990～2005	1995～2005	2000～2005	2002～2003	2003～2004	2004～2005	2005～2006	2007
发展中国家	3.1	7.6	8.2	9.0	9.3	9.1	14.1	17.4	28.2	21.3	17.6	15.2
经济转型国家	2.9	0.5	3.0	6.7	9.3	10.2	19.9	27.2	36.0	26.3	22.8	18.7

资料来源：联合国贸易与发展会议，统计手册2008，表1.2.1。

与此同时，世界服务出口贸易额增长很快。世界服务出口贸易额1980年为3 910亿美元，1990年为8 308亿美元，2000年为15 293亿美元，2007年为33 374亿美元。

（三）传导机制在加强

所谓传导，是指国内市场与世界市场之间的相互联系和影响。随着经济全球化的加速，二者的相互联系和影响不断加强。

1. 传导领域拓宽

传递领域从货物拓展到服务和生产要素的流动，传递的渠道增多。当今世界市场的传递渠道在原有的货物价格渠道的基础上，增加了服务渠道，资本流动渠道，人力资源流动渠道，科技、知识、信息传播渠道等。

2. 传导从单向转向双向

20世纪70年代以前，发达国家市场是世界市场的传递中心，它的扩大和萎缩直接影响到发展中国家的市场。20世纪80年代以后，随着发展中国家的兴起，其经济的发展和波动也反向传递到发达国家。如1973年石油危机和1997年爆发的东南亚金融危机也波及到了发达国家。

3. 传导速度加快

由于市场经济体制成为世界各国普遍接受的经济体制，加上对外开放成为主流的经济贸易政策，国内和世界市场的融合度提高，使得传递的阻碍减少，导致传递加速和经济波动同步性的增强。有些国家积极接受这种传递，可能有助于加快发展；有些国家反应迟钝，可能失去发展机会。当经济波动或衰退出现时，如果一国敏感并及时调节，可能规避这种风险；如果应对滞后，可能造成灾难，并演变成世界性的危机。

4. 传导机制出现协调

（1）国际组织层次上的协调。如联合国贸易与发展会议进行发达国家与发展中国家的经济贸易利益关系的协调；每年召开一次的“七国首脑会议”、“八国首脑会议”

和各种高峰会议。

（2）区域经济贸易组织内部的协调。

（3）世界贸易组织通过规则对世界贸易的协调。

（4）巴塞尔委员会对国际金融的协调。

（四）市场利益分配仍不公平

在当今世界市场，参与世界市场活动的国家和地区在利益获取上存在不公平现象。

（1）在世界市场上，货物、劳动力、知识产权和资本运行的主导权仍然掌握在发达国家手中。它们既是经济发展传递的中心，同时也是经济波动或衰退的危机发源地。在这个过程中，发达国家处于主动地位，而其他处于外围的国家将要承担更大的风险和伤害。

（2）世界市场协调机制是通过谈判和规则来进行的，在谈判和各种规则的制定中，发达国家由于经济实力强大，处于决策地位，而发展中国家由于经济实力较弱，在谈判中处于弱势地位，参与规则制定的话语权很小。

（3）在世界市场的运行规则中，发展中国家经过努力，争取到一些特殊待遇条款，但由于发展上的差距，无力把这些优惠待遇变成现实。

（4）上述原因导致了世界市场带来的利益不是平等地在发达国家和发展中国家分配。在世界市场运作的“双赢”中，发达国家获得的利益远远多于发展中国家。

第二节　世界市场的开拓

一、开拓世界市场的准备

（一）调研国家市场环境

包括以下内容：

（1）经济因素：即要进入国家的市场和地区经济发展的程度与水平。

（2）政治因素：即要进入国家的政体、政府机构、法律体系、是否与他国在政治和经济上结盟。

（3）文化因素：即要进入国家的宗教、信仰、教育文化水平、社会风俗习惯等。

（4）社会因素：即要进入国家的办事效率、工会组织、政府稳定状况等。

（二）确定进入具体市场目标

包括以下内容：

（1）商品进入哪个地区或城市；

（2）商品面向哪一个消费者阶层；

(3) 进入市场的范围。

(三) 分析商品市场动向

包括以下内容:

(1) 需求数量;

(2) 面临的竞争对手;

(3) 需求的变化;

(4) 潜在的市场需求;

(5) 本身的供应能力。

二、开拓世界市场的方法和阶段

企业进入世界市场，大约要经过三个阶段，即产品出口阶段、国外生产阶段和跨国企业经营阶段。

(一) 产品出口阶段

一般是先间接出口，即通过代理人出口。其好处是投资少，风险小。缺点是需支付佣金，且容易被中间商控制。待间接出口到一定阶段，取得经验，就转为直接出口，即甩开中间商，直接进入市场。直接出口方式包括：在国外设立经销点；设立分支机构；派推销人员到国外推销。其优点是直接面向市场，能及时了解、掌握市场信息，获得较多利润。缺点是投资较多，遇到的风险大。

(二) 国外生产阶段

企业到国外生产时，一般采取以下三种方法:

1. 合资企业与独资企业

合资企业是指外国和国内投资者之间为了从事商品生产或其他经营活动（如建筑或提供技术服务）而成立一个新的公司所作的安排。

缔约双方谈判公司章程及各缔约方投入合资企业的股金。新建公司实体通常由董事会控制，董事会成员由股东按照资本投资中的股权数委任。在大多数情况下，投资者都要谋求在合资企业中掌握多数股权，以便最大限度地控制企业经营和获取最多的利润分成。控股多少的谈判将由投资者和当地合股人进行，保障每个股东在企业决策和管理中享有互相商定的控制权以及在公司盈亏中应有的份额。

企业也可以通过在国外设立独资企业进入其市场。但在市场开拓早期，投资者对当地情况不熟悉，独资企业的经营困难可能会更大一些。

2. 国际分包

在国际分包安排中，承包商将其承包工程的一部分分包给当地的分包商。分包后所生产的产品（零、部件）发运给承包商以组装成最终产品；若是成品，则由承包商去销售。在此类业务中，产品按照承包商规定的条件和规格进行生产。分包商从承包商那里获得关键的加工技术、机器、设备、质量管理的仪器，以及单证、技术人员培训和管理方法的帮助。签订分包合同时要谈妥上述各种投入的方式。合同条款可能规定承包商提供或资助分包商所需的机器和技术设备。

3. 技术许可

按照这种办法，当地生产者的产品制造权是通过“许可协议”从专利（或商标）持有人处获得的。专利持有人（许可人）给予买方（被许可人）该产品的制造和在当地市场及指定的出口市场销售的专有权。根据许可协议，被许可人通常以支付专利权使用费的形式购买制造权。专利使用费可按总销量的一个固定百分比计算（按出厂价），也可以对每生产一个产品按一个特定金额计算。与国际分包一样，许可人通常承担开始生产及维持生产所必需的全部相关技术、设备以及技术咨询投入。

在这个阶段的后期，一旦企业开始在几个国家和地区建立起生产基地，并从这些基地向世界市场供应商品，对这些企业统一管理、综合计划，就成为企业的重大问题，需要进行跨国经营。

（三）跨国企业经营阶段

1. 跨国企业经营的特点

一国企业开始在全世界范围内计划、组织并管理其国际性生产时，它便进入了跨国企业经营阶段。其特点是：在不同的国家和地区设立子公司或分支机构，从事国外生产、销售活动；总公司对子公司具有直接控制能力；经营战略和目标是以全球为出发点，考虑全企业的经营管理。这时，企业经营管理者的工作重心将放在诸多子公司之间跨国业务的协调上，把国内的生产仅作为世界性经营的一部分，力图通过各种要素在跨国企业内部各子公司间的调动，获取国际分工的更大利益。

2. 跨国企业经营的类型

按跨国企业进行国际性经营的目的，跨国经营可分为以下几种类型：

（1）为获取本国供给不足的资源，如各种矿产、能源等；

（2）绕过进口国在进口上设置的各种贸易障碍，就地生产，就地销售，成为变相贸易；

（3）进入区域经济贸易集团内部；

（4）为延长本企业主要产品的生命周期，调整和优化生产结构；

（5）吸引和利用当地的技术、管理和资金；

（6）控制和垄断某个国家、地区或某种产品的市场等。

三、世界市场的交易方式

根据交易双方的标的和支付能力，在世界市场上形成了不同的交易方式。这些方式包括：单纯的商品购销、包销、代理、寄售、拍卖、招标与投标、期货交易、易货贸易、补偿贸易、加工贸易、租赁贸易等。

（一）单纯的商品购销

1. 含义

单纯的购销方式是指交易双方不通过固定市场而进行的商品买卖活动。它是通过独立洽商进行的。

2. 内容

这种方式通常包括如下内容：买卖双方自由选择成交对象；洽商商品的品质、规格、数量、价格、支付、商检、装运、保险、索赔、仲裁；在相互意见一致的基础上签订成交合同。这种交易方式是世界市场上最为普遍的交易方式。

（二）包销

1. 含义

包销（Exclusive Sales）是指卖方在指定的地区范围和期限内，把指定的商品出售给指定的买方。

2. 特点

包销方式具有以下特点：

（1）售定性质。在包销方式下，交易双方之间的关系是本人（Principal）之间的买卖关系，而不是本人与代理（Agent）之间的代销关系。双方对销售的产品在确定价格后，各自承担市场价格涨落和经营中的各种风险，即自负盈亏。

（2）独家销售权利。即包销方式的买方享有一定期限在指定地区内的独家销售权。

（3）签订包销协议。包销协议的主要条款包括：商品种类、包销地区、包销期限、专营权、最低购买数量或金额及价格等内容。

（三）代理

1. 含义

代理（Agency）是指货主在进口当地市场指定代理人，由代理人在一定的地区范围和一定期限内，积极推销货主指定的商品。

2. 特点

同包销方式相比，代理方式具有以下特点：（1）双方的关系是委托人与被委托人的关系。代理人只能在委托人的授权范围内，代表委托人从事商业活动。（2）代理人一般不以自己的名义与第三者签订合同。（3）代理人通常是运用委托人的资金从事业务活动。(4) 代理人不负责交易中的盈亏，只收取佣金。(5) 代理人只是在中间介绍生意、招揽订单，并不承担履行合同的责任。

3. 类别

代理分为独家代理和一般代理。在国际贸易中，独家代理是指委托人给予代理商在规定地区和一定期限内享有代销指定商品的专营权，除非双方另有约定，无论是由代理商做成交易，还是由委托人同其他商人做成交易，代理商都有享有获得佣金的权利。而一般代理不享有独家代理的专营权利，在同一地区、同一时期内，委托人可以选定一家或几家客户作为一般代理商，根据推销商品的实际金额付给佣金。委托人可以直接与其他买主成交，无须另外付给代理商佣金。

（四）寄售

1. 含义

寄售（Consignment）是指货主为开拓国际市场，先把货物运往国外市场，委托指定商号代销其货物，在货物售出后才收回货款，并支付代销商代垫的费用和佣金。

2. 特点

(1) 代销性质。寄售的关系并非买卖关系，而属于代销关系，也是一种委托与被委托的关系。

(2) 货物所有权仍属于货主。在寄售方式下，虽然货主把货物运交给国外指定商号，但货物的所有权和风险并未转移，仍然属于货主。一方面，代销人不能侵犯货主的所有权；另一方面，货物发生的风险除非因代销人的过失造成，否则仍由货主承担。如果发生代销人破产的情况，任何债权人不得对寄售货物进行处置，货主有权收回寄售货物。

(3) 先售后结。委托人根据寄售合同，先把货物运往国外市场的寄售商号，待货物售出，再由代销人扣除费用和佣金后，把售出货款汇给货主。

（五）拍卖

1. 含义

拍卖（Auction）是由经营拍卖业务的拍卖行接受货主的委托，在规定的时间和场所，按照一定的章程和规则以公开交易的方式，把货物卖给出价最高的买主的一种贸易方式。

2. 特点

(1) 在一定的机构内有组织地进行的；

(2) 具有自己独特的法律和规章；

(3) 是一种公开竞买的现货交易；

(4) 通过拍卖成交的商品通常是品质难以标准化，或难以久存，或按传统习惯以拍卖出售的商品，如裘皮、茶叶、烟草、羊毛、木材、水果以及古玩和艺术品等。

（六）招标与投标

1. 含义

招标（Invitation to Tender）是指招标人（买方）在规定时间和地点发出招标公告，提出准备买进商品的品种、数量和有关买卖条件，邀请卖方投标的行为。投标（Submission of Tender）是指投标人（卖方）应招标人的邀请，根据招标公告或招标单的规定条件，在所规定投标的时间内向招标人递盘的行为。

2. 内容

招标与投标是一种贸易方式的两个方面。招标、投标业务的基本程序包括招标前的准备工作、投标、开标、评标、决标及中标、签约等几个环节。

（七）商品期货交易

1. 含义

期货市场（Futures Market）是指按一定的规章制度买卖期货合同的有组织的市场。期货交易就是在期货市场上进行的交易行为。期货市场由期货交易所、场内经纪人与期货佣金商以及清算所等构成。期货交易所（Futures Exchanges 或 Exchanges）是具体买卖期货合同的场所。

2. 特点

达成期货交易必须做到三点：

（1）合同的条件必须标准化。在交易所进行交易的商品，合同中的品名、质量和数量必须标准划一。因此，期货交易双方只需就期货合同的份数、交货期及价格达成一致。

（2）保证合同绝对能够履行。交易所通过订立包括保证金在内的各种规定，保证在交易所中订立的合同能够绝对地履行，从而使期货交易得以顺利进行。

（3）脱离实际货物的交付。交易所只管买方卖方的登记结算，自己不进行直接交易，交易的全过程一般不发生实际货物的收交。

（八）易货贸易

1. 含义

易货贸易（Barter Trade），从狭义上说，就是以货换货的一种贸易方式，如果交易双方所供货物相等，则不涉及货币；如果允许双方所交货物有差额，该差额可用货币支付或稍后提交货物来抵付。

2. 特点

易货贸易的特点是：交换商品的价值相等或相近，没有第三者参加，并且是一次性交易，履约期较短。

（九）补偿贸易

1. 含义

补偿贸易（Compensation Trade），是指在信贷的基础上进口设备，然后以回销产品或劳务的方法，分期偿还进口设备的价款和利息的一种贸易方式。

2. 特点

（1）贸易与信贷结合。一方购入设备等商品是在对方提供信贷的基础上，或由银行提供信贷。

（2）进口与出口、生产相联系。设备进口与产品出口相联系，产品利用引进的设备来制造。

3. 做法

（1）回购（Product Buyback）。回购是由设备进口方用对方提供的设备或技术所生产的产品，包括直接产品或有关产品，来偿付进口设备的货款。

（2）互购（Counter Purchase）。互购是指设备进口方不是用直接产品支付进口设备的货款，而是用双方商定的其他产品或劳务来偿付。互购涉及两个独立而又相互联系的合同。

（十）加工贸易

1. 含义

加工贸易是指经营企业进口全部或部分原材料、零部件、元器件、包装物料，经加工或装配后，将制成品复出口的贸易方式。

2. 方式

加工贸易包括来料加工和进料加工。来料加工贸易是指进口料件由外商免费提供，经营企业不需要付汇进口，它们按照外商的要求进行加工或者装配，只收取加工费，而制成品由外商销售的贸易方式。进料加工贸易是指进口料件由经营企业付汇进口，制成品由经营企业外销出口的贸易方式。

（十一）租赁贸易

1. 含义

租赁贸易（Leasing）是指出租人在一定时间内把租赁物租借给承租人使用，承租人分期付给一定租赁费的融资与融物相结合的经济活动。根据租约规定，出租人定期收取租金，并保持对租赁物的所有权；承租人通过租金缴纳取得租赁物的使用权。

2. 特点

（1）租赁是所有权和使用权相分离的一种物资流动形式；

（2）租赁是融资与融物相结合、物资与货币结合交流的运动形式；

（3）租赁是国内外贸易中的辅助渠道。

3. 形式

租赁贸易主要分为以下两种形式：

（1）金融租赁。也称为融资性租赁，是指承租人选定机器设备，由出租人购置后出租给承租人使用，承租人按期交付租金。租赁期满后，租赁设备通常采取三种处理方法：退租、续租和转移给承租人。在金融租赁中，租赁期满后，租赁设备的所有权转移给承租人的情况非常普遍。

（2）经营租赁。经营租货是指租赁公司购置设备，出租给承租人使用，出租人负责维修、保养和零部件更换等工作，承租人所付租金包括维修费。

四、世界市场交易的达成

（一）合同的确立

合同是世界市场上交易双方、当事人之间有约束力的书面协议，是贸易商之间交易达成的标志。签订合同的要素是：有订约能力的交易双方当事人；标的（买卖的商品）；意愿一致；义务的相互性。在所有法系中，合同成立的原则是：一方必须作出一项要约，要约即向一个或多个特定的人提出的内容明确并且一经接受即受其约束的订立合同的建议；另一方必须接受该要约。合同一般在要约被接受的时候确立。

在合同确立时，要遵循平等、自愿、诚实、信用、合法和尊重社会公德的原则。

（二）合同的类型

根据贸易方式，出现的贸易合同包括：商品销售合同、包销合同、代理合同、寄售合同、拍卖合同、招标与投标合同、易货贸易合同、补偿贸易合同、加工贸易合同、租赁合同等。

（三）合同的履行

合同当事人要根据合同的各种条款如实地履行，若有违反，应根据合同条款解决。

第三节　当代世界市场竞争

一、当代世界市场竞争的特点

竞争就是指追逐利润的竞赛。在世界市场上，各国贸易商为了追逐利润，展开了激烈的竞争，出现了各种竞争方式与策略。

（一）市场竞争成为国际竞争的重要内容

在当代国际环境下，国家之间存在着政治竞争、军事竞争、经济竞争、社会竞争和文化竞争。其中经济竞争成为各国竞争的主要内容，也成为其他竞争的基础。而在经济竞争中，市场开拓、维护与占有的竞争占据非常重要的地位。

（二）市场竞争格局出现多元化

第二次世界大战以后，随着发达国家经济的快速发展，部分发展中国家经济的崛起，苏联、东南欧国家的巨变，中国等社会主义国家的对外开放，在世界经济发展不平衡规律的作用下，市场竞争呈现多元化。它表现为六个方面的竞争：一是发达国家之间的竞争；二是发达国家与发展中国家和地区之间的竞争；三是社会主义国家与发达国家和发展中国家之间的竞争；四是地区性经济贸易集团之间的竞争；五是跨国公司、大企业之间的竞争；六是跨国公司、大企业与中小企业之间的竞争。

（三）市场竞争日益广阔与深化

（1）从局部竞争走向整体竞争。参加竞争的商品从货物贸易向服务贸易和知识产权贸易发展。

（2）竞争方式从粗放式竞争走向集约式竞争。贸易中的非价格竞争已取代传统的价格竞争占据主导地位。

（3）国际贸易方式方法日趋多样。在传统贸易方式，如经销、代理和寄售、招投标的基础上，出现了加工贸易、对等贸易、技术贸易、租赁贸易和电子商务。

（4）从封闭式的市场竞争走向开放式的市场竞争。在市场竞争中，各国从被动的保护转向主动对外开放，推行贸易和投资自由化，加入 WTO 等国际组织。

（5）构成商品竞争力的要素从自然资源要素走向管理与新兴的科学技术。新技术、新工艺在生产过程中的推广与采用，成为市场上商品竞争能力的重要基础。

（6）商品贸易与投资活动密切结合，资本流动成为进行市场渗透的重要工具。

（7）市场竞争理论与实际密切结合，出现了很多新的竞争理论。如产品生命周期理论、企业竞争战略理论、营销策略理论和国家竞争优势理论。

（8）各国积极组建和参加经贸集团，由国家之间的竞争转向经贸集团之间的竞争。地区经贸集团的数目从 1972 年前的 50 多个跃升到 21 世纪初的 330 多个。截至 2007 年 3 月 1 日，全球仅自由贸易区就达到 194 个。

（9）情报被视为竞争力的重要基础。一方面，通过合法和非法手段收集和窃取情报；另一方面，制造和散布假情报，迷惑竞争对手。

（四）在国家干预和保护下竞争

在当代世界市场竞争中，各主权国家政府为了维护本国的经济利益，不断运用国家权力通过各种方式对竞争进行干预和保护，以促进本国经济的发展，最大限度地减少竞争对本国经济发展所起的负面作用。如通过经济政策、科技政策、产业政策和措施改善本国企业参与世界市场竞争的环境和条件，优化出口产业结构，提高出口产品的竞争力。

（五）公平竞争成为主流

随着世界市场的扩大，市场活动对各国经济发展的作用在加强，公平竞争日益受到各贸易国家的重视。在世界市场上，各国通过贸易条约、契约、惯例等，贯彻公平竞争原则。其办法如下：

（1）通过双边贸易和投资协定，确定双方的权利与义务，做到平等互利，为公平竞争提供基础。

（2）通过经贸集团内的各种协定，确定成员之间的权利与义务，进行公平竞争。

（3）国际贸易法规日益完备和规范化。它们包括：涉及国际贸易某一领域的国际条约，如《国际货物买卖合同公约》、《国际货物海上运输公约》等；指南性的文件，如《对销贸易法律指南》；标准合同范本，交易双方当事人可按此种范本订立合同，比如大型承包工程合同的范本；具体的合同条款，如《租船合同条款》、《船舶和货物保险条款》，这些合同条款都十分具体，各国贸易商都按统一的条款行事，可以减少分歧，保证公平；标准化要求，如 ISO9000 系列等。

（4）建立世界性的贸易组织，以协调世界各国贸易方面的法律，实现公平竞争。如 1995 年建立的 WTO，其目标就是保证组织内成员进行“开放、公平和无扭曲的竞争”。

二、国际竞争力的定义与指标

（一）国际竞争力的定义

国际竞争力可被界定为“一国生产符合国际市场标准的货物和服务，同时又能保持和提高人民的实际收入的能力。”（UNCTAD，TD/B. COM. 3/69，4 January 2005.）“一个具有竞争力的公司能够明确要生产什么，为谁生产，并且能够为实现其生产和营销目的而有效和高效率地管理资源的获取和分配，从而实现讨价还价的能力。”（UNCTAD，TD/B. COM. 3/EM. 23/3，23 December 2004.）

（二）国际竞争力的指标

1. 贸易专业化系数

（1）贸易专业化系数（Trade Specialization Coefficient，TSC）的基本公式。

$$贸易专业化系数(TSC) = [出口(X) - 进口(M)]/[出口(X) + 进口(M)]$$

当 TSC = 1 时，即完全出口专业化；当 TSC 为 -1 时，为完全进口专业化。

（2）一国某产品的国际竞争力。

一国某产品的国际竞争力 =（该国 A 产品对世界出口额 - 该国 A 产品从世界进口额）/（该国 A 产品对世界出口额 + 该国 A 产品从世界进口额）

当计算结果大于零时，表明该产品竞争力较强；反之，如果小于零，则表明该产品竞争力较弱。

2. 出口业绩相对指数

出口业绩相对指数（Index of Relative Export Performance，IREP）的计算公式为：

$$IREP_{ij} = \frac{X_{ij}/\sum_{j} X_{ij}}{\sum_{i} X_{ij}/\sum_{i}\sum_{j} X_{ij}}$$

式中，X_{ij} 为 j 国 i 产品出口额；$\sum_{j} X_{ij}$ 为世界各国 i 产品出口总额；$\sum_{i} X_{ij}$ 为 j 国出口总额；$\sum_{i}\sum_{j} X_{ij}$ 为世界出口总额；分母为 j 国出口额在世界出口总额中所占的比例；分子为 j 国 i 产品出口额在世界 i 产品出口总额中所占的比例。

3. 固定市场份额模型指标

固定市场份额模型（The Constant Market Share Model，CMS）指标是指在一定时期内，本国某产品的出口增长率与为保持该产品原有的市场占有份额应有的出口增长率之差。若其数值为正数，则表明本国该产品在这一时期内的出口竞争力相对于其他出口国有所提高；反之，则表明该国竞争力下降。由于很难测定保持原有市场份额应达到的出口增长率，因此，这一指标的实际运用有一定难度。

4. 显示比较优势指标

显示比较优势指标（Revealed Comparative Advantage Index，RCA）的计算公式为：

$$RCA_{ij} = \frac{X_{ij}/\sum_{i} X_{ij}}{\sum_{j} X_{ij}/\sum_{i}\sum_{j} X_{ij}}$$

式中，RCA_{ij} 为 j 国 i 商品的显示比较优势指数；X_{ij} 为 j 国 i 产品的出口值；$\sum_{i} X_{ij}$ 为 j 国全部产品的出口值；$\sum_{j} X_{ij}$ 为世界上 i 产品的出口总值；$\sum_{i}\sum_{j} X_{ij}$ 为世界所有产品的出口总值。

一般认为，若 $RCA_{ij} > 2.5$，则表明 j 国的 i 产品（或产业）具有极强的竞争力；若

$1.25 < RCA_{ij} < 2.5$,则表明 j 国 i 产品具有较强的竞争力;若 $0.8 < RCA_{ij} < 1.25$,则表明 i 产品具有中等程度的竞争力;若 $RCA_{ij} < 0.8$,则表明 j 国 i 产品的竞争力较弱。

此指标运用较多。需要注意的是,该指标的计算结果与出口业绩相对指数相同,只是两个指标中分子分母的具体含义不同。

三、企业全球竞争战略

（一）企业全球竞争战略的含义

企业全球竞争战略就是在世界范围内某个产业里寻求一个持久的有利竞争地位的指导思想和经营策略。竞争战略的目标是，针对决定竞争的各种影响力建立起一个持久的有利可图的地位。

竞争战略大师迈克尔·波特认为，竞争战略有三种基本类型。

第一种是成本领先战略（Overall Cost Leadership）。实行这种战略的企业通过有效途径降低成本，使企业的成本低于竞争对手，从而获取竞争优势。第二种是差异化战略（Differentiation）。所谓差异化战略，是指为了使企业产品与竞争对手产品有明显的差异性，形成与众不同的特点而采取的一种战略。这种战略的核心是取得某种对顾客有价值的独特特点。第三种是集中战略（Focus）。采取这种战略的企业的经营活动集中于某一特定的细分市场。如果企业不能采取三种基本战略中的任何一种，即处于“夹在中间”的状况，则很容易限入经营困境。

（二）全球竞争优势来源

一般而言，企业全球竞争优势来源于五个方面：比较优势、规模经济、产品差别、专有产品或服务技术与克服障碍的能力。

1. 比较优势

比较优势是全球竞争的重要因素。当企业生产的一个产品具有很大的成本优势或质量优势时，它才能在国内市场上占有极大份额并且能大量出口。

2. 规模经济

如果企业在生产（或提供服务）上存在规模经济，而且进行跨国经营生产，就能取得成本优势。这种规模经济存在于全球经营的经验、后勤系统、市场经销和采购中。为了在这些方面取得规模经济效益和成本优势，企业要坚决地建立起高效且有规模的生产设备，严格控制成本和管理费用，以及最大限度地节约研发、服务、推销、广告等方面的成本费用。

3. 产品差别

它是指企业把生产的产品或提供的服务差别化，树立起一些产业范围内具有独特性的东西。实现产品差别的途径有：名牌形象、技术特点、性能特点、顾客服务、商业网络等方面的独特性。若企业在上述几个方面都有显著的特点，其竞争力就强。

4. 专有产品或服务技术

它是指企业主攻某个特殊的顾客群、某条产品线或某个细化的服务部门。其实现的途径有很多形式，但前提是企业的专一化能够以更高的效率、更好的效果为某一特定的对象服务，从而在较广范围内超过竞争对手。

5. 克服竞争障碍的能力

企业获取全球竞争优势会遇到如下障碍：

（1）经济障碍：诸如运输和库存的成本，不同产品需求的差异，销售渠道的建立，售后服务水平，对产品生命周期与技术转移的敏感性，一国地区市场的分割，世界性需求的变动等。

（2）管理上的障碍：诸如因国家、地区、文化、习惯、支付能力带来的不同的经销办法；全球性的集中管理与局部的当地企业的管理；新技术的使用与推广等。

（3）制度上的障碍：诸如各国政府为维护本国经济发展、削弱他国企业竞争力而设置的产业政策、关税壁垒与非关税壁垒等。

（4）资源障碍：企业本身的资本拥有量与融资能力、研发能力、人力资本等。

（三）企业全球战略的确立

通常，企业全球战略的确定基点取决于该企业在一国的市场份额和潜在的盈利水平，其确立的基础取决于如下因素：

1. 世界范围的成本竞争能力

企业必须占有世界市场一定的最低份额，以承担适当的经济规模与产品开发任务。

2. 在世界市场上的比重

企业必须在一国市场上赢得较高水平的市场份额，才有可能对全球其他竞争者的行为产生影响。如果一个企业在外国市场的份额只占1%或2%，则表明其实力弱，影响力小。

3. 整体的商品观念

全球竞争要求具有全面整体的商品观念。针对核心产品、保障与售后服务，应该订立一套系统的经营策略。

4. 经营范围的适当扩展

当企业生产的多种商品能从相同的商品销售和商标投资中获益时，其销售和商标投资才是经济合算的。也就是在低成本的基础上要不断开发出新产品，这样的企业经营范围才是恰当的。

5. 全球资源的控制

企业在全球竞争中面临的最大问题是如何配置资源。它应具有对其子公司根据其经营范围，有计划地配置资源的控制能力。

6. 战略思想的构成

在这些战略思想中，要考虑本企业面临的侵入威胁、替代威胁、买方的议价谈判能力、供方的议价谈判能力和现有竞争对手的竞争状况。

第四节 世界市场价格

一、世界市场价格的确立基础

世界市场商品价格变动是“无形之手”价值规律运作的反映。世界市场商品价格差异是贸易产生的直接原因，而商品价格差异的构成基础是商品所包含的国际价值量。

商品的国际价值是在国别价值的基础上形成的。

商品的国别价值和国际价值作为一般人类劳动的凝结物，在本质上是完全相同的，而在量上则是不同的。国别价值量是由该国生产该商品的社会必要劳动时间决定的。

各国在同一时间里生产的国际价值量是不相等的，它根源于各国经济发展程度的不同。一国经济发展水平越高，国民的劳动强度越大，劳动生产率越高；反之亦然。由于各国经济发展水平的差异，有些国家的国民平均劳动强度和平均劳动生产率高于国际水准，有些则低于国际水准。各国劳动生产率和劳动强度成为商品国别价值差异的重要原因。

二、供求关系决定世界市场价格

商品的世界市场价格的基础是商品所含的国际价值量，但世界市场上的商品价格最终是由商品的供求关系决定的。

马克思指出：“商品的价格是由什么决定的？”“它是由买者和卖者之间的竞争即需求和供给的关系决定的。”① 这种竞争包括三个方面，即卖者之间的竞销；买者之间的竞购；买者与卖者之间的博弈。各方面竞争的结果，使一切已知的同一种和品质相同的商品逐步取得同一的国际市场价格，使得国际市场价格接近国际生产成本。

当世界市场需求扩大时，商品价格趋涨；当世界市场需求萎缩时，商品价格趋跌。当商品生产过剩时，商品价格趋跌；当商品供给减少时，商品价格趋涨。当需求扩大且

① 马克思，恩格斯．马克思恩格斯选集：第1卷．2版．北京：人民出版社，1995：338.

伴随着供给缩减时，价格急剧上升；当需求下降且伴随着供给增加时，价格会急剧下跌。

供求变动的主要因素有：垄断、经济发展周期、生产者和消费者的收入与需求、各国汇率的变化、各国政府采取的政策措施、商品销售中的各种因素，其他因素诸如季节变化，自然灾害、政治和经济上偶发事件等。

三、世界市场价格的代表

（一）成交价格

成交价格是指贸易厂商在日常交易中所达成的合同价格。它能够迅速而准确地反映出世界市场价格的动态和水平。

（二）交易所价格

在商品交易所成交的价格被称为交易所价格。许多大宗初级产品的交易是在交易所进行的。它通过激烈的市场竞争达成，是许多国家签订合同时确定价格的主要依据。

交易所的交易可分为两类：现货交易和期货交易。两者的价格是不同的。前者接近实际成交价格，后者是一段时间以后的价格。

（三）拍卖价格

拍卖是商品交易的一种方式。拍卖价格就是以拍卖方式进行交易时形成的价格。它也是一种实际成交价，并且是现货成交价。拍卖价格不附带特别条件，能反映某些商品市场行情的变化和水平。拍卖市场有的在销售地，如伦敦有茶叶和猪鬃等的拍卖市场；也有的在产地，如印度、斯里兰卡、东非各产茶国的茶叶拍卖市场，澳大利亚的羊毛拍卖市场等。

（四）开标价格

某一国家或大企业为购进大批物资，有时以公告方式向世界承销商招标，通过招标成交。如摩洛哥的茶、印度的烧碱、东南亚某些国家购买化肥等大多都采用这种方式。而开标价格就是通过招投标方式进行交易时达成的价格。由于参加投标者众多、竞争性强，所成交的价格往往低于一般成交价格。

（五）参考价格

所谓参考价格，是指经常在各种期刊和批发价格表上公布的价格。参考价格变化较缓慢，因此实际交易中的参考价格是通过加价或折扣来适应市场变化的。将参考价格应用到实际中时，必须注意运用外贸中惯用的折扣办法，如现金折扣、数量折扣、季节性折扣等。

四、贸易条件指数

贸易条件指数是指一国在对外贸易中，出口商品价格指数与进口商品价格指数之比。若比较期的贸易条件指数高于100，则该时期的贸易条件与基期相比有利；反之，若比较期的贸易条件指数小于100，则比较期的贸易条件不利。贸易条件是一个相对概念。在一定程度上，可以反映出该国的出口价格优势和竞争能力的变化趋势。

贸易条件有四种，即价格贸易条件、出口购买力贸易条件、单项因素贸易条件和双项因素贸易条件。在四种贸易条件中，价格贸易条件和出口购买力贸易条件容易计算，联合国贸易与发展会议经常公布发达国家、发展中国家和各国的这两种贸易条件指数。

五、世界市场价格的作用

世界市场价格是世界市场上各种贸易活动的风向标。它是“无形之手”，调控着参与世界市场活动的国家和厂商的贸易利益以及它们参与国际分工的形式，激励着它们的产业结构优化和贸易政策的制定。

本章小结

1. 世界市场是国际贸易动态化的平台。它与国际贸易和国际分工同步而生，并随着国际贸易和国际分工的发展而扩大。随着世界经济体系的出现，世界各国的国内市场不断融入世界市场。世界市场的运行规律对各国国内市场的影响不断加强。

2. 当代世界市场在不断扩大，参与世界市场活动的有国家，有各类企业，还有各种商品，它们之间通过销售渠道、运输和信息网络相互结合在一起。通过参与世界市场，各国和企业获取贸易利益，提高在国际分工中的地位，接受经济传递，参与经济全球化。

3. 为了发展经济，获取贸易利益，各国通过各种途径进入世界市场。常用的途径是：从间接贸易到直接贸易到就地投资设立企业，进而发展为跨国企业。此外，各国结合本身情况，科学运用贸易方式开拓世界市场。世界市场开拓的实现表现为交易合同的达成与交易合同的履约。

4. 各国参与世界市场活动的程度取决于该国的市场发育程度和竞争能力的强弱。为了获取最大的贸易利益，参与世界市场活动的国家和企业展开激烈的竞争，为此，国家和企业谋划出各种竞争战略和策略，构筑和巩固自己的竞争优势。

5. 世界市场价格是世界市场上各种商品、服务及生产要素进行交换的基础，也是贸易产生的具体原因，它像一只无形的手在调节着世界市场的运行，决定着贸易利益的大小。它是价值规律在世界市场上的表现。

世界市场价格产生的基础是贸易商品的国际价值量，而国际价值量来源于国别价值，劳动生产率和劳动强度决定了商品国别价值的大小。

世界市场价格最终由商品供求关系决定。

随着经济全球化的加速，世界市场向纵深发展，世界市场价格影响贸易利益，调节国际分工，促进国际商品的生产和营销，决定着各国经济贸易政策的确立和企业贸易战略的选择。

思考题

1. 当代世界市场是如何构成的？
2. 世界市场形成的标志是什么？
3. 如何进入世界市场？
4. 世界市场上有哪些交易方式？
5. 当代世界市场的竞争呈现出哪些特点？
6. 衡量国际竞争力的指标有哪些？其含义及公式是什么？
7. 世界市场价格有什么作用？

第四章　国际贸易政策

学习目标

本章论述了贸易政策的制定、类型与相关的贸易理论。世界各国为了发展对外贸易，通过制定和实施对外贸易政策保护和促进贸易的发展。在贸易政策制定中，贸易理论成为重要的基础。通过学习，学生应了解对外贸易政策制定的基础，知悉贸易政策的类型，掌握各种贸易政策的理论基础。

第一节　对外贸易政策概述

一、对外贸易政策的含义与目的

（一）对外贸易政策的含义

对外贸易政策是一国政府在其社会经济发展战略的总目标下，运用经济、法律和行政手段，对对外贸易活动进行管理和调节的行为。它体现了一国对外经济和政治关系的总政策，属于上层建筑的一部分。对外，它服务于一国对外经济和政治的总政策；对内，为发展经济服务，并随着国内外经济基础和政治关系的变化而变化。

（二）对外贸易政策的目的

1. 促进经济发展与稳定

（1）促进生产力的发展。其途径是：优化国内资源配置，提高生产要素效能；鼓励资本输入，提高生产力；鼓励国外先进的技术知识、管理经验、经营方法和生产技术的引进，提高管理水平；获取规模经济效益。

（2）实现经济增长。通过调整对外贸易政策，一方面，增加国家财政收入，提高国家的经济福利；另一方面，调整和优化产业结构，提高企业的竞争力，实现利润最大化。

（3）取得国际收支均衡。通过对外贸易政策的调整，维持国际收支平衡。

（4）稳定经济，增强适应能力。在经济全球化下，世界各国之间的相互影响加强。为了使一国经济既能与外部经济实现互补，又能保持国内经济稳定，就必须依靠对外贸易政策进行调整。

2. 加强和完善经济体制

经济体制是一个社会国民经济的运作方式，可以分为市场经济和计划经济两种类型。经济体制不同，贸易政策也随之不同。经过实践检验，市场经济体制逐渐为世界各国认同，但在各国的发展程度不同。良好的外贸政策能促进一个国家积极参与经济全球化，同时又能加强和完善市场经济体制。

3. 改善国际经济与政治环境

贸易政策在调整、改善、巩固国与国之间经济与政治关系方面起着重要作用。一国贸易政策的选择必须考虑国际环境，即世界贸易体制的发展与影响、联合国的各种决议的实施以及其与贸易伙伴之间的经济和政治关系。

随着生态环境的恶化和世界性恐怖活动的加多，保护环境和应对恐怖成为外贸政策关注的重点。

二、对外贸易政策的类型、演变及成因

（一）自由贸易政策

1. 自由贸易政策的含义

自由贸易政策是指国家对贸易活动不加以直接干预，既不鼓励出口，也不限制进口，使商品和生产要素在国与国之间自由流动，在国内外市场进行自由竞争。但迄今为止，自由贸易政策都是相对意义上的，还没有纯粹的自由贸易政策。通常，经济贸易竞争力强的国家倾向于采取自由贸易政策。

2. 自由贸易政策的演变

自由贸易政策产生于18世纪初的英国，从19世纪到20世纪第一次世界大战以前，成为对外贸易政策的主流。两次世界大战期间，在1929~1933年经济大危机的冲击下，英国放弃自由贸易政策改为奉行保护贸易政策。

（二）保护贸易政策

保护贸易政策是指政府广泛利用各种限制进口的措施，保护本国市场免受外国商品、服务和投资的竞争，并对本国商品、服务出口和对外投资给予优惠和补贴。

通常，经济贸易竞争力弱的国家推行保护贸易政策。它始于西欧资本原始积累时期的重商主义，在资本主义自由竞争时期出现了美国和德国发展幼稚工业的保护贸易政策，在1929~1933年大危机后，超保护贸易政策盛行。

（三）第二次世界大战后贸易政策的演变

第二次世界大战以后，随着世界经济的恢复和发展，20世纪50~70年代初，发达国家在美国的主导下，于1947年创建了关贸总协定，推动贸易自由化。70年代以后，在经济衰退的影响下，发达国家出现了新贸易保护主义和战略贸易政策，贸易自由化进程受阻。而发展中国家从战后初期的保护幼稚工业贸易政策逐渐转向贸易

自由化。原有的社会主义国家在20世纪80年代以前，执行的是国家高度垄断的贸易保护主义政策，随着社会主义阵营的解体和经济互助委员会的解散，加上从计划经济体制转向市场经济体制，对外贸易政策从封闭式的保护贸易政策转向开放和自由型的贸易政策。

当代的自由贸易政策是指国家取消和减少对货物、服务贸易的限制和障碍，取消、减少和约束对本国货物、服务的各种特权和优惠，进行“开放、公平和无扭曲的竞争”。

贸易自由化是第二次世界大战后贸易政策的主流，但在经济发展不平衡和产业竞争力变化的情况下，不时出现新的、特点不同的贸易保护主义政策。

(四) 贸易政策转换的原因

从世界经济贸易发展史来看，自由贸易政策和保护贸易政策受制于世界经济发展的周期和经济贸易大国竞争力的变化。因此，在不同的历史时期，不同的国家在贸易政策的选择上并不一致，程度也不相同；在同一个政策下，根据产业竞争力的不同，自由化的程度和保护程度也有差异。可以说，自由贸易政策和保护贸易政策二者相互交织，不断变化，只是强弱程度和主次不同而已。

三、对外贸易政策的制定与执行

(一) 影响对外贸易政策制定的因素

各国在制定贸易政策的过程中，通常要考虑以下因素：政治和经济安全；经济发展阶段、经济结构与比较优势；产品的国际竞争能力；与他国经济和投资方面的合作；国内物价和就业状况；与他国的政治关系；本国在世界经济、贸易组织中享受的权利与承担的义务；领导人信奉的经济和贸易理论；政治和社会因素，如选民的支持程度；利益集团和社会阶层的集体行动和游说等。而影响贸易政策制定最为主要的因素是经济发展阶段、国际竞争力和主导经济的利益集团。

(二) 对外贸易政策的制定

各国对外贸易政策的制定与修改是由国家立法机关和主管机构进行的。立法机关在制定和修改对外贸易政策及有关规章制度前，会征询企业和社会集团的意见。

最高立法机关所颁布的对外贸易政策，既包括较长时期内对外贸易政策的总方针和基本原则，又规定了某些重要措施以及给予行政机构的特定权限。例如，美国宪法第一条第八款规定，国会拥有决定征税以及管理对外贸易的权力，因此，缔结自由贸易协定、实施并修订关税及有关贸易措施均需依据国会的具体立法或在国会的特别授权范围内实施。此外，在国会参议院和众议院还有10多个涉及对外贸易管理事务的专门委员会。美国贸易代表办事处（USTR）是贸易政策制定的主要机构。

（三）对外贸易政策的执行

1. 对外贸易法规

为落实对外贸易政策，世界各国都通过对外贸易立法把贸易政策具体化，成为国家法律的组成部分。内容通常包括：设立外贸法的目的，管理贸易的机构、权限（包括国家元首或政府首脑的权限），进出口货物、服务和技术的许可，外贸经营条件和应遵守的规定等。

此外，各国可根据需要临时立法，如美国 2002 年 8 月通过的《2002 年贸易法案》，包括了 2002 年共和党和民主党共同的贸易促进授权。

2. 主管贸易事务的行政部门

各国均设置了各种行政部门管理对外贸易，如美国就通过三个行政部门管理对外贸易。一是对外贸易谈判，主要由总统下辖的国家经济委员会和美国贸易谈判代表负责；二是进出口管理和服务，具体由商务部、农业部和海关等机构执行；三是征收关税，缉私等，具体由海关执行。此外，还有负责贸易调查的国际贸易委员会和各种协调机构。

第二节 重商主义

一、重商主义的含义

重商主义是 15 ~ 17 世纪欧洲资本原始积累时期，英国等国代表商业资本利益的经济思想和政策体系。这段时期内，封建主义经济基础逐渐瓦解，资本主义因素迅速发展，重商主义应运而生。

重商主义追求的目标是在国内积累货币财富，把贵重金属留在国内。具体可分为早期重商主义和晚期重商主义。

早期重商主义被称为重金主义，即绝对禁止贵重金属的外流。为此，当时执行重商主义政策的国家禁止货币出口，由国家垄断全部贸易，外国人来本国进行贸易时，必须将其销售货物所得到的全部款项，用于购买本国的货物。

晚期重商主义也称贸易差额论。16 世纪下半期，商业资本高度发展，工场手工业已经产生，信贷事业开始发展，商品货币经济迅速发展。当时的封建王朝和商业资产阶级更加需要货币，“他们开始明白，一动不动地放在钱柜里的资本是死的，而流通中的资本却会不断增值。……人们开始把自己的金币当作诱鸟放出去，以便把别人的金币引回来”。[①] 因此，对货币的运动，就不应当过分地加以限制。在贸易政策上由管理金银进出口的政策变为管制货物的进出口，通过奖励出口和限制进口的措施，保证和扩大贸易顺差，使金银流入本国。

早期重商主义要求与每个贸易伙伴的贸易顺差，而晚期重商主义追求总的贸易顺差。

二、晚期重商主义的政策与措施

晚期重商主义执行的是奖励出口、限制进口的贸易政策与措施，其主要内容如下。

（一）限制进口的政策

1. 限制非生产性产品进口

对生产用的原料鼓励进口，对非竞争性产品允许进口。对竞争性产品限制进口，禁止奢侈品的进口。

2. 实行差别式的保护关税

对于竞争力强的进口商品，征收很高的保护关税，以抵消它们的竞争力。

（二）促进出口的措施

1. 减免关税

对本国商品的出口，除减低或免除出口关税，还给予各种补贴。

2. 出口退税

当国内生产的商品出口后，把在国内已征收的国内税退还给出口厂商。

（三）管制短缺物资出口

禁止重要原料的出口，但许可自由进口原料，加工后再出口。

（四）独占殖民地贸易与航运

实行独占性的殖民地贸易政策。设立独占经营的殖民地贸易公司（如英、法、荷等国成立的东印度公司），在殖民地经营独占性的贸易与海运，使殖民地成为本国制成品的市场和本国原料的供给地。

1651年，英国通过了重要的航海法案，该法案规定，一切输往英国的货物必须用英国船只载运或原出口国船只装运；对亚洲、非洲及北美的贸易必须由英国或殖民地的船只载运。

（五）其他措施

（1）保护农业。英国在1660~1689年间，通过《谷物法》来限制粮食的进口。

---

① 马克思，恩格斯．马克思恩格斯全集：第1卷．北京：人民出版社，1956：596.

（2）政府通过职工法，鼓励外国技工的移入。

（3）以行会法规奖励国内工场手工业的发展。

（4）由本国船只运输货物。奖励人口繁殖，以扩大劳工来源。

三、晚期重商主义学说的代表人物

晚期重商主义最重要的代表人物是托马斯·孟（Thomas Mun，1571～1641）。托马斯·孟的主要代表作是《英国得自对外贸易的财富》，于1644年出版，马克思把它誉为是重商主义的“圣经”。在《英国得自对外贸易的财富》一书中，孟认为，增加英国财富的手段就是发展对外贸易。但是必须遵循一条原则，即卖给外国人的商品总值应大于购买他们的商品总值。从每年的进出口贸易中取得贸易顺差，增加货币流入量。他反对早期重商主义者禁止金银输出的思想，主张把货币与商品联系起来，指出：“货币产生贸易，贸易增多货币”。① 只有多输出货物，才能得到更多的货币。为了保证有利的贸易差额，孟主张扩大农产品和工业品的出口，减少外国制品的进口，反对英国居民消费英国能够生产的外国产品。他还主张发展加工工业和转口贸易。

四、重商主义的作用

重商主义的政策和措施促进了英国等国资本的原始积累，推动了资本主义生产方式的建立。但它们对社会经济现象的探索只局限于流通领域，而未深入到生产领域，还不是真正的经济科学。马克思指出：“真正的现代经济科学，只是当理论研究从流通过程转向生产过程时才开始的。”②

第三节　自由贸易政策与理论

一、英国自由贸易政策的产生

英国自18世纪中叶开始进行产业革命，“世界工厂”的地位逐步建立并巩固，竞争力大大提高，不再惧怕与外国产品进行竞争。在这种状况下，重商主义成为英国经济发展和阻碍英国工业资产阶级对外扩张的一大障碍。成长起来的英国工业资产阶级便要

① 托马斯·孟．英国得自对外贸易的财富．中译本．北京：商务印书馆，1965：16.

② 马克思，恩格斯．马克思恩格斯全集：第25卷．北京：人民出版社，1974：376.

求实行在世界市场上进行无限制的自由竞争和自由贸易的政策。为了追求高额利润，他们要求其他国家供给英国粮食、原料和市场，而由英国加工后，再向他们提供工业制成品，实行垂直型的国际分工。因此，英国新兴的工业资产阶级迫切要求废除重商主义时代所制定的一些强制性保护外贸的政策和措施。

二、英国自由贸易政策的胜利

19 世纪 20 年代，以伦敦和曼彻斯特为基地的英国工业资产阶级开展了一场大规模的自由贸易运动，运动的中心是废除《谷物法》。工业资产阶级经过不断的斗争，最终战胜了地主和贵族阶级，取消了重商主义的保护贸易政策，使自由贸易政策逐步取得胜利。其成果如下。

1. 废除《谷物法》

1833 年，英国棉纺织业资产阶级组成“反谷物法同盟”（Anti-Corn Law League），然后又成立全国性的反谷物法同盟，展开了声势浩大的反谷物法运动。经过斗争，终于使国会于 1846 年通过了废除《谷物法》的议案，并于 1849 年生效。马克思指出：“英国《谷物法》的废除是 19 世纪自由贸易所取得的最伟大的胜利。”①

2. 降低关税与减少应税商品

在 19 世纪初，经过几百年的重商主义政策，英国的关税法令达到一千多件。1825 年英国开始简化税法，废止旧税率，建立新税率。进口纳税的商品项目从 1841 年的 1 163 种减少到 1853 年的 466 种，1862 年减至 44 种，1882 年再减至 20 种。所征收的关税全部是财政关税，税率大大降低。禁止出口的法令被完全废除。

3. 废除《航海法》

《航海法》是英国限制外国航运业竞争和垄断殖民地航运事业的重要法规。1824 年该法开始削弱，到 1849 年和 1854 年，英国的沿海贸易和殖民地贸易全部对其他国家开放，至此，重商主义时代制定的《航海法》被全部废除。

4. 取消特权公司

1813 ~ 1814 年间，英国东印度公司对印度和中国贸易的垄断权分别被废止，将印度和中国的贸易经营权下放给所有的英国人。

5. 殖民地贸易自由

18 世纪，英国对殖民地的航运享有特权，殖民地的货物输入在英国享受特惠关税的待遇。大机器工业建立以后，英国不怕任何国家的竞争，所以，对殖民地的贸易开始逐步采取自由放任的态度。1849 年《航海法》被废止后，殖民地已可以对任何国家输

---

① 马克思，恩格斯．马克思恩格斯全集：第 4 卷．北京：人民出版社，1962：444.

出商品，也可以从任何国家输入商品。通过关税法的改革，废除了对殖民地商品的特惠税率，同时准许殖民地与外国签订贸易协定，殖民地可以与任何外国建立直接的贸易关系，英国不再加以干涉。

6. 签订贸易条约

1860 年，英国与法国签订了《英法条约》，即《科伯登条约》。根据该条约，英国对法国的葡萄酒和烧酒的进口税予以减低，并承诺不禁止煤炭的出口；法国则保证对从英国进口的一些制成品征收不超过价格 30% 的关税。《科伯登条约》是以自由贸易精神签订的一系列贸易条约的第一项，列有最惠国待遇条款。19 世纪 60 年代，英国就与他国缔结了八项附有最惠国待遇条款的条约。

三、自由贸易政策理论

（一）古典学派自由贸易理论

随着西欧，尤其是英国资本主义的发展，一些经济学家开始探寻对外贸易与经济发展的内在联系，从理论上说明自由贸易对经济发展的好处，由此产生了自由贸易理论。

自由贸易理论起始于法国的重农主义，成论于英国古典派政治经济学，后来又不断加以丰富和发展。

古典政治经济学派的代表人物亚当·斯密在其名著《国民财富的性质和原因的研究》中，首先提出为获取国际分工利益实行自由贸易的理论。后由大卫·李嘉图加以继承和发展。此后的一些经济学家如穆勒、马歇尔等人进一步对自由贸易理论加以阐述和演绎。

（二）古典学派自由贸易理论的要点

1. 自由贸易可以形成互相有利的国际分工

在自由贸易下，各国可以按照亚当·斯密的地区分工论和大卫·李嘉图的比较利益分工论提倡各国实行专业化。这种国际分工具有下列利益：

（1）通过分工与专业化，增进各国各专业的特殊生产技能；

（2）通过分工使生产要素（土地、劳动与资本等）得到最优化的配合；

（3）通过分工可以节省社会劳动时间；

（4）通过分工可以促进发明和市场的发育。

2. 自由贸易可以扩大国民真实收入

在自由贸易环境下，每个国家都根据自己的条件发展自己最擅长的生产部门，劳动和资本得到合理的分配和运用。再通过贸易以较少的花费换回较多的物品，增加国民财富。

此外，在自由贸易条件下，可进口廉价商品，减少国民消费开支。

3. 自由贸易可以防止垄断

自由贸易可以加强竞争，提高经济效益，防止垄断。独占或垄断对国民经济发展不利。因为独占或垄断可以抬高物价，使被保护的企业不求改进，生产效率降低。长期独占或垄断会造成产业或企业的停滞和落后，削弱其竞争力。

4. 自由贸易有利于资本积累

自由贸易可以提高利润率，促进资本积累。李嘉图认为，随着社会的发展，工人的名义工资会不断上涨，从而引起利润率降低。他认为，要避免这种情况，并维持资本积累和工业扩张的可能性，惟一的办法就是自由贸易。他指出：如果由于对外贸易的扩张，或由于机器的改良，劳动者的食物和必需品能按降低的价格送上市场，利润就会提高。①

（三）古典学派自由贸易理论的历史作用

1. 促使英国成为经贸强国

恩格斯指出："英国制造业者及其代言人经济学家的今后任务，便是使其他一切国家皈依自由贸易的福音，来建立以英国为最大的工业中心，而其余一切国家为依存这个中心的农业地域的世界。"② 古典学派自由贸易理论成为英国自由贸易政策确立的有力武器。自由贸易政策促进了英国经济和对外贸易的迅速发展，使英国成为国际分工的中心国家，成为世界经济强国。

1870 年，英国在世界工业生产中所占的比重高达 32%。在煤、铁产量和棉花消费量中，都各占世界总量的一半左右。英国在国际贸易总额中的比重上升到近 1/4，几乎相当于法、德、美各国的总和。它拥有的商船吨位居世界第一，相当于荷、美、法、德、俄各国商船吨位的总和。伦敦成为国际金融中心，世界各国的公债和公司证券都送到这里来推销。

2. 推动社会的发展

对于古典派自由贸易理论，马克思一方面指出："在现代的社会条件下，到底什么是自由贸易呢？这就是资本的自由。排除一些仍然阻碍着资本前进的民族障碍，只不过是让资本能充分地自由活动罢了。"③ 同时，马克思又从促进世界进步的角度，赞成自由贸易。因为自由贸易对于这一历史进化是自然的、正常的气氛，是尽快地为不可避免的社会革命创造必要条件的经济媒介。

---

① 李嘉图．政治经济学及赋税原理．中译本．北京：商务印书馆，1972：112－113.

② 恩格斯．保护贸易与自由贸易．薛荣久．国际经贸理论通鉴：马恩列斯论国际经贸理论卷．北京：对外经济贸易大学出版社，2006：206.

③ 马克思，恩格斯．马克思恩格斯全集：第 4 卷．北京，人民出版社，1958：456.

第四节　保护贸易政策与理论

19 世纪中叶，当英国高唱自由贸易赞歌的时候，美国与德国却反其道而行之，先后实行了保护幼稚工业的贸易政策。

一、保护幼稚工业贸易政策的提出

美国建国后，第一任财政部长汉密尔顿（A. Hamilton，1757～1840）代表独立发展美国经济的资产阶级的要求，于 1791 年 12 月在其《制造业报告》（Report on Manufacture）中提出，为使美国经济自立，应当保护美国的幼稚工业，其主要的方式是提高进口商品的关税。受其启发，德国人李斯特提出了保护幼稚工业贸易政策的理论。

二、李斯特保护幼稚工业贸易政策的理论

李斯特（F. List，1789～1846）是德国历史学派的先驱者，早年在德国提倡自由主义。自 1825 年作为外交官出使美国以后，受汉密尔顿的影响，并亲眼目睹了美国实施保护贸易政策的成效，转而提倡贸易保护主义。他在 1841 年出版的《政治经济学的国民体系》一书中，系统地提出了保护幼稚工业的贸易学说。李斯特的幼稚产业保护说是一种根据国家产业发展阶段，着眼于培育生产力，对有发展前途的产业实施暂时的有限度保护的一种贸易学说。

（一）对古典学派自由贸易理论提出批评

1. “比较成本说”不利于德国生产力的发展

李斯特认为，向外国购买廉价的商品，表面上看起来是要合算一些，但这样做的结果是，德国的工业就不可能得到发展，只会长期处于落后和从属于外国的地位。如果德国采取保护关税政策，一开始会使工业品的价格提高，但经过一段时期，德国工业得到充分发展，生产力将会提高，商品生产费用将会下跌，商品价格甚至会低于外国进口的商品价格。

2. 古典学派自由贸易理论忽视历史和经济特点

古典学派自由贸易理论认为，在自由贸易下，各国可以按地域条件和比较成本形成和谐的国际分工。李斯特认为，这种学说是一种世界主义经济学，它抹杀了各国的经济发展与历史特点，错误地以“将来才能实现”的世界联盟作为研究的出发点。

3. 实施自由贸易是有前提和条件的

李斯特指出："两个具有高度文化的国家，要在彼此自由竞争下双方共同有利，只有当两者在工业发展上处于大体上相等的地位时，才能实现。如果任何一个国家不幸在工业上、商业上还远远落后于别国，那么它即使具有发展这些事业的技术与物质手段，也必须首先加强它自己的力量，然后才能使它具备条件与比较先进的各国进行自由竞争。"①

（二）保护幼稚工业理论的确立

1. 依据经济发展时期决定贸易政策

李斯特把国民经济的发展分为五个时期，即"原始未开化时期、畜牧时期、农业时期、农工业时期、农工商业时期"。② 各国经济发展时期不同，所采取的贸易政策也应不同。处于农业时期的国家应实行自由贸易政策，以利于农产品的自由输出，并自由输入外国的工业产品，以促进本国农业的发展，并培育工业化的基础。处于农工业时期的国家，由于本国已有工业发展，但并未发展到能与外国产品相竞争的地步，故必须实施保护关税制度，使它不受外国产品的打击。而处于农工商业时期的国家，由于国内工业产品已具备国际竞争能力，不再惧怕国外产品的竞争，故应实行自由贸易政策，以享受自由贸易的最大利益，刺激国内产业进一步发展。

李斯特认为，英国已达到农工商业时期；法国处在第四时期与第五时期之间；德国与美国均处在第四时期；葡萄牙与西班牙则处在第三时期。因此，李斯特根据其经济发展时期的观点，主张当时德国应实行保护幼稚工业政策，推动德国工业化进程，以对抗价廉物美的英国工业产品的竞争。

2. 国家干预贸易有助于经济快速发展

李斯特认为，国家是国民生活中如慈父般的有力指导者。他认为，国家的存在比个人的存在更为重要。国家的存在是个人与人类全体的安全、福利、进步以及文化等的第一条件。因此，个人的经济利益应从属于国家的真正财富的增加与维持。他认为，国家在必要时可限制国民经济活动的一部分，以维持其整体的经济利益。他以风力和人力在森林成长中的作用来比喻国家在经济发展中的重要作用。

他说："经验告诉我们，风力会把种子从这个地方带到那个地方，因此荒芜原野会变成稠密森林，但是要培养森林因此就静等着风力作用，让它在若干世纪的过程中来完成这样的转变，世界上岂有这样愚蠢的办法吗？如果一个植林者选择树秧，主动栽培，在几十年内达到了同样的目的，这倒不算是一个可取的办法吗？历史告诉我们，有许多

---

① 李斯特．政治经济学的国民体系．中译本．北京：商务印书馆，1961：4－5.

② 李斯特．政治经济学的国民体系．中译本．北京：商务印书馆，1961：155.

国家，就是由于采取了那个植林者的办法，胜利实现了它们的目的。”① 以此为例，李斯特主张，在国家干预下实行保护幼稚工业贸易政策。

3. 保护贸易对象与保护时间的条件

李斯特保护贸易政策的目的是促进生产力的发展。经过比较，李斯特认为，大规模机器的使用使制造工业的生产力远远高于农业。他认为着重农业的国家，人民精神萎靡，一切习惯与方法均偏于守旧，缺乏文化福利与自由；而着重工商业的国家则不然，其人民充满增进身心与才能的精神。根据这个看法，他提出保护对象的条件是：（1）农业不需要保护。只有那些刚从农业阶段跃进的国家，距离工业成熟时期尚远，才适宜于保护。（2）一国工业虽然幼稚，但在没有强有力的竞争者时，也不需要保护。（3）只有刚刚开始发展且有强有力的外国竞争者的幼稚工业才需要保护。李斯特提出的保护时间以30年为最高限。

4. 保护幼稚工业的主要手段

通过禁止输入与征收高关税的办法来保护幼稚工业，以免税或征收轻微进口税的方式鼓励复杂机器进口。为保护幼稚工业，李斯特提出“对某些工业品可以实行禁止输入，或规定的税率事实上等于全部、或至少部分地禁止输入”。② 同时，对“凡是在专门技术与机器制造方面还没有获得高度发展的国家，对于一切复杂机器的输入应当允许免税，或只征收轻微的进口税”。③

5. 保护必须与经济发展时期相适应

李斯特反对离开经济发展阶段笼统地采取贸易保护。他提出：“保护制度必须与国家工业发展进度相适应，只有这样，这个制度才会有利于国家的繁荣。对于保护制度的任何夸张都是有害的。”④

三、对李斯特幼稚工业保护说的评价

（一）积极的、有益的保护贸易理论

李斯特保护幼稚工业贸易理论促进了德国资本主义的发展，有利于资产阶级反对封建主势力的斗争。恩格斯指出：“保护关税派又分两派。第一派在德国以李斯特博士为代表，这一派从来不以保护手工劳动为己任；相反地，他们之所以要求保护关税，是为

---

① 李斯特．政治经济学的国民体系．中译本．北京：商务印书馆，1961：155.
② 李斯特．政治经济学的国民体系．中译本．北京：商务印书馆，1961：261.
③ 李斯特．政治经济学的国民体系．中译本．北京：商务印书馆，1961：265.
④ 李斯特．政治经济学的国民体系．中译本．北京：商务印书馆，1961：274.

了用机器挤掉手工劳动，用现代的生产代替宗法式的生产。”①

（二）促进了德国的经济发展

李斯特的保护幼稚工业的理论代表了德国新兴产业中产阶级的要求，对国家贸易政策的制定产生了巨大的影响。1879 年，德国首相俾斯麦改革关税，对钢铁、纺织品、化学品、谷物等征收进口关税，并不断提高关税率；而且与法国、奥地利、俄国等进行关税竞争。1898 年，又通过修订关税法，提高关税，使德国成为欧洲高度保护贸易国家之一。其结果促进了德国经济的迅速发展。

第五节　超保护贸易政策与理论

一、超保护贸易政策的含义

超保护贸易政策是指国家以补贴、倾销等方式扩大出口，以关税和非关税措施限制进口，垄断国内市场，争夺世界市场，追求贸易顺差，是带有进攻和垄断性质的贸易保护政策。

超保护贸易政策在第一次世界大战与第二次世界大战之间盛行。在这个阶段，资本主义经济出现了以下特点：垄断削弱了自由竞争；经济危机出现并加重，1929～1933 年资本主义世界发生了空前严重的经济危机。

在大危机的冲击下，英国抛弃了自由贸易政策，许多资本主义国家都提高了关税，通过外汇限制和数量限制等办法限制进口；同时，国家积极干预外贸，鼓励出口；推行不同于 19 世纪后半叶德国实行的贸易保护主义。

二、超保护贸易政策的特点

（一）保护对象从幼稚产业扩大到成熟产业

超保护贸易政策的保护对象不但包括幼稚工业，而且更多地保护国内高度发达或出现衰落的工业。

（二）保护范围从国内转向国外市场

超保护贸易政策的目的不再是培养产业的竞争能力，而是巩固和加强对国内外市场的垄断。

---

① 马克思，恩格斯．马克思恩格斯全集：第 4 卷．北京：人民出版社，1958：292.

（三）保护目的从防御转为进攻

保护目的从防御保护转为进攻性保护。以前保护贸易政策是防御性地限制进口，超保护贸易政策则是要在垄断国内市场的基础上，对国内外市场进行进攻性的扩张。

（四）保护的企业从一般企业转向大企业

保护的企业利益从一般的企业转向大企业和垄断企业。

（五）保护的措施从关税延伸到非关税

超保护贸易政策下实施的保护措施多样化。保护措施从关税延伸到非关税措施，其中包括数量限制、出口补贴、外汇管制、组成排他性的货币集团等。

三、超保护贸易政策的理论

（一）超保护贸易政策理论的代表人物

为了缓解经济衰退，经济学家提出了各种支持超保护贸易政策的理论根据，其中有重大影响的是凯恩斯推崇的重商主义学说。

凯恩斯（John Maynard Keynes，1883～1946）是英国经济学家，凯恩斯主义的创始人。他的代表作是《就业、利息和货币通论》（The General Theory of Employment, Interest and Money），于1936年出版。

1929～1933年大危机以前，凯恩斯是一个自由贸易论者。当时，他否认保护贸易政策会有利于国内的经济繁荣与就业。在大危机以后，凯恩斯转而推崇重商主义。他认为，重商主义保护贸易的政策确实能够保证经济繁荣，扩大就业，缓和危机。

（二）凯恩斯的超保护贸易理论

1. 对古典学派自由贸易理论提出批评

凯恩斯认为，古典学派自由贸易理论不适用于现代社会。因为该理论是建立在国内充分就业的前提下的。他们认为，国与国之间的贸易应当是进出口平衡，以出口抵偿进口，即使由于一时的原因或由于人的力量使贸易出现顺差，这也会由于贵重金属的移动和由此产生的物价变动得到调整，进出口仍归于平衡。他们主张不必为贸易出现逆差而担忧，也不必为贸易出现顺差而高兴，故主张自由贸易政策，反对人为地干预对外贸易。

凯恩斯认为，古典学派自由贸易理论已经过时了。首先，20世纪30年代，大量失业存在，自由贸易理论"充分就业"的前提条件已不复存在。其次，古典学派自由贸易论者虽然以"国际收支自动调节说"说明了贸易顺、逆差最终均衡的过程，但忽略了在调节过程中对一国国民收入和就业所产生的影响。凯恩斯认为，应当仔细分析贸易顺差与逆差对国民收入和就业的作用。他认为，贸易顺差能增加国民收入，扩大就业，而贸易逆差则会减少国民收入，加重失业。凯恩斯指出，一国总投资包括国内投资和国外投资。国内投资额由资本边际效率和利息率决定，对外投资量由贸易顺差大小决定。贸易顺差可为一国带来黄金，扩大支付手段，降低利息率，刺激物价上涨，扩大投资，有利于缓和国内危机和扩大就业量。因此，他赞成贸易顺差，反对贸易逆差。凯恩斯的支持者进而提出对外贸易乘数理论。

2. 对外贸易乘数理论

对外贸易乘数（Foreign Trade Multiplier）理论是凯恩斯投资乘数在对外贸易方面的运用。为证明增加新投资对就业和国民收入的好处，凯恩斯提出了投资乘数理论。

凯恩斯把反映投资增长和国民收入扩大之间的依存关系称为乘数或倍数理论。它的意思是说，新增加的投资引起对生产资料需求的增加，从而引起从事生产资料生产的人们（企业主和工人）的收入增加；他们收入的增加又引起对消费品需求的增加，从而又导致从事消费品生产的人们的收入增加。如此推演下去，结果，由此增加的国民收入总量会大于原增加投资量的若干倍。凯恩斯认为，增加的倍数取决于“边际消费倾向”。如果边际消费倾向为0，也就是说，人们将增加的收入全部用于储蓄，而一点也不消费，那么，国民总收入就不会增加。如果边际消费倾向为1，即人们把增加的收入全部用于消费，一点也不储蓄，那么，国民收入增加的倍数将为 $1+1+1+1+\cdots$，直到无限大。如果边际消费倾向介于0与1之间，即人们将增加的收入中的1/2、1/3或1/4用于消费，则国民收入增加的倍数将在1和无限大之间（$0<$倍数$<\infty$）。乘数K的计算公式是：

$$K=\frac{1}{1-\text{边际消费倾向}}$$

$$\text{国民所得的增加}(\Delta Y)=\text{乘数}(K)\times\text{投资的增加量}(\Delta I)$$

举例说明：

若投资的增加量为1，边际消费倾向为0，则乘数为1，国民所得的增加 $=\frac{1}{1-0}\times1=1$。

若投资的增加量为1，“边际消费倾向”为1，则乘数 $\left(\frac{1}{1-1}\right)$ 趋向∞，国民所得的增加 $=\infty\times1=\infty$。

若投资的增加量为1，边际消费倾向为1/2，则乘数 $\left(\frac{1}{1-1/2}\right)$ 为2，国民所得的增加 $=2\times1=2$。

在国内投资乘数理论的基础上，凯恩斯的支持者们引申出对外贸易乘数理论。他们认为，一国的出口和国内投资一样，有增加国民收入的作用；一国的进口则与国内储蓄一样，有减少国民收入的作用。当商品和劳务出口时，从国外得到的货币收入会使出口产业部门的收入增加，消费也随之增加。它必然引起其他产业部门生产增加，就业增多，收入增加……如此反复，收入增加量将为出口增加量的若干倍。当商品和劳务进口时，必然向国外支付货币，于是收入减少，消费随之下降，与储蓄一样，成为国民收入中的漏洞。他们得出结论：只有当贸易为顺差或国际收支为顺差时，对外贸易才能增加一国的就业量，提高国民的收入。此时，国民收入的增加量将为贸易顺差的若干倍。这就是对外贸易乘数理论的含义。

如何计算对外贸易顺差对国内就业和收入影响的倍数呢？凯恩斯的支持者们提出了许多公式，下面仅举一式说明。

设 ΔY 代表国民收入增加额，ΔI 代表投资增加额，ΔX 代表出口增加额，ΔM 代表进口增加额，K 代表乘数。则计算对外贸易顺差对国民收入影响的倍数公式为：

$$\Delta Y = [\Delta I + (\Delta X - \Delta M)] \cdot K$$

在 ΔI 与 K 不变时，则贸易顺差越大，ΔY 越大；反之，若贸易差额是逆差时，则 ΔY 会缩小。因此，一国越是扩大出口，减少进口，贸易顺差就越大，对本国经济发展的作用也越大。由此，凯恩斯支持者提出的对外贸易乘数理论为超保护贸易政策提供了理论根据。

（三）对外贸易乘数理论的作用

对外贸易顺差在一定条件下可以扩大就业，增加国民收入。但如果为了追求贸易顺差，不加节制地实行“奖出限入”政策，势必导致关税和非关税壁垒盛行，使贸易障碍增多，发生各种贸易战，从而阻碍整个国际贸易的发展。

第六节　当代国际贸易政策与理论

第二次世界大战以后，随着世界经济的恢复、发展和经济全球化，贸易自由化成为政策主流，但因经济贸易发展不平衡，不时出现新的贸易保护政策和措施。

一、贸易自由化

（一）贸易自由化含义

贸易自由化是指国家之间通过多边或双边的贸易条约与协定，削减关税壁垒，抑制非关税壁垒，取消国际贸易中的障碍与歧视，促进世界货物和服务的交换与生产。

（二）贸易自由化发展的基础

（1）第二次世界大战后美国对外经济扩张的需要；

（2）世界经济的恢复与发展；

（3）生产与资本的国际化；

（4）国际分工向广化与深化的发展；

（5）各国经济相互联系、相互依赖的加强。

（三）贸易自由化的主要表现

（1）1947 年关贸总协定建立后，主持了几轮多边贸易谈判，使缔约方之间进口关税税率大幅度降低。

（2）贸易集团内部逐步取消贸易壁垒，推行贸易与投资自由化。

（3）一些经济集团给予周边国家和发展中国家以优惠关税待遇。如欧洲共同体与非洲、加勒比、太平洋地区的发展中国家于 1975 年签署了《洛美协定》，给予后者特殊优惠待遇。

（4）1968 年第二届联合国贸易与发展会议上，通过了普惠制决议，发达国家答应给予发展中国家普遍的、非歧视的和非互惠的优惠待遇。

（5）发达国家主动放宽进口数量限制，放松或取消外汇管制。

（四）支持贸易自由化的观点

为了推动贸易自由化，时任关贸总协定总干事邓克尔于 1983 年 11 月邀请了七名国际知名专家、学者，组成七人小组对国际贸易制度及其面临的问题进行了研究。他们以近两年的时间，对世界贸易制度和政策进行了深入研究，提交了《争取较好未来的贸易政策》的报告。报告从正反两方面审查了自由贸易主义和保护贸易主义。该报告指出，保护主义只顾眼前利益，其代价是长期的、昂贵的，而“开放性的国际贸易是经济持续延长的关键”。其理由是：“贸易可以使各国集中从事于效益最佳的生产……贸易将许多国家的个别优势变为所有国家的最高生产率”；“贸易对工人和资本进行最有成效的使用不断地给予指导，因为贸易是作为传递新技术和其他形式革新的媒介（从而促进储蓄和投资）”；“开放和扩大贸易意味着缓和国家间的摩擦，并有助于其他领域的国际合作”；贸易可以“帮助世界经济进行变革”。七人小组认为“贸易限制再也不能继续下去了”。①

二、新保护贸易主义与理论

新保护贸易主义是相对贸易自由化而言的。1973～1974 年世界性经济危机爆发，

① 关贸总协定．争取较好未来的贸易政策．英文版．日内瓦，1985.

市场问题相对紧张，出现了新保护贸易主义。

（一）新保护贸易主义的主要特点

1. 受保护的商品不断增加

被保护的商品从农产品等传统产品转向高级工业品和服务。

2. 贸易保护措施多样化

（1）按照有效保护率设置关税。

（2）加强了征收反补贴税和反倾销税的活动。1980～1985 年发达国家的“反倾销”案多达 283 起，涉及 44 个国家。

（3）非关税壁垒不断增多。非关税壁垒措施已从 20 世纪 70 年代末的 800 多种增加到 80 年代中期的 1 000 多种。

（4）背离 1947 年关税总协定的宗旨，在“有秩序地销售安排”（Orderly Marketing Arrangement，OMA）的口号下，绕过该协定的基本原则，实行“灰色区域措施”（Grey Area Measures）。

3. 贸易保护制度更加法制化

发达国家实行的贸易保护措施，随着政府管理贸易的不断充实和调整，成为对外贸易体制的组成部分。以美国对钢铁部门的保护为例：为了限制钢铁的进口，美国加强了反倾销和反补贴措施，实行“启动价格”机制等措施；并加强贸易法规的制定，把贸易保护法律化。

4. 保护的程度不断提高

1980～1983 年，在整个制成品中受限制商品的比重，美国从 6% 提高到 13%，欧洲联盟从 11% 提高到 15%。在整个发达国家制成品的消费中，受限制商品从 1980 年的 20% 提高到 1983 年的 30%。

（二）支持贸易保护主义的理论

1. 对付国内市场存在的扭曲

该理论认为，国内市场由于外部经济、生产要素的非移动性等“扭曲”的存在，使价格机制未能充分发挥作用。在发生阻碍资源最佳利用的状态时，应该根据“次佳原理”（Second Best Theory），采取保护措施。换言之，当“扭曲”已经存在，而又不能避免时，以人为的“扭曲”抵消原来“扭曲”产生的不良影响，在国内市场存在“扭曲”时，采取关税等贸易保护措施，较实行自由贸易为宜。

2. 改善不利的贸易条件

进口国课征关税或实行数量限制时，可能使出口国的价格下跌，从而改善进口国的贸易条件。在下列条件下，改善贸易条件的效果尤为显著：第一，对该商品课征关税或采取数量限制措施国家的进口额，占该商品世界进口总额的比重较大；第二，该商品的输出供给弹性较小。

3. 维持国内高水平的工资

各国工资水平不同，一些工资水平高的国家认为，经济发展比较落后而劳动力相对丰富的国家的工资水平较低，故其生产成本也较低。如自由进口这些国家的产品，则本国产品难以与它们竞争，其结果会使本国员工难以维持较高的工资水平与生产水平。为了维持本国员工较高的工资水平，避免廉价劳工产品的竞争，必须实施保护关税。

4. 增加国内就业

对外国产品课征保护关税，可减少进口，因而可以刺激国内的生产，增加国内就业机会。

5. 保证公平竞争

若发现他国进行倾销和补贴时，为了免受倾销和补贴的伤害，进行公平竞争，需要采取反倾销和反补贴等保护措施。

6. 改善贸易收支或国际收支

征收关税与限制进口措施，可减少一国的进口，有助于改善贸易收支或国际收支。在贸易收支或国际收支逆差较大，或在出现通货膨胀与金融危机时，此种保护理由最为流行。

7. 保护知识产权

知识产权是指人们利用自己的知识所创造的智力成果。科学技术、发明已成为各国发展生产力的基础，为了鼓励和保护科研成果，防止盗版、伪造、仿冒，需要对知识产权加以保护。

8. 作为贸易报复和谈判的手段

当一国出口，因其他国家违反已有贸易协议或出现歧视性贸易行为时，可采取报复手段，保护受到伤害的行业和企业。

9. 国家安全和保护生态环境

自由贸易使各国在经济上相互依存，一旦战争发生，致使国外供给骤减或断绝时，其国防力量必然大受影响，因而对有关生产战略物资的产业要加以保护，以维护国家的安全。此外，为了保护良好的生态环境，防止他国输出污染，也需要采取保护措施。

三、战略性贸易政策与理论

20 世纪 80 年代以后，一些发达国家为了应对居高不下的失业率和国内市场上国外竞争的加剧，加强了对本国战略性产业的支持和赞助，以使其获得竞争优势。一些经济学家提出了战略性贸易政策与理论。

（一）战略性贸易政策的含义

所谓战略性贸易政策，是指国家从战略高度，运用关税、出口补贴等措施，对现有或潜在的战略性部门、产业进行支持和资助，使其取得竞争优势，从而达到提高经济效益和增加国民福利的目标。

（二）战略性贸易政策的理论构成

战略性贸易政策的代表性理论包括由加拿大不列颠哥伦比亚大学的詹姆斯·A·伯兰特（James A. Brander）和美国波士顿学院的巴巴拉·J·斯宾塞（Barbana J. Spencer）提出的“利润转移”理论。

利润转移理论认为，在不完全竞争特别是寡头竞争市场上，寡头厂商可以凭借其垄断力量获得超额利润，在与这类国际寡头竞争时，一国政府可以通过出口补贴帮助本国厂商夺取更大市场份额，或以关税迫使外国厂商降低价格，或以进口保护来促进出口，从而实现外国利润向本国的转移，增加本国的福利。

战略贸易理论还认为，具有外部经济效应的产业应该成为战略产业。例如，某些高科技行业，其研发活动本身具有技术外溢效应，对相关产业的发展有积极作用，因此，政府对具有显著外部经济效应的产业应该给予适当的保护和扶植，使之能够形成国际竞争力并带动相关产业的发展。

总的来说，该理论认为，能够实现利润转移和外部经济效应的产业，应成为国家的战略性产业和重点发展的目标产业。

（三）战略产业的确定

1. 高附加值产业

整个国家的国内生产总值由各个产业所创造的附加值构成，而国内生产总值越大，表明该国的经济实力越强。高附加值产业是指投入少而产出价值高的产业。通过扶植理想的具有战略性的目标产业，提高该产业的竞争力，扩大市场，从而提高整个国民的福利水平。故政府要把具有高附加值的产业作为优先考虑的战略性产业。

2. 高科技产业

高科技产业是指依靠产品以及生产过程的快速革新而获取成功的产业。目前普遍认为的高科技产业主要有生物工程、新型材料、远程通信、计算机软件等。

3. 规模经济效应明显、市场结构集中的产业

有的产业例如飞机制造业，需要大规模的固定成本投资，是典型的具有规模经济效应的产业。这类产业往往市场结构集中，整个世界市场上能够容纳的生产企业为数不多，因此这类产业往往具有一定的超额利润，是各国实行利润转移的主要目标产业。

（四）战略性贸易政策的作用

战略性贸易政策促进了发达国家一些战略产业的发展，开始引起发展中国家的重

视，但其尚未采用或实施。首先，发展中国家科技水平不高，国内市场不甚发展，影响了规模经济的形成。其次，发展中国家政府较弱的财政实力难以对目标产业作出大量的补贴。最后，实施战略贸易政策的产业易受他国报复，由于反击力量薄弱，反而会受到更大的伤害。

四、贸易自由化的深入发展

20 世纪 90 年代以来，随着世界经济的好转和经济全球化的加速，贸易自由化进一步向纵深发展，成为世界各国对外贸易政策的主流。其主要表现如下：

1. WTO 建立

1995 年 1 月 1 日，WTO 取代了 1947 年成立的关贸总协定，成为世界贸易体制的组织和法律基础，进一步推动了世界范围的贸易自由化。

2. 区域经贸集团加强了内部贸易自由化

如欧盟已基本实现除人员和农产品以外的所有商品、生产要素服务的自由化，并发行了同一货币——欧元。北美自由贸易区在 2003 年前实现了货物和大部分服务贸易的自由化。

3. 发展中国家和转型国家积极参与贸易自由化

从 20 世纪 80 年代到 90 年代初，58 个发展中国家实施了单方面的贸易自由化改革。原来实行计划经济体制及/或国家垄断对外贸易的国家，如中国、俄罗斯、越南等国，相继转向市场经济体制，改革贸易体制，主动对外开放，加大了贸易自由化的步伐。

◇ 本章小结

1. 为了维护国家和企业的贸易利益，奠定对外贸易发展的良好环境，世界各国根据本国情况，制定对外贸易政策，培育和扩展本国的对外贸易竞争力。

2. 对外贸易政策有两大类型，即保护贸易政策和自由贸易政策。由于各国经济发展的不平衡性，各国贸易政策的选择出现了多样性、交织性、动态性和混合性。同一历史阶段内，竞争力强的国家倾向于采取自由贸易政策；而竞争力弱的国家则采取保护贸易政策。同一个国家在不同的历史阶段采取不同的贸易政策。如英国由强制性的保护贸易政策（重商主义）起家，产业革命的发生使其竞争能力增强，转而推行自由贸易政策，20 世纪 30 年代，由于空前的经济危机和经济的衰落，则转而推行超保护贸易政策。在国家存在的前提下，由于经济发展和产业发展的不平衡，两种类型的贸易政策始终交织在一起，只是贸易政策的内容和强弱重点不同而已。

3. 对一个国家应该采取何种贸易政策，经济学家依据自己的见识，提出了不同的理论，诸如重商主义、古典学派自由贸易理论、历史学派的保护贸易理论、凯恩斯的超保护贸易理论。第二次世界大战后，出现了贸易自由化理论、新保护贸易理论和战略性贸易理论。

思考题

1. 外贸易政策的目的是什么？
2. 对外贸易政策制定的基础是什么？
3. 对外贸易政策分为几种类型？其理论依据是什么？
4. 对外贸易政策转换的依据是什么？

第五章　国际贸易条约与协定

学习目标

本章介绍了国际贸易条约与协定的类型、法律依据和对当今世界影响较大的协定。世界各国为了发展对外贸易，除了制定本国的对外贸易政策，还要与其他国家签订贸易条约与协定，使贸易能够在稳定的环境中进行。

通过学习，学生应了解贸易条约的类型，知悉贸易条约与协定依据的法律原则，掌握 GATT 和国际商品协定的相关知识。

第一节　国际贸易条约与协定概述

一、国际贸易条约与协定的含义

国际贸易条约（Commercial Treaties）是国际条约中的一种契约性条约，又称“商约”，泛指国家间在经济贸易关系方面规定相互权利义务的各种书面协议的总称。国际贸易协定（Trade Agreements）是指缔约国为调整贸易关系而达成的书面协议。

国际贸易条约与协定按照缔约国之间的关系，可分为双边贸易条约与协定和多边贸易条约与协定。一般来说，前者是两个主权国家之间所缔结的贸易条约与协定，后者是两个以上主权国家共同缔结的贸易条约与协定。经有关主权国家同意，单独关税区也有自行签订贸易条约与协定的权利。

二、国际贸易条约与协定的特性

国际贸易条约与协定是主权国家为了确立它们之间的经济贸易关系以及实现这一关系所应遵循的一般原则和所需采取的具体措施而缔结的书面协议。它是国际条约的一个重要组成部分，具有以下特性。

（一）一般特性

国际贸易条约与协定作为国际条约的一个构成部分，应具备国际条约的以下一般特性：

1. 国家是主体

国际贸易条约与协定的主体只能是国家。而自然人与自然人之间、法人与法人之间、国家与法人或自然人之间达成的有关协议，无论其内容或性质何等重要，都不能成为国际贸易条约与协定或其组成部分。

2. 以国际法为准

必须符合国际法是国际贸易条约与协定合法性的根本标志，否则，它就不具有法律约束力。这成为判断国际贸易条约与协定是否平等、是否具有权威性的基础。

3. 内容规定主体之间的权利义务关系

国际贸易条约与协定规定的是缔约国之间经济贸易交流中的权利和义务关系。

4. 以书面形式表达

条约和协定的内容要形成文字，作为一个书面文件出现。国际贸易条约与协定的内容涉及缔约国之间的经济利益和国家政策，如果不把达成的协议用确切的文字记载下来，则不能保证缔约国如实履行条约。

（二）独有特性

与其他政治性的国际条约相比，国际贸易条约与协定又有自己的特殊之处。根据国际惯例，在没有正式建立外交关系的国家之间，不能签订政治性条约，但可签订双边贸易条约与协定。如 1955 年 8 月 22 日中国和埃及签订了贸易协定，直到 1956 年 5 月 30 日两国才建立正式的外交关系。在很多情况下，双边贸易条约与协定的缔结，往往为外交关系的建立创造了有利的先行条件。

（三）与国内政策的约束关系

国际贸易条约与协定是一个国家实现其对外贸易政策的重要措施之一，同关税措施、非关税措施等对外贸易的措施相比，有其不同之处。关税等对外贸易措施属于国内法范畴，而国际贸易条约与协定受到国际法规范的约束。但是二者之间又有着密切关系，相互配合。国内的立法和行政措施是一国同他国进行贸易条约与协定谈判的基础。当一国的立法和行政措施同其他国家发生利益冲突时，就必须通过双边或多边谈判，采取协议的方式进行解决。

三、国际贸易条约与协定的类别

（一）双边贸易条约与协定

1. 通商航海条约

通商航海条约（Treaty of Commerce and Navigation）是一种内容广泛、全面规定缔约国双方之间经济贸易关系的条约。它通常涉及缔约国之间经济和贸易关系的各种问题。

通商航海条约的主要内容如下：缔约国双方进出口商品的关税和通关的待遇问题；

缔约双方公民和企业，即法律上的自然人和法人的经济权利的问题；船舶航行和港口使用等问题；铁路运输问题和过境、专有权利问题；商品进口的国内捐税问题；进口和出口的数量限制问题；对仲裁裁决的执行问题等。随着缔约国之间经济和贸易关系的发展，又出现了一些特殊内容，如对样品和展览品的免税输入、领事的待遇问题等。

通商航海条约以国家元首的名义签订。签订条约的全权代表要由国家元首特命派遣。双方代表在条约上签字后，还须按缔约国的法律程序完成批准手续才能生效。这类条约的有效期较长，一般为 3 ~ 5 年，到期后还可延长。

2. 贸易协定

贸易协定是就两国之间经济贸易关系中的具体规定而缔结的一种书面协议。与通商航海条约相比，它的特点是比较具体，具有可操作性。其主要内容有：双边贸易额、双方出口货单、作价办法、使用的货币、支付方式、关税优惠等。对于贸易额和双方出口货单的规定不是硬性的，在具体执行时可通过协商加以调整。

双边贸易协定的有效期限一般比较短，签订的程序也较简单，一般只需经签字国的行政首脑或其代表签署即可生效。如果在双边贸易协定中包含支付条款，则这份书面协议可称为双边贸易与支付协定。

3. 贸易议定书

贸易议定书（trade protocal）是对已签订的双边条约或协定中某个具体问题作出补充、解释修订所达成的书面协议。有时，贸易议定书是作为贸易协定的附件。贸易议定书的签订程序和内容比贸易协定简单，一般经签署国有关行政部门的代表签署后即可生效。

此外，还有其他一些双边贸易协定。如支付协定、关税协定、政府间大量商品供应和购买协定、贷款协定等。

（二）多边贸易条约与协定

两个以上国家或单独关税区签订的贸易条约和贸易协定称为多边贸易条约与协定，如 1947 年关贸总协定，商品生产国和消费国签订的国际商品协定。

四、国际贸易条约与协定的结构

国际贸易条约与协定的结构同其他国际条约一样，一般包括序言、正文和约尾三个部分。

1. 序言

序言通常载明缔约双方发展经济贸易关系的愿望及缔结条约或协定时所遵循的原则、缔约国的名称、全权代表的姓名和权限等。

2. 正文

正文是国际贸易条约与协定的实体部分。缔约国之间通过谈判达成的协议，往往以条文的形式规定双方的权利和义务。其内容因双边贸易条约与协定类别的不同而有所不同。

3. 约尾

约尾包括条约和协定的有效期、批准、生效的程序、文字、签字日期、地点以及代表签字等。双边贸易条约与协定一般用缔约双方的文字写成，并具有同等效力。

第二节　国际贸易条约与协定适用的法律待遇条款

国际贸易条约与协定中，通常以如下法律条款来约束缔约国间的经贸关系。

一、最惠国待遇条款

(一) 含义

最惠国待遇条款（Most Favoured Nation Treatment）是指缔约国一方现在和将来给予任何第三国的一切特权、优惠和豁免，也同样给予对方。最惠国待遇原则是从国际法中国家平等原则派生出来的，是国家平等原则在经贸关系上的具体适用。在贸易条约与协定中，依据最惠国待遇原则而制定的条款称为“最惠国待遇条款”。

最惠国待遇条款是贸易条约与协定中的一种专门条款。其主要作用在于，使该国出口的商品在外国市场上获得与任何第三国同等的竞争条件，使其企业或船舶在外国享有不受歧视的地位。

(二) 最惠国待遇条款的特征

(1) 最惠国待遇一般是相互给予的。

(2) 最惠国待遇一般是平等的待遇，而不是享有独有的特殊利益。

(3) 缔约国双方对于最惠国待遇条款所规定的特权、优惠和豁免必须是自动地适用于缔约国对方，而不另外需要对方的申请手续和法律程序。

(4) 缔约国根据最惠国待遇条款给予缔约国对方的特权、优惠和豁免，在时间上不仅包括以往在缔约前所给予任何第三国而现时仍继续有效的一切特权、优惠和豁免，同时也包括缔约以后在条约有效期内所给予任何第三国的一切特权、优惠和豁免。

(5) 最惠国待遇条款在国际惯例上是经济和贸易性的条款，如条约和协定无特殊规定，将不适用于经济和贸易关系以外的事项。

（三）最惠国待遇条款的分类

1. 无条件的最惠国待遇条款

无条件的最惠国待遇条款是指，凡缔约国一方现在或将来给予任何第三国的任何特权、优惠和豁免，缔约国对方无须提出任何补偿作为交换而立即无条件地享受同样的特权、优待和豁免。

2. 有条件的最惠国待遇条款

有条件的最惠国待遇条款是指，如果缔约国一方现在或将来给予第三国的优惠是有条件的，那么缔约国另一方必须提供同样的补偿才能享受这种优惠。

在现代贸易条约与协定中，有条件的最惠国待遇条款已属罕见，但为了避免产生歧义，现在贸易条约与协定中的最惠国待遇条款上，仍有必要注明“无条件”的字样。

（四）最惠国待遇条款的适用范围

1. 关税率、各种附加税及海关手续

关税问题包括进出口关税率、各种附加税，征收的方法及海关的报关手续等。

2. 航行

航行问题一般包括以下内容：船舶的驶入、驶出和停泊；货物的装载和卸载及旅客的上下；吨税、港务税、领港费、灯塔费、检疫费等各种税款和费用的征收；燃料、水及粮食的供应，船舶的修理，港口设备的使用及其他港口服务事项。

3. 铁路运输及过境

在铁路运输和过境问题上，双边贸易条约与协定常常规定缔约国双方在规定运费率和铁路运输手续方面彼此提供最惠国待遇。

4. 自然人和法人的法律地位

法律地位主要指缔约双方自然人和法人的经济权利，内容包括：移民权、财产购置权、经营工商业权、捐税方面的权利和义务、法律保护权等。

但同时规定，自然人和法人在享受最惠国待遇时，也必须遵守对方国家政府的一切法律、规则和决议。

5. 专有权利

这是指缔约国双方自然人和法人在对方境内取得和使用专利权、商标权、版权和其他专有权利的问题上适用最惠国待遇。可以援引 WTO 负责实施管理的《与贸易有关的知识产权协定》和与知识产权有关的国际公约。

6. 进口配额制度

进口配额制度是一个国家以法令规定一定时期进口商品的种类数量或价值和来源地的分配定额的制度。

在许多国家都实施进口定额制的条件下，一个国家为了防止本国的出口商品在他国分配不到满意的进口配额，在与其他国家缔结双边贸易条约与协定时，往往规定缔约国间按最惠国待遇的原则分配给缔约国对方商品的进口配额，应得到“公正和平等”的比例。

7. 许可证制度

许可证制度是一个国家根据法令的规定，由指定的贸易管理机关通过书面许可的方式来控制该国的进出口贸易。在双边贸易条约与协定中，最惠国待遇有时适用于许可证制度，但规定往往含糊而笼统。

8. 外汇管制

当双边贸易条约与协定中规定将最惠国待遇适用于外汇管制时，往往只规定在实行外汇管制时给予平等待遇，或相互给予对方以“公正和平等”的份额。

（五）最惠国待遇条款的限制与例外

1. 限制

最惠国待遇条款的限制是指将其范围限制于若干具体的经济和贸易方面。例如，在关税上的最惠国待遇只限于某些商品，或最惠国条款只包括缔约国的某些地区等。

2. 例外

最惠国待遇条款的例外是指在贸易条约所规定的某些场合下，不适用最惠国待遇。

（1）边境贸易

一些国家往往把边界两边各 15 公里内的小额贸易当作特殊的当地贸易来处理，在关税、海关手续上给予减免等优惠。这种优惠不适用于最惠国待遇条款。

（2）关税同盟与自由贸易区

形成自由贸易区的各国之间相互取消关税，而这种待遇一般不必按照最惠国待遇给予其他国家。关税同盟是指以一关税领土替代两个或两个以上关税领土，以便对于成员领土之间的所有贸易或至少对于产于此类领土产品的所有贸易，取消关税和其他限制性贸易法规，而对同盟以外领土的贸易实施相同的关税或其他贸易法规。关税同盟成员内部在关税上的特殊待遇排除在缔结最惠国条款的国家所享有的优惠范围之外。

（3）沿海贸易和内河航行

对于缔约国一方在沿海贸易和内河航行方面给予他国的优惠视为例外。

（4）多边国际条约中承担的义务

如缔约国一方为加入联合国或其他多边国际条约而履行其所承担的义务，而触及最惠国待遇的利益者视为例外。

（5）其他例外

如沿海捕鱼、武器进口、金银外币的输出、港口服务以及为了保存艺术品和文物古迹而实行的禁止和限制等。

二、国民待遇条款

国民待遇条款，是指一个国家对外国自然人或法人在某些事项上（如在民事权利方面）给予不低于本国自然人或法人的待遇。

国民待遇的适用范围是有一定限制的。它一般适用于外国自然人从事商业、外国天然物产和制造品所应缴纳的国内捐税，利用铁路运输和转口过境的条件，船舶在港口的待遇，以及知识产权的保护等。至于本国人所享有的其他某些权利，如沿海贸易权、领海捕鱼权、沿海和内河航行权、购买土地权、零售贸易权以及充当经纪人等，一般不属于国民待遇的适用范围。

第三节 1947 年关税与贸易总协定

一、含义

1947 年关税与贸易总协定（General Agreement on Tariff and Trade，GATT）是 1947 年 10 月 30 日由 23 个国家政府缔结的旨在降低关税、减少贸易壁垒的有关关税和贸易政策的多边国际贸易协定。

二、产生背景

第二次世界大战结束前，美、英两国为了保持或增强它们在战后国际贸易和金融中的地位，各自提出了有关进行国际经济合作的方案。按照美国的建议，联合国经济及社会理事会于 1946 年召开联合国贸易与就业会议，由美、英等 19 个国家组成筹备委员会，起草了《联合国国际贸易组织宪章》。1947 年 4 ~10 月筹委会在日内瓦召开第二次会议，通过了美国倡导的成立国际贸易组织的决议及《联合国国际贸易组织宪章》。1947 年 11 月在古巴首都哈瓦那举行联合国贸易与就业会议，通过了《联合国国际贸易组织宪章》，（习称《哈瓦那宪章》）。后来，国际贸易组织由于没有获得多数与会国的批准而宣告夭折。但在上述第二次日内瓦会议期间，美国邀请了 23 个与会国进行减让关税的多边谈判，签订了《关税与贸易总协定》，采纳了《哈瓦那宪章》中关于国际贸易政策的内容，并要求缔约国共同遵守。该协定于 1948 年 1 月 1 日临时生效。各缔约方还同意，《哈瓦那宪章》生效后，以宪章的贸易规则部分取代《关税与贸易总协定》的有关条款。

由于国际贸易组织夭折，1947 年《关税与贸易总协定》一直以临时适用的多边贸易协定形式存在。截至 1994 年底，《关税与贸易总协定》共有 128 个缔约方。1995 年世界贸易组织建立后，1947 年《关税与贸易总协定》转换为 1994 年《关税与贸易总协定》，成为世界贸易组织负责实施管理的多边货物贸易协定。1947 年，《关税与贸易总协定》退出历史舞台。

三、协定的主要内容

（一）协定构成

整个协定包括序言和四个部分，原为 34 条，后增加为 38 条。

（二）协定宗旨与实现途径

其宗旨是："提高生活水平，保证充分就业、保障实际收入和有效需求的巨大持续增长、扩大世界资源的充分利用以及发展商品的生产与交换"。实现上述宗旨的途径是，各缔约方"达成互惠互利协议，导致大幅度地削减关税和其他贸易障碍，取消国际贸易中的歧视待遇"。

（三）缔约国应坚持的基本原则

1. 非歧视原则

该原则主要体现在最惠国待遇和国民待遇两个方面。

2. 以关税作为保护国内产业的手段

该协定并不禁止对国内工业实行保护，但要求这些保护应通过关税进行，而不要采取其他行政手段。关税保护透明度高，便于缔约方之间进行减让谈判，从而减少了保护对贸易形成的扭曲。

3. 贸易壁垒递减原则

缔约方之间通过谈判降低各自的关税水平，并将这些减让的税目列入各国的关税减让表，使其"约束"起来，从而为发展成员方之间的贸易打下一个稳定和可预见的基础。由于列入减让表的已约束税率在三年内不得提升，三年后若要提升也要同当初进行对等减让的缔约方协商，并为其造成的损失给予补偿，因此，约束后的关税难以发生回升现象。

4. 公平竞争原则

该协定允许在一定的情况下利用关税或其他行政措施对本国工业实行保护，但强调开放和公平的竞争，反对不公平的贸易做法。不公平的贸易做法主要是指倾销和出口补贴措施。

（四）主要例外条款

1. 对禁止数量限制的例外

协定第十二条允许缔约方国际收支平衡发生困难时实行数量限制。同时规定，实行的这种限制不能超过保护国际收支平衡所必要的限度。随着国际收支状况的改善，这种限制应逐步减少直至取消。

2. 保障条款

协定第十九条允许缔约方在其某一产业受到进口骤增的冲击并造成严重损害时，如严重开工不足、工人失业、企业亏损等情况，实行临时性进口限制或提高关税。根据保障条款采取的进口限制措施必须限于在防止或纠正上述严重损害所必要的限度和时间之内，不应长久实施；受影响的产业有义务尽快进行结构调整；采取的限制应非歧视性地实施。

3. 区域性贸易安排

协定第二十四条允许成员方在满足一定的严格标准的情况下，以关税同盟或自由贸易区的形式建立区域贸易集团。对集团内成员间相互给予的贸易优惠可不给予集团外的国家。但对外的贸易壁垒不能高于关税同盟或自由贸易区建立以前。

4. 对发展中国家的特殊待遇

发达国家缔约方承诺，在谈判中对发展中成员作出的贸易减让，不期望得到对等的回报；发展中国家可以享受发达国家缔约方提供的普惠制待遇；发展中国家相互进行关税减让时可以不给予发达国家。

5. 安全例外

允许成员方为了维护国家安全和社会公德而禁止火药、武器、毒品和淫秽出版物等的进口。

四、协定活动与作用

协定的主要活动是组织缔约方进行多边贸易谈判。1947～1994 年，GATT 共组织了八轮多边贸易谈判。参加谈判的缔约方从第一轮的 23 个增加到第八轮的 117 个。通过谈判，关税不断减让，受惠国的贸易额不断扩大，促进了 GATT 缔约方的贸易自由化，对第二次世界大战后世界经济的恢复和发展作出了贡献。在第七轮多边贸易谈判中，除了关税减让，还达成了一系列有关非关税措施的协议。在第八轮多边贸易谈判中，除了关税减让，还达成了领域广泛的众多协定与协议，其中最突出的成果是通过了《建立世界贸易组织马拉喀什协定》。1947 年关贸总协定组织的八轮多边贸易谈判及成果，具体情况见表 5.1。

表 5.1　　关税与贸易总协定组织的八轮多边贸易谈判

谈判回合	谈判时间	谈判地点	参加方（个）	关税减让幅度（%）	影响贸易额（亿美元）
第一轮（日内瓦回合）	1947 年 4 月至 10 月	瑞士日内瓦	23	35	100

续表

谈判回合	谈判时间	谈判地点	参加方（个）	关税减让幅度（%）	影响贸易额（亿美元）
第二轮（安纳西回合）	1949年4月至10月	法国安纳西	33	35	—
第三轮（托奎回合）	1950年9月至1951年4月	英国托奎	39	26	—
第四轮（日内瓦回合）	1956年1月至5月	瑞士日内瓦	28	15	25
第五轮（狄龙回合）	1960年9月至1962年7月	瑞士日内瓦	45	20	45
第六轮（肯尼迪回合）	1964年5月至1967年6月	瑞士日内瓦	54	35	400
第七轮（东京回合）①	1973年9月至1979年4月	瑞士日内瓦	102	33 *	3 000
第八轮（乌拉圭回合）	1986年9月至1994年4月	瑞士日内瓦	103/117/124②	37/24③	—

注：① 除了关税减让，还达成了一系列非关税措施协议。
② 103（1986年）；117（到1993年底）；124（到1995年年初）。
③ 前者为发达国家，后者为发展中国家。
资料来源：WTO秘书处。

此外，WTO负责实施管理的贸易协定与协议都属于多边贸易协定的范围。

第四节　国际商品协定

一、国际商品协定的产生与发展

（一）国际商品协定的含义

国际商品协定（International Commodity Agreement）是指某些初级产品的主要出口国和进口国之间为了稳定该项产品的经济收益、保证供销稳定和促使其发展等目的所缔结的政府间的多边书面文件。

（二）国际商品协定的产生与发展

第二次世界大战以前，就已经有国际商品协定，即有小麦协定（1933 年签订）和糖协定（1937 年签订）。第二次世界大战以后，随着殖民体系的瓦解和发展中国家的独立，为了稳定初级产品的经济收益，作为主要初级产品出口的发展中国家与发达国家签订了更多的国际商品协定。到 20 世纪 90 年代，国际商品协定已达到 8 个，即：国际可可协定，国际咖啡协定，国际黄麻和黄麻产品协定，国际天然橡胶协定，国际橄榄油、食用橄榄油协定，国际热带木材协定，国际糖协定，国际谷物协定。

多数国际商品协定，如可可、黄麻和黄麻制品、橄榄油和食用橄榄油、天然橡胶、糖和热带木材的协定都是在 1964 年成立的联合国贸易与发展会议的主持下达成谈判的。而在联合国贸易与发展会议成立以前已存在的其他国际商品协定继续由它们各自的理事会来组织谈判和实施。

早期的国际商品协定大多带有稳定产品价格的经济条款。随着世界经济贸易的发展和发展目标的不同，国际商品协定的作用与功能呈现多样化。

二、国际商品协定的类别

（一）带有经济条款的国际商品协定

1. 目标

该协定的目标是稳定市场、价格和出口收益。

2. 协定名称与内容

（1）国际可可协定

1993 年，在联合国贸易与发展会议的主持下，7 月 16 日，谈判达成了国际可可协定，并于 1994 年 2 月 22 日生效，有效期到 2003 年。2001 年，新的国际可可协定达成，于 2003 年开始生效。其成员现有 42 个，其中出口成员 13 个，都是发展中国家；进口成员 29 个，由欧盟的 27 个成员以及非欧盟成员的瑞士和俄罗斯组成。

国际可可协定的目标是，加强在世界可可经济领域中的国际合作，促进其发展；为世界可可市场的稳定作出贡献，以维护各成员的利益；使生产方面的调节比较容易，促进消费，以确保供给与需求的中长期均衡，从而使世界可可经济得到均衡发展；在对消费者和生产者来说都为公正合理的价格基础上确保充足的供应；促进国际可可贸易的扩大；通过收集、分析和发布相关统计资料和开展相关的研究，提高世界可可经济活动的透明度；促进在可可领域中的科学研究和开发；提供适当的论坛，讨论与世界可可经济有关的各种事件。

为鼓励生产和消费的均衡发展，确保供给与需求的最优平衡，参加国际可可协定的出口方必须采用新的生产政策，制定每年的全球产量指标。为此，国际可可协定要作出世界可可生产和消费的年度预测，作为出口方执行和调节生产计划的依据。

为监督国际可可协定的执行，建立了国际可可组织，其总部设在英国伦敦。考虑到环境因素，国际可可组织建立了“研究和环境专家工作组”，建立了环境基金，以促进和支持符合环保的可持续的可可的生产、处理、存储和加工。

（2）国际天然橡胶协定

新的国际天然橡胶协定于1995年2月17日在日内瓦签订，取代1987年的国际天然橡胶协定。原协定由1979年建立的国际天然橡胶组织继续负责和监督协定的实施，总部设在马来西亚的吉隆坡。参加协定的成员有24个，其中出口成员6个，都是发展中国家；进口成员18个，由发达国家和中国组成。

该协定的主要目标是稳定天然橡胶价格，使天然橡胶的供给和需求得到均衡增长。其措施如下：

第一，通过缓冲库存，稳定价格。缓冲库存是指由协定参加成员提供实物和现金，用来干预和稳定世界初级产品市场价格的一种机制。当世界天然橡胶市场价格高出协定确定的干预价格上限时，缓冲库存机构向市场抛出实物，加大实物供应量，使市场供求趋于平衡，抑制价格上涨，使价格回落；当世界天然橡胶市场价格低于协定确定的干预价格下限时，缓冲库存机构则以现金从市场收购实物，减少实物供应量，使供求趋于平衡，阻止价格下跌，使价格回升。天然橡胶价格的稳定是通过55万吨实物和现金的缓冲库存的操作，平衡供求关系来实现的。

为使缓冲库存运作良好，天然橡胶协定确定了价格范围，它由参考价格、上限价格、下限价格、干预价格以及启动价格组成。1995年国际天然橡胶协定确定的参考价格是1987年原协定在1995年12月28日到期时的参考价格，即每公斤天然橡胶为206.68马来西亚/新加坡分。下限价格是每公斤天然橡胶157马来西亚/新加坡分，上限价格为每公斤天然橡胶270马来西亚/新加坡分。围绕参考价格的是干预价格的上下限，在参考价格的基础上再加减15%，就是干预价格。在这些价格范围外，缓冲库存经理可以动用缓冲库存的实物和现金来干预市场。在参考价格的基础上再加减20%，成为最高和最低启动价格，当市场上出现这种价格局面时，缓冲库存经理必须进行干预，以稳定价格。1995年，天然橡胶协定规定，可以根据市场价格稳定趋势和/或缓冲库存规模的净变化来修改参考价格。

此外，为了使缓冲库存有效地运行，1995年天然橡胶协定规定，理事会可允许缓冲库存经理购买最长期限为2个月的期货合同。

第二，通过研发来提高天然橡胶的竞争力。为了扩展天然橡胶的国际贸易，提高天然橡胶的市场准入度，促进天然橡胶再加工、营销和分配方面的改善，国际天然橡胶协定还寻求在天然橡胶领域进行更深入的国际合作与磋商，促进天然橡胶工业技术和资本的流动。

（二）国际商品管理协定

1. 目标

该协定的目标是：确保国际合作，提供国际咨询论坛，促进研究；鼓励和增加商品的消费，同时也考虑价格的稳定。

2. 协定名称与内容

（1）国际咖啡协定

新的国际咖啡协定于1994年建立，取代了1983年的国际咖啡协定。该协定拥有63个成员，其中出口成员44个，由43个发展中国家和越南组成；进口成员19个，均为发达国家。

该协定的目标主要是：确保与世界咖啡经济有关的国际合作得到加强；为政府间的磋商和谈判提供论坛，寻求世界咖啡供给与需求达到合理的平衡的方法；通过收集、分析和发布有关咖啡生产、销售等方面的统计数字，公布指标价格和其他市场价格，以利于国际咖啡贸易的扩大；促进在咖啡领域的研究和调查；鼓励、增加对咖啡的消费。

国际咖啡组织是国际咖啡协定的执行和监督机构，总部设在英国伦敦。国际咖啡组织的职能包括：收集、交换和发布世界咖啡的生产、价格、进出口、分销和消费的统计信息；培育、加工和利用咖啡方面的技术信息交流；建立一个指标价格制度，公布每日综合指标价格，探讨谈判一个新的国际咖啡协定。

（2）国际糖协定

新的国际糖协定于1992年建立，取代了1987年的国际糖协定。该协定拥有成员51个，其中发达国家为19个，其余为发展中国家。

国际糖协定的目标主要是：确保与世界糖制品及其相关问题的国际合作的加强；提供政府间讨论糖和发展世界糖业经济方法的论坛；收集和提供世界糖市场及其他甜料的信息，为糖的国际贸易提供便利；开辟新途径，利用各种方法刺激对糖的需求。

国际糖组织是管理和监督协定执行的机构。国际糖组织的职能包括：收集和发布有关世界原糖、精炼糖和其他甜料的生产、价格、进出口、消费和储存、税收的统计信息。为此，专门建立了一个对糖的市场评估、消费和统计委员会。国际糖组织的总部设在英国伦敦。

（3）国际谷物协定

新的国际谷物协定于1995年7月1日建立。国际谷物协定包括谷物贸易公约和食品援助公约，取代了1986年的小麦贸易和食品援助公约。谷物贸易公约拥有成员26个，其中发达国家6个，其余为发展中国家、东南欧和独联体国家。食品援助公约拥有成员23个，一个为发展中国家，其余22个均为发达国家。其组织机构为国际谷物理事会。

谷物贸易公约的内容包括：第一，谷物范围为包括小麦在内的所有谷物。第二，谷物贸易公约的宗旨是，进一步稳定和扩大谷物市场，提高世界谷物供应的安全性；提供扩大和改进对成员方的统计和市场信息服务，为成员方之间的磋商创造和提供机会。第三，谷物贸易公约的监督和执行机构是市场条件委员会。

食品援助公约的目标是，通过国际社会的共同努力，保证每年向发展中国家提供1 000万吨适合食用的谷物。捐赠方式是提供最大可能数量的谷物或现金。得到食品援助的前提条件是，得到经济合作与发展组织的发展委员会的认可。在给予援助时，应优先考虑最不发达国家、其他低收入国家或中低等收入国家。

（三）国际商品发展协定

1. 目标

该协定的目标是：在生产者和消费者之间提供一个合作和咨询的机构；在诸如开发、贸易扩展、市场促销、降低成本和提供市场信息方面，缔约国进行合作和交流信息，也包括对环境的考虑。

2. 协定名称与内容

（1）国际黄麻和黄麻制品协定

新的国际黄麻和黄麻制品协定于1989年11月3日建立，取代了1982年的国际黄麻和黄麻制品协定。该协定拥有成员24个，其中出口成员5个，包括中国和亚洲的4个发展中国家；进口成员21个，其中有2个为发展中国家，其他均为发达国家。

该协定的目标是：提高黄麻和黄麻制品的竞争力；在维持和扩大现有市场的同时开发新市场；开发黄麻和黄麻制品的新的最终用途；提高黄麻种植业的产量和质量，提高黄麻制品的质量和降低成本。实现目标的方法包括：研发、市场推广和降低成本，包括人力资源的开发；收集和发布黄麻及其产品有关的信息；对世界黄麻经济进行短期和长期趋势的研究。

国际黄麻组织是该协定的监督和执行机构，总部设在孟加拉的达卡。它通过国际黄麻理事会来运作，其主要活动是确定和挑选在研发、市场促销与降低成本领域内的项目，并为之开展准备工作，实施这些项目并监督其执行。

（2）国际橄榄油协定

新的国际橄榄油协定于1994年3月25日建立。该协定对1986年的国际橄榄油协定进行了修订和补充，故此协定又称为“1986年国际橄榄油协定及1993年议定本”。

该协定的目标是：开展国际合作与共同行动，促进橄榄培育、橄榄油提炼和食用橄榄油加工的现代化；增加橄榄产品的国际贸易；制定橄榄产品的标准化；在橄榄及橄榄油加工方面考虑到环境因素。

国际橄榄油理事会是国际橄榄油协定的执行与管理机构，总部设在西班牙的马德里。它的任务是跟踪市场发展，制定规则以确保国际橄榄油的正常贸易并制定产品标准；实施技术合作计划，开展消费者教育运动，鼓励在橄榄油的生物效应方面的研究；促进任何可以使世界橄榄产品经济协调发展的行动。

（3）国际热带木材协定

新的国际热带木材协定于 1994 年 1 月 26 日建立，取代了 1983 年的国际热带木材协定。该协定拥有成员 51 个，其中生产国为 24 个，都是发展中国家；消费国 27 个，除了中国、埃及、尼泊尔、韩国、俄罗斯以外，其余都是发达国家。

协定的主要目标是：提供有效的与世界木材经济所有方面有关的磋商、国际合作和政策发展的框架；提供磋商论坛，以促进正常的木材贸易活动；致力于可持续发展进程；实施提高成员供应能力的战略；在 2000 年以前获得可持续的、能管理的资源，以开展热带木材及其产品的出口；促进国际热带木材贸易的扩展和多元化；促进和支持木材方面研发；提高木材市场信息的充分性；促进在生产成员内热带木材的深加工；鼓励成员方支持和发展热带木材森林的再造、森林管理活动以及恢复退化的森林土地；提高热带木材从可持续、有管理的资源中出口的营销与分销水平；促进木材加工技术的获得、交换和技术合作；鼓励分享国际木材市场的信息等。

国际热带木材组织是国际热带木材协定的实施与管理机构。总部设在日本神户。其职能包括：提供有利于成员国和国际社会有关热带木材的经济信息，提供市场情报，以确保热带木材市场更高的透明度；同国际非热带木材商品组织保持紧密联系；进行贸易和环境方面的政策研究，如研究热带木材贸易与可持续发展的联系以及木材制品的认证；在由联合国可持续发展委员会建立的政府间森林小组内有关贸易与环境问题上起领导作用。国际木材组织的理事会和常设委员会活动的基本任务是，制定有关森林的重建和管理、森林工业的经济信息和市场情报的项目，并加以实施；为热带木材方面的研发项目取得财政支持；进行可持续发展研究，为此设立了“巴厘伙伴基金”。

三、商品综合方案与商品共同基金

（一）商品综合方案的产生

联合国贸易与发展会议①在 1976 年第四次会议上通过了建立商品综合方案的决议。

---

① 联合国贸易与发展会议（UNCTAD）是联合国大会在贸易与发展领域的主要机构，1964 年创立。其使命是加速经济增长和发展，尤其是发展中国家的经济增长和发展。该组织通过政策分析，政府间磋商、建立共识，谈判，监控、执行与跟踪调查以及技术合作等途径履行其使命。

为实施商品综合方案，通过设立基金办法给予财政保证。1976～1980 年，在联合国贸易与发展会议的主持下，就建立商品共同基金进行磋商。1989 年 6 月，国际商品综合方案下的有关商品共同基金问题在联合国磋商会议上获得通过，建立国际商品共同基金的协议正式生效。

（二）商品综合方案的主要内容

1. 建立多种商品的国际储存

建立多种商品的国际储存是为了稳定商品价格，保证正常的生产和供应。国际储存的商品选择标准有以下两条：（1）该商品对发展中国家具有重要利害关系；（2）该商品便于储存。国际储存的主要商品有：香蕉、咖啡、可可、茶、糖、肉类、植物油、棉花、黄麻、硬纤维、热带木材、橡胶、铝、铁、锰、磷、铜和锡。

2. 建立国际储存的商品共同基金

商品共同基金（common fund）是商品综合方案的一种国际基金，用来资助这些国际初级产品的缓冲存货，以改善初级产品市场，提高初级产品的长期竞争力，如进行研发、提高生产率、改进销售等。

3. 商品贸易的多边承诺

稳定这些初级产品的供应。参加商品综合方案的各国政府，承诺在特定时间内各自出口和进口某种初级产品的数量。

4. 扩大和改进商品贸易的补偿性资金供应

当出口初级产品的发展中国家的出口收入剧减时，国际货币基金将给予补偿性贷款。

5. 促进初级产品的加工和出口多样化

为了达到这一目的，方案要求发达国家降低或取消对来自发展中国家初级产品的加工产品的进口关税和非关税壁垒，并采取促进贸易的措施。

（三）商品综合方案的执行与管理机构

1. 国际商品机构

成为国际商品机构成员要具备以下条件：应不断参加与商品有关的生产、消费、贸易等各方面的活动；其成员（生产者和消费者）应占该商品进口与出口的绝大部分；有一个高效率的决策程序。现在已有 22 个组织被指定为国际商品机构，其中包括 8 个国际商品协定、5 个国际商品研究组、9 个联合国粮农组织的附属商品机构。

国际商品协定和研究组织成员分别是：国际可可组织，国际咖啡组织，国际铜研究组，国际棉花咨询理事会，国际谷物理事会，国际黄麻组织，国际铅锌研究会，国际天然橡胶组织，国际镍研究组，国际橄榄油理事会，国际橡胶研究组，国际糖组织，国际热带木材组织，政府间香蕉小组，政府间橘类水果小组，政府间渔业贸易分委员会，政府间谷物小组，政府间硬纤维小组，政府间毛皮分小组，政府间肉类小组，政府间稻类小组，政府间茶叶小组。

2. 商品共同基金

商品共同基金是一个独立的政府间组织，拥有104个成员。联合国和国际原子能机构的成员国、专门机构以及在基金活动中起重要作用的政府间一体化组织均可加入。基金的职能部门是领导理事会和执行董事会。

商品共同基金总额为7.5亿美元，其中各成员国直接分摊4.7亿美元，自愿认缴2.8亿美元。基金设立两个账户，第一账户是为包括国际商品协定在内的缓冲库存和国际协调各国存货的资金融通提供援助。第二账户是为商品的技术开发提供资金。这些技术包括：改善市场结构、加强商品的长期竞争力的技术，开发和提高商品生产率、营销多样化的技术。此外，通过第二账户，还要促进商品生产者、资助者、捐赠者、消费者和利益相关者关于商品技术领域的协商与磋商。

本章小结

1. 为了给对外贸易构筑良好的外部环境，国家之间签订了多种国际贸易条约与协定。两国之间的贸易条约与协定被称为双边贸易条约与协定；两个以上国家签订的贸易条约与协定称为多边贸易条约与协定。双边贸易条约与协定有通商航海条约和贸易协定等。多边贸易条约与协定很多，其中比较有名的是1947年关贸总协定。这些条约和协定中的重要法律条款是最惠国待遇条款和国民待遇条款。

2. 各国在签订稳定贸易关系的条约和协定的同时，出口初级产品的国家和进口这些初级产品的国家为了稳定和发展这些产品的生产、供给和销售，保证产品的收入，还签订商品协定。适应经济发展的需要，这些商品协定的目标有所不同。为了维护发展中国家出口初级产品的共同利益，20世纪70年代以后，在联合国贸易与发展会议上，通过了商品综合方案。

思考题

1. 什么是国际贸易条约与协定？
2. 双边的贸易条约与协定分为几类？
3. 国际贸易条约与协定中的主要法律条款是什么？
4. 1947年GATT有什么作用？
5. 国际商品协定中缓冲库存的作用是什么？
6. 商品共同基金的作用是什么？

第六章　国际贸易促进

学习目标

当今世界各国都十分重视促进对外贸易的发展。本章比较全面系统地论述了世界各国促进对外贸易发展的政策措施。通过学习，学生应了解经济外交的内容，知悉促进出口的财政金融措施，掌握经济特区的特点与作用。

第一节　重视经济外交

在促进对外贸易发展中，世界各国都非常重视开展经济外交。它已成为促进对外贸易发展的重要举措。

一、经济外交的含义

“经济外交包含两个实质性内容：其一，它是由国家（国家间的国际组织）或其代表机构与人员以本国经济利益（本组织的经济宗旨或经济利益）为目的，制定和进行的对外交往政策的行为；其二，它是由国家（国家间的国际组织）或其代表机构与人员以本国（本组织）经济力量为手段或依托，为实现和维护本国（本组织）战略目标，或追求经济以外的利益，制定和进行的对外交往政策的行为。”①

二、经济外交的内容

（一）国家外交政策中的经济部分

任何一个国家都有自身的外交方针和政策。在这些方针政策中，为本国经济发展服务或利用本国的经济力量推行其外交理念和政策的部分，即属于经济外交的政策。如美国克林顿政府期间，把加强美国的经济安全、赢得更多的国际市场作为美国外交的第一政策目标，就属于经济外交的内容。

（二）国家对外经济政策

一国的对外经济政策包括：对外经济基本方针或战略；对外贸易政策；投资政策；

---

① 杨福昌．经济外交．北京：中国青年出版社，2004：22.

对外经济合作政策；外汇政策；对外援助与受援政策；国际收支政策；债权债务政策等。

（三）国家对外经济交往行为

一国在对外活动中，只要与经济贸易有关的外交行为，都可以看做经济外交的一种表现形式。其中包括：政府官员在会见、对外访问中讨论或解决经济贸易问题；关于经济贸易问题的对外协商、谈判、演说、宴请、参加国际会议、举行各种外交仪式等。如在亚太经济合作组织（APEC）的年度会议中，在领导人非正式会议以后还要举行APEC工商业界领导人午餐会，这种午餐会并不是简单的吃饭，而是各国领导人发表演说，宣传本国在APEC框架内相关的经济贸易政策，开展重要经济外交活动的场所。

（四）国际经贸政策协调行为

这主要是指一国在国际经济贸易或政治组织中，就解决经济贸易问题而进行的多边外交行为。如在联合国中讨论或解决经济贸易问题；在世界银行、国际货币基金组织（IMF）、世界贸易组织（WTO）或地区性的经济组织中的协商与谈判行为。

三、实施经济外交的机制

为了实施有效的经济外交，各国都非常重视经济外交机构的设立与机制的协调。以美国为例，美国经济外交机构由三个大层次和之下的次层次构成。

（一）总统

在经济外交上，美国总统拥有四个方面的权利。其中包括：决定对外贸易方针与政策权；缔约权；升降关税权；对外实施经济制裁权。在重大事项上，美国总统的权利需要国会的授权。

（二）内阁各有关部门和政府机构

1. 作用

美国内阁各部门在法律和实践中，只起总统助手和顾问团的作用，没有集体决策权。概括起来，它们在经济外交方面主要发挥以下作用：

（1）协助总统制定有关经济外交的政策；

（2）协助国会制定有关经济外交的规章条例；

（3）负责解释有关经济外交方面的法律和政策；

（4）行政机关就经济外交申诉或争议的问题，拥有行政裁决权。

2. 内阁部门和政府机构设置

其中包括：经济政策委员会、商务部、贸易代表办公室、国务院、行政管理和预算局、财政部、农业部、能源部。

（三）联邦独立机构

1. 性质

联邦独立机构由国会通过立法为某项专门事业而设立，归属总统直接领导，与内阁没有隶属关系。它们在经济外交政策制定和行为中成为内阁机构的重要补充。有些独立机构的作用十分独特，在经济外交方面拥有大权，内阁机构难以替代。

2. 机构名称

这些机构包括：美国国际开发合作署、国际贸易委员会、贸易和开发署、和平队、美国联邦储备委员会、美国国家基金会、非洲开发基金会。

四、经济外交的重点

（一）改善对外贸易环境

当前世界各国努力通过经济外交改善本国对外贸易环境，其做法主要有以下几种：

（1）积极参与国际性的经济、金融和贸易组织。这些组织有国际货币基金组织、世界银行和 WTO 等；

（2）组建和参加地区性的经济贸易集团，加强地区性的经贸合作；

（3）签订各种双边与多边贸易协定与协议，保证贸易和投资稳定发展；

（4）发展中国家通过各种国际会议争取发达国家在贸易上的优惠待遇，扩大援助。

（二）重视驻外机构和贸促会的工作

（1）明确驻外经济商务代表的主要目标：尽最大努力，扩大本国的对外贸易。

（2）加强驻外经济商务代表的工作。要积极地寻找贸易机会，为特定的商品和服务找到市场；能识别并评估影响本国出口的各种贸易壁垒；组织贸易宣传活动；为本国的出口厂商参加交易会、展览会或商店现场的促销活动提供建议和支持；协助国内来的代表团和单独的出口商进行活动；鼓励国外投资者到本国投资；组织编写所在国的经济贸易信息资料，经常思考用什么新方法去推销本国的产品，等等。

（3）加强国家间贸促会和商会的交流与沟通。

第二节　出口促进

一、推行国家出口战略

世界各国政府都重视从整体上考虑出口，提出了“国家出口战略”。以美国为例。在《1998 年美国国情咨文》中，当时美国总统克林顿提出：伴随着美国步入 21

世纪，全球经济要求美国不仅要在国内市场上寻找机会，而且要在全世界全面出击。为此，他提出并实施了“国家出口战略”。其内容包括：加强政府干预，开展经济外交；开拓新兴大市场；放松出口管制；实行商贸信息的公开化、社会化，强化对出口企业厂商的信息服务；拓宽融资渠道；加强出口融资服务；加强对中小企业出口的扶植与鼓励等。

二、建立出口财政性政策措施

当今世界各国都注重建立综合性的出口财政性政策措施。以美国为例。20 世纪 90 年代以来，美国采取了一系列的促进出口的财政措施。

（1）出口免税。美国对出口商品一直实行零关税。

（2）国外销售免税。在本土以外销售商品和服务的美国公司，其海外销售收入可以享受免税待遇。

（3）对外援助。通过援助带动本国商品和劳务出口。

（4）政府加强出口融资工作。

（5）建立“出口扶助中心”。在 19 个大城市成立“美国出口扶助中心”，再辐射到全国 81 个地方所属“中心”。

（6）扶持中小企业出口。

（7）提供信息、开展出口咨询、组织贸易博览会等。

三、出口信贷与保险

（一）出口信贷

出口信贷（Export Credit）是一种国际信贷方式，是世界各国为支持和扩大本国大型设备的出口，加强国际竞争能力，由该国的出口信贷机构通过直接向本国出口商或外国进口商（或其银行）提供利率较低的贷款，或者通过担保、保险或给予其满足国外进口商对本国出口商支付货款需要的一种融资方式。这种由国家组建的出口信贷机构（Export Credit Agencies，ECAs）鼓励本国金融机构对本国出口商或外国进口商或进口国的银行提供优惠贷款，或甚至直接提供贷款的做法叫做官方支持的出口信贷（Officially-supported Export Credits，OSECs），简称出口信贷。

出口信贷分为出口买方信贷和出口卖方信贷两种形式。

出口卖方信贷是指出口商所在国的银行对出口商提供的融资，使得进口商可以在贸易合同中采用延期付款的方式，达到支持出口的目的。它在出口信贷发展的初期占据主要地位。

出口买方信贷是指一国银行为了鼓励本国商品的出口，而向进口商或进口商的银行提供贷款，使得进口商可以用这笔贷款通过支付现汇的方式从贷款国进口商品。它在出口信贷发展成熟时期占据主要地位。

（二）出口信用保险

出口信用保险是国家政策性保险，不以营利为目的，旨在鼓励银行为本国企业出口提供信贷，降低其信贷风险；或者保证出口厂商因出口所受的损失，绝大部分能得到补偿，使本国出口商在世界市场上与他国出口商处于同等的竞争地位。由于出口信用保险的一个主要目的是为了鼓励银行提供出口信贷，因此官方支持的出口信用保险机构也被视为出口信贷机构（ECAs）。

出口信用保险类别包括：普通出口信用险；寄售出口保险；出口汇票保险；出口贷款保险；中长期延期付款出口保险；出口买方信贷担保；海外投资保险；保证商行保险；海外广告保险；国外加工险；国外存货保险；国外仓储保险等。

2005 年，美国政府支持商品出口信贷担保项目达到 45.28 亿美元。

四、出口退税

为了促进出口，世界各国均实行出口退税措施，把如下税收退回给出口厂商。

（1）对出口产品在制造过程中使用和消耗的生产投入品及投入的服务征收的关税和其他前期累积的间接税。

（2）对出口产品在生产和流通过程中征收的间接税。这里的“间接税”是指对销售、执照、营业、增值、特许经营、印花、转让、库存和设备所征收的税。

五、出口补贴

为了扩大出口，政府或公共机构对出口厂商提供的财政资助就是出口补贴。政府提供的出口补贴可以是直接的，也可以是间接的。例如，通过补贴信贷机构、运输企业使得出口企业的信贷成本和运输成本下降，也可能构成出口补贴。

此外，为了保护农业，扩大农产品出口，各国尤其是发达国家（美国和欧盟等）对农产品有巨额出口补贴。这个领域的出口补贴在世界贸易组织中仍然被作为特殊情况而允许存在。

根据 WTO《补贴与反补贴协议》，出口补贴属于禁止性补贴，应该予以取消。在符合一定条件的前提下，进口国可以征收反补贴税。另外，根据 WTO《农业协议》规定的特殊的出口补贴纪律，出口补贴不能增加，只能逐步减少。

第三节 商品和外汇倾销

一、商品倾销

（一）含义

简单地说，商品倾销（Dumping）就是出口厂商以低于该商品国内市场出售的价格，在国外市场上出售商品，其目的是打开市场，战胜竞争对手，扩大销售或垄断市场。

（二）类型

按照倾销的具体目的和时间的不同，商品倾销可分为以下几种：

1. 偶然性倾销

偶然性倾销（Sporadic Dumping）多因为销售旺季已过，或因公司改营其他业务，在国内市场上出现不能售出的“剩余货物”，而以低于成本或较低的价格在国外市场抛售。它对进口国的同类产品的生产当然会造成不利的影响，但由于时间短暂，进口国通常较少采用反倾销措施。

2. 间歇性或掠夺性倾销

间歇性或掠夺性倾销（Intermittent or Predatory Dumping）是指以低于国内价格甚至以低于成本价格，在某一国外市场上出售商品，把该国的生产者挤出该商品的生产领域，形成垄断局面。再借助垄断，提高价格，弥补过去低价出售时遭受的损失。

3. 持续性倾销

持续性倾销（Persistent Dumping）是指在较长时期内以低于国内市场价格在国外市场出售产品，打击竞争对手，以占领并垄断市场。

（三）使用的风险

世界贸易组织负责实施管理的《反倾销协议》认定倾销行为属于不公平贸易行为，允许世界贸易组织成员对有倾销行为国家的贸易厂商进行反倾销。

（四）达到倾销目的的条件

为了使倾销达到目的，出口国应设法不使倾销的商品回流到本国市场，并设法不受到进口国家反倾销等报复措施。

二、外汇倾销

（一）含义

外汇倾销（Exchange Dumping）是指利用本国货币对外贬值以扩大出口的措施。当一国货币贬值后，出口商品以外国货币表示的价格降低，提高了该商品的竞争能力，从而扩大了出口。不仅如此，在货币贬值后，货币贬值国家进口商品的价格相应上涨，从而可以削弱进口商品的竞争力。因此，货币贬值起到了促进出口和限制进口的双重作用。

（二）使用的风险

（1）外汇倾销有利于货物贸易的出口，但会提高进口商品价格，以至推动国内物价上涨。

（2）货币经常贬值影响国家形象，对吸引外资也有不利影响。

（3）受到外汇倾销严重伤害的国家会进行报复。

（三）达到目的的条件

1. 货币贬值的程度大于国内物价上涨的程度

当国内物价上涨程度赶上或超过货币贬值的程度，对外贬值与对内贬值差距也随之消失，外汇倾销的条件也就不存在了。

2. 其他国家未采取相应的贬值和报复

如果他国也实行同等幅度的货币贬值，或采取提高关税等其他限制进口的报复性措施，货币贬值作用将会被抵销。

第四节　经济特区

一、经济特区的含义

经济特区是指一个国家和地区在其关境以外划出的一定范围内，建筑或扩建码头、仓库、厂房等基础设施和实行免除关税等优惠待遇，吸引外国企业从事贸易与出口加工工业等业务活动的区域。各国和地区设立经济特区的目的是促进对外贸易发展，鼓励转口贸易和出口加工贸易，繁荣本地区和邻近地区的经济，增加财政收入和外汇收入。

经济特区的主要形式有：自由港、自由贸易区、出口工业加工区、自由边境区、过境区（又称直接转口港或转口区）、科学工业园区和综合性经济特区，等等。

二、自由港和自由贸易区

（一）含义

自由港（Free Port）又称自由口岸。自由贸易区（Free Trade Zone）又称对外贸易区、自由区、工商业自由贸易区等。

无论自由港还是自由贸易区都是划在关境以外，对进出口商品全部或大部分免征关税，并且准许在港内或区内开展商品自由储存、展览、拆散、改装、重新包装、整理、加工和制造等业务活动，以便本地区经济和对外贸易的发展，增加财政收入和外汇收入。

（二）类型

通常，自由港或自由贸易区可以分为两种类型：一种是把港口或设区所在的城市都划为自由港或自由贸易区，如香港整个是自由港。在整个香港，除了个别商品，绝大多数商品可以自由进出，免征关税，甚至允许任何外国商人在那里兴办工厂或企业。另一种是把港口或设区所在的城市的一部分划为自由港或自由贸易区。

（三）管理规定

许多国家对自由港和自由贸易区的管理规定主要有以下内容：

1. 关税方面的规定

对于允许自由进出自由港和自由贸易区的外国商品，不必办理报关手续，免征关税。少数已征收进口税的商品如烟、酒等若再出口，可退还进口税。但是，如果港内或区内的外国商品转运到所在国的国内市场上销售，则必须办理报关手续，缴纳进口税。

2. 业务活动的规定

对于允许进入自由港或自由贸易区的外国商品，可以储存、展览、拆散、分类、分级、修理、改装、重新包装、重新贴标签、清洗、整理、加工和制造、销毁、与外国的原材料或所在国的原材料混合，再出口或向所在国国内市场出售。

3. 禁止和特别限制的规定

许多国家通常对武器、弹药、爆炸品、毒品和其他危险品以及国家专卖品如烟草、酒、盐等禁止输入或凭特种进口许可证才能输入到自由港和自由贸易区；有些国家对少数消费品进口到自由港和自由贸易区要征收高关税；有些国家对某些生产资料在港内或区内使用也征收关税，例如，意大利规定，在的里雅斯特自由贸易区内使用的外国建筑器材、生产资料等也包括在应征关税的商品之内。有些国家如西班牙，还禁止在区内零售商品。

三、保税区

（一）含义

保税区（Bonded Area）又称保税仓库区，是海关设置的或经海关批准注册的、受海关监督的特定地区和仓库。外国商品存入保税区内，可以暂时不缴纳进口税；如再出口，不缴纳出口税；如要运进所在国的国内市场，则需办理报关手续，缴纳进口税。运入保税区内的外国商品可进行储存、改装、分类、混合、展览、加工和制造等。此外，有的保税区还允许在区内经营金融、保险、房地产、展销和旅游等业务。

因此，许多国家对保税区的规定与自由港、自由贸易区的规定基本相同，起到了类似自由港或自由贸易区的作用。

（二）分类

各国在保税区的仓库，有的是国营的，有的是私营的；有的货物储存的期限为一个月到半年，有的可长达三年；有的允许进行加工和制造，有的不允许加工和制造。下面以日本保税区为例进行说明。

通常，日本规定外国货物运入或运出各种保税区，可暂时免征关税，但应预先向日本海关呈交申报单，取得海关人员的监督，如以后运入日本国内市场时再行缴纳关税。保税区的外国货物如作为样品暂时运出，须经海关批准；保税区的外国货物废弃不用时，应预先向海关申报；保税区的外国货物丢失时，除经海关特别批准者外，均应缴纳关税。按照保税区职能的不同，日本保税区可分为以下五种：

1. 指定保税区

指定保税区（Designated Bonded Area）是为了在港口或国际机场能简便、迅速地办理报关手续，为外国货物提供装卸、搬运或暂时储存的场所。指定保税区是经大藏大臣的指定而设置的。在这个区内的土地、仓库与其他设施都属于国家所有，并由国家设立的机构进行管理。因此，指定保税区是国营的。

2. 保税货棚

保税货棚（Bonded Shed）是指经海关批准，由私营企业设置的用于装卸、搬运或暂时储存进口货物的场所。保税货棚是私营的。由于保税货棚经由海关批准，因此必须缴纳规定的批准手续费，储存的外国货物如有丢失，须缴纳关税。

3. 保税仓库

保税仓库（Bonded Warehouse）是经海关批准，外国货物可以不办理进口手续和连续长时间储存的场所。指定保税区和保税货棚都是为了货物报关的方便和短期储存而设置的。而保税仓库却是为了使货物能在较长时间内储存和暂时不缴纳关税而建立的。如进口货再出口则不必纳税，这就便于货主把握交易时机出售货物，有利于贸易业务的顺利进行和转口贸易的发展。在保税仓库内储存货物的期限为 2 年，如有特殊需要还可以延长。

4. 保税工厂

保税工厂（Bonded Factory）是经由海关批准，可以对外国货物进行加工、制造、分类以及检修等保税业务活动的场所。保税工厂和保税仓库都可储存货物，但储存在保税工厂中的货物可作为原材料进行加工和制造。因此，许多厂商广泛地利用保税工厂，对外国材料进行加工和制造，以适应市场的需要、符合进出口的规章或减轻关税负担。

外国货物储存在保税工厂的期限为两年，如有特殊需要可以延长。

5. 保税陈列场

保税陈列场（Bonded Exhibition）是经海关批准在一定期限内用于陈列外国货物进行展览的保税场所。这种保税场所通常设在本国政府或外国政府、本国企业组织或外国企业组织等直接举办或资助举办的博览会、展览会和样品陈列所内。保税陈列场除了具有保税货棚的职能外，还可以展览商品，加强广告宣传，促进交易的开展。

中国在1984年提出设立保税区的设想。20世纪90年代，在沿海地区逐步建立起了保税区。1990年，中国决定开发上海浦东时，确定在上海外高桥设立开放程度最大、最优惠的保税区。1992年又批准在大连、海南省的洋浦等地设立保税区。

四、出口加工区

（一）含义

出口加工区（Export Processing Zone）是一个国家和地区在其港口或邻近港口、国际机场的地方，划出一定的范围，新建和扩建码头、车站、道路、仓库和厂房等基础设施以及提供免税等优惠待遇，鼓励外国企业在区内投资设厂，生产以出口为主的制成品的加工区域。

出口加工区是20世纪60年代后期和70年代初，由一些发展中国家建立和发展起来的。其目的在于吸引外国投资，引进先进技术与设备，促进本地区生产技术和经济的发展，扩大加工工业和加工出口的发展，增加外汇收入。

出口加工区脱胎于自由港或自由贸易区，采用了自由港或自由贸易区的一些做法，但它又与自由港或自由贸易区有所不同。一般说来，自由港或自由贸易区以发展转口贸易、取得商业方面的效益为主，是面向贸易的；而出口加工区以发展出口加工工业、取得工业方面的效益为主，是面向工业的。

虽然出口加工区与自由港、自由贸易区有所不同，但是由于出口加工区是在自由港、自由贸易区的基础上发展起来的，因此，目前有些自由港或自由贸易区以从事出口加工生产为主，但仍然沿用自由港或自由贸易区这个名称。例如，马来西亚开辟的一些以出口加工为主的区域仍称作自由贸易区。

（二）类型

1. 综合性出口加工区

即在区内可以经营多种出口加工工业。如菲律宾的巴丹出口加工区所经营的项目包括服装、鞋类、电子或电器产品、食品、光学仪器和塑料产品等。目前世界各地的出口加工区大多数是综合性出口加工区。

2. 专业性出口加工区

在区内只准经营某种特定的出口加工产品。例如，印度在孟买的圣克鲁斯飞机场附近建立的电子工业出口加工区，专门发展电子工业的生产和增加这类产品的出口。在区内经营电子工业生产的企业可享有免征关税和国内税等优惠待遇，但所生产的商品产品必须全部出口。

目前许多国家和地区都选择一个运输条件较好的地区作为设区地点。这是因为在出口加工区进行投资的外国企业所需的生产设备和原材料大部分依靠进口，所生产的产品全部或大部分输往外国市场销售。因此，出口加工区多设在国际港口或在港口附近、国际机场附近，使运输方便、运输费用比较节省。

（三）出口加工区的管理

1. 对外国企业在区内投资设厂的优惠规定

（1）关税的优惠规定。对在区内投资设厂的企业，从国外进口生产设备、原料、燃料、零件、元件及半制成品一律免征进口税。生产的产品出口时一律免征出口税。

（2）国内税的优惠规定。不少出口加工区对外国投资的企业提供减免所得税、营业税、贷款利息税等优惠待遇。

（3）放宽外国企业投资比率的规定。各国均有不少出口加工区放宽了对外资企业的投资限制。例如，菲律宾规定，外资企业在区外的外资投资比率不得超过企业总资本的40%，但在区内的外资投资比率不受此项法律的限制，投资比率可达100%。

（4）放宽外汇管制的规定。在出口加工区外资企业的资本、利润、股息可以全部汇回本国。

（5）投资保证规定。许多国家或地区不仅保证各项有关出口加工区的规定长期稳定不变，而且保证对外国投资不予没收或征用。如因国家利益或国防需要而征用时，政府给予合理的赔偿。

此外，对于报关手续、土地仓库和厂房等的租金、贷款利息、外籍职工的职务及其家属的居留权等都给予优惠待遇。

2. 对外国投资者在区内设厂的限制规定

许多国家和地区虽然向外国投资者提供各种优惠待遇，但并不是任其自由投资，而是既有鼓励又有限制，引导外国企业按照本国的经济和对外贸易发展的需要投资设厂。一般有以下几方面的规定：

（1）对投资项目的规定

许多国家或地区往往限制投资项目。例如，菲律宾对巴丹出口加工区可设立哪些工业都作出规定，划出范围。它规定第一期轻工业部门包括陶瓷或玻璃器皿、化妆品、食品生产、电子或电器产品、光学仪器、成衣、鞋类、塑料和橡胶产品等轻型的、需要大批劳工的、供出口的工业。第二期重工业包括综合性纺织厂、汽车厂、机器厂以及其他确有外国市场、需要用大批劳工、进口原料加工出口的工业。

(2) 对投资的审批规定

为了保证投资与加工出口的收益，要求外国投资者必须具备一定的条件。例如，菲律宾在审批投资设厂的出口企业时掌握两项基本标准：一是在经营管理、出口推销和技术、财务管理方面具有一定的基础和经验；二是具有输出商品赚取外汇、吸收劳动力的能力，并能采用国内的原料。

(3) 对产品的销售市场的规定

许多国家或地区规定区内的产品必须全部或大部分出口，甚至对次品或废品也禁止或限制在当地国内市场上出售。即使准许在本国市场上销售，其数量一般不超过总产量的10%。为了防止区内产品与区外的同类本国产品在国外市场上竞争，往往采用禁止或限制该产品在区内投资或者对出口市场加以限制的做法。例如，斯里兰卡规定，不准区内生产的服装向西欧共同市场出口，以排除该产品在西欧共同市场上同本国同类产品的竞争。

(4) 对招工和工资的规定

有些国家或地区对此作了统一规定，以解决就业、工资和劳资纠纷等问题。例如，菲律宾规定，区内工人的最低年龄为14岁以上，不同的工种按其技术的熟练程度规定工资标准，并随着生产和生活指数调整工资水平。

五、其他形式的经济特区

(一) 自由边境区

自由边境区（Free Perimeter）过去也称为自由贸易区，这种设置仅见于拉丁美洲少数国家。一般设在本国的一个省或几个省的边境地区。对于在区内使用的生产设备、原材料和消费品可以免税或减税进口。如从区内转运到本国其他地区出售，则须照章纳税。外国货物可在区内进行储存、展览、混合、包装、加工和制造等业务活动，其目的在于利用外国投资开发边区的经济。

自由边境区与出口加工区的主要区别在于，自由边境区的进口商品加工后大多是在区内使用，只有少数用于再出口。故建立自由边境区的目的是开发边区的经济，因此，有些国家对优惠待遇规定了期限。当这些边境区生产能力发展后，就逐渐取消某些商品的优惠待遇，直至废除自由边境区。例如，墨西哥设立的一些自由边境区到期时，就取消了原有的优惠待遇。

（二）过境区

沿海国家为了便利内陆邻国的进出口货运，开辟某些海港、河港或国境城市作为货物过境区（Transit Zone）。过境区规定，对于过境货物，要简化海关手续，免征关税或只征小额的过境费用。过境货物一般可在过境区内作短期储存，重新包装，但不得进行再加工。

（三）科学工业园区

1. 含义

科学工业园区是指集知识、技术、人才，融科研、教育、生产为一体的科技资源开发区。

2. 类型

科学工业园区的建立由于地区、内外部环境和开发动因不一，形成了如下不同的类型。

（1）新兴工业技术与大学、研究中心相结合的科学园区。例如，美国犹他州首府盐湖城附近的“仿生谷”等。

（2）大学与科研机构相结合的科学园区。例如，日本的“筑波科学城”等。

（3）以吸引外资为主并作为经济性特区组织形式出现的科学园区。例如，中国台湾的“新竹科学工业园区”、新加坡的“肯特岗科技园区”、韩国的“大德科学工业园”等。

（4）高技术产业与科研单位、大学所在空间地理位置上相结合的地理结合型的科学园区。例如，美国的“波士顿128号公路区”、英国的“剑桥科学公园”等。

3. 发展历程与作用

世界上第一个科学工业园是1951年创立于美国加州的“斯坦福科研工业区”，以其为中心发展成为“硅谷”，目前已成为美国最大的电子工业研制中心。20世纪70年代末至80年代初期，德国、法国、日本、比利时、荷兰等国都先后建立了科学园区，掀起了世界范围内建立科学园的热潮。目前，世界上已建成的各种类型的科学工业园有300个左右，其中成型或初具规模的占总数的70%左右，主要分布在欧美各国和亚洲一些国家。其中美国最多，约40多座，绝大部分以大学为依托。西欧国家更多的是兴办小型科学公园，这种园区将现代科技、文化、教育和新兴产业有机地融为一体。日本正规划在全国19个地区选点建设“科技城”，着重发展宇航、生物工程、电脑、机器人、信息处理等14种产业。20世纪80年代以后，中国的科学工业园区也得到了蓬勃发展，已建立起50多个高新技术产业开发区，有21 000多家高新技术企业。

科学工业园区在世界范围内的兴起和发展，是当代世界各国特别是工业发达国家或国家集团之间高新科学、技术竞争的需要，也是现代科学技术发展的必然趋势。它的出现和发展必将极大地加强所在地优化商品的知识密集程度，提高附加值和竞争力。

（四）综合型经济特区

1. 含义

综合型经济特区是指一国在其港口或港口附近等地划出一定的范围，新建或扩建基础设施和提供减免税收等优惠待遇，吸引外国或区外企业在区内从事外贸、加工工业、农牧业、金融保险和旅游业等多种经营活动的区域。1979 年以后，中国设立的经济特区就属于这一种。

2. 中国经济特区的特点

（1）国家统一领导。

（2）综合性多种经营。经营范围包括工业、农业、商业、房地产、旅游、金融、保险和运输等行业。

（3）经济特区的经济发展资金主要靠利用外资，产品主要供出口。

（4）对前来投资的外商，在税收和利润汇出等方面给予特殊的优惠和方便，并努力改善投资环境，以便吸引更多外资，促进特区的对外贸易和经济的发展。

（5）实行外引内联，加强特区与非特区之间的协调与合作，共同促进全国社会主义市场经济建设与发展。

本章小结

为了发展对外贸易，各国采取了促进贸易发展的各种措施。

1. 重视经济外交。经济外交已成为当今世界各国整体外交的重要部分，通过国家领导人交往，参加国际经济贸易组织等，为本国对外贸易发展提供良好的外部环境。

2. 通过各种方式促进出口，其中包括推行出口战略，建立出口财政性政策，通过出口信贷、退税和补贴鼓励出口。

3. 国家可以选择适宜的时机进行外汇倾销，企业可以选择适宜的时机进行商品倾销。

4. 国家通过提供优惠条件，设立经济特区，其中包括：自由港和自由贸易区，保税区，出口加工区，科学工业园区和综合性的经济特区。

思考题

1. 何谓经济外交？
2. 出口信贷的功能是什么？
3. 达到商品倾销和外汇倾销的目的需要什么条件？
4. 综合性经济特区的作用是什么？

第七章 关　　税

学习目标

为了落实对外贸易政策，各国采取了关税措施。本章系统地介绍了各国征收关税的目的、类型，征收依据和关税减让谈判。通过学习，学生应了解关税的作用，知悉关税的类别与作用，掌握关税征收的方法和关税保护度的衡量。

第一节 关税概述

一、关税的含义

关税（Customs Duties，Tariff）是进出口商品进出一国关税境域时，由政府设置的海关向进出口商所征收的税。

（一）海关

海关是设在关税境域上的国家行政管理机构，是贯彻执行本国有关进出口政策、法令和规章的重要工具。其任务是根据这些政策、法令和规章对进出口货物、货币、金银、行李、邮件、运输工具等实行监督管理、征收关税、查禁走私货物、临时保管通关货物和统计进出口商品等。海关还有权对不符合国家规定的进出口货物不予放行、罚款，甚至没收或销毁。

（二）关境

海关征收关税的领域叫做关境或关税领域。通常关境和国境是一致的，但设有经济特区的国家，关境小于国境；而在组成关税同盟的国家，关境大于各成员国的国境。

（三）关税属性

关税是一种间接税。这是因为关税主要是对进出口商品征收，其税负由先进出口贸易商垫付，然后把它作为成本的一部分加在货价上，在货物出售给买方时收回这笔垫款。这样，关税负担最后便转而由买方或消费者承担。

二、关税的双重作用

(一) 关税的积极作用

1. 对外贸易政策的重要措施

在一国的对外关系中，关税可以起到如下作用：第一，关税设置直接影响国家之间的政治与经济关系。若一国随意设置不合理的关税，容易导致国家之间发生贸易战；若设置合理，则能改善国家之间的经贸和政治关系。第二，合理的关税设置有利于国家之间比较优势的发挥，形成相互有利的国际分工。第三，关税的高低影响经贸集团之间的贸易创造、贸易转移、市场的统一和资源的流向与配置。

2. 增加国家财政收入

关税是各国国家财政收入的一部分，但比重在下降。由于发达国家国内市场的发达程度高于发展中国家，关税在国家财政收入中的比重，发达国家比较低，而发展中国家则比较高。如 1992 年，关税在财政收入中的比重，美国为 1.2%，新加坡为 1.64%，巴西为 1.51%，埃及为 9.95%，1993 年日本为 1.7%，1994 年韩国为 4.8%。

3. 调节进出口贸易结构

关税对进口商品的调节作用主要表现在以下几方面：

(1) 对于国内能大量生产或者暂时不能大量生产但将来可能发展的产品，规定较高的进口关税，以削弱进口商品的竞争能力，保护国内同类产品的生产和发展。

(2) 对于非必需品或奢侈品的进口制定更高的关税，达到限制这些商品甚至禁止这些商品进口的目的。

(3) 对于本国不能生产或生产不足的原料、半制成品、生活必需品或生产急需品的进口，制定较低税率或免税，以鼓励进口，满足国内的生产和生活需要。同时，通过设置出口关税，抑制和限制它们的出口，以保留在国内。

4. 通过关税调整贸易差额

当贸易逆差过大时，提高关税或征收进口附加税以限制商品进口，缩小贸易逆差。当贸易顺差过大时，通过减免关税、扩大进口，缩小贸易顺差，以减缓与有关国家的贸易摩擦与矛盾。

5. 调节改善宏观经济和社会环境

对不同产业的进出口货物给予不同的关税待遇，可以调节生产要素的流动方向，实现合理的产业布局。运用关税调节进出口商品的流量，调节商品流通。通过关税的征收与使用，实现国民收入的再分配，维护社会稳定。通过关税调整进口与出口货物的类别，以满足国内不同阶层的需求偏好，改善生活质量。

(二) 关税的消极影响

(1) 进口关税设置过高，会刺激走私活动，造成关税流失。

（2）进口关税太高，保护过分，使被保护的产业和企业产生依赖性，影响竞争力的培育和提高。

（3）关税结构不合理，对企业的保护作用会下降，甚至出现负保护。

三、关税水平

关税水平（Tariff Level）是指一个国家进口、出口关税的平均税率。它可以反映该国征收关税的目的。关税水平的衡量有以下两种计算方法。

（一）简单算术平均法

简单算术平均法（method of simple arithmetic mean）是以一个国家的税则中所有税目的税率之和除以税则中税目总数的方法，可得到关税税率的简单算术平均数。其计算公式为：

关税水平 = 税则中所有税目的税率之和/税则中所有税目之和 ×100%

简单算术平均法的最大优点是计算简单，但它不能真实反映该国家征收关税的目的，看不出关税结构对产业的保护程度。当今世界各国使用者不多。

（二）加权算术平均法

加权算术平均法（method of weighted arithmetic mean）是以一国各种进口商品的价值在进口总值中的比重作为权数，计算关税税率的平均数。具体方法有三种。

1. 全部商品加权平均法

这种方法以一定时期内，一国进口、出口关税总税额除以进口、出口商品总价值得到的加权算术平均数为关税水平。计算公式为：

关税水平 = 进口关税总额/进口商品总值

由于加权算术平均法把各种商品的进口值在进口总值中的比重作为权数，进口值高的商品在计算中赋予了较大的份额，因此有效地克服了简单算术平均法的弊端，使计算结果能比较真实地反映一国的关税水平。但是，若一个国家的税则中税率为零的税目较多，则计算出的结果数值偏低；反之，则偏高。而在各国税则中零税率的商品一般都是该国无须保护的商品。因此，这种方法仍没有把一国关税设置目的与对国内经济的保护程度真实地反映出来。

2. 有税商品加权平均法

有税商品加权平均法是把税则中税率为零的商品的进口值从进口商品总值中扣除，仅以有税税目项下商品进口值相加作为除数的加权平均法。计算公式为：

关税水平 = 进口关税总额/有税商品进口总值

这种计算方法比较真实地反映了一国进口关税的总体水平。

3. 选择性商品加权平均法

在进行国际间关税比较时，有时还采用另一种加权平均法。其公式为：

关税水平 = 有代表性商品进口关税、出口总额/有代表性商品进口、出口总值

加权算术平均法多为各国采用，根据关税减让谈判需要，可分别加以运用。

第二节 关税类别

一、按商品流向分类

（一）进口关税

进口关税是指进口国家的海关在外国商品进入关境时，根据海关税则向本国进口商所征收的税收。

（二）出口关税

出口关税是指出口国家的海关对本国产品输往国外时，对出口商品所征收的税收，由出口商缴纳。

（三）过境关税

过境关税又称通过关税。它是指一国对于通过其关境的外国货物所征收的关税。

当今世界大多数国家实行鼓励出口和限制进口政策，因此进口关税占据主要地位，大多数国家都不征收过境关税。《关贸总协定》第五条规定："缔约国对通过其领土的过境运输……不应受到不必要的耽延或限制，并应对它免征关税、过境税或有关过境的其他费用，但运输费用以及相当于因过境而支出的行政费用或提供服务成本的费用，不在此限。"目前大多数国家在外国商品通过其领土时只征收少量的准许费、印花费、登记费和统计费等。

二、按征税目的分类

（一）财政关税

财政关税又称收入关税，是指以增加国家的财政收入为主要目的而征收的关税。对进口商品征收财政关税时，应考虑三个条件：第一，征税的进口货物必须是国内不能生产或无替代用品而必须从国外输入的商品；第二，征税的进口货物，在国内必须有大量的消费；第三，关税税率要适中或较低，若税率过高，将阻碍进口，达不到增加财政收

入的目的。

随着经济的发展和其他税源的增加，财政关税在财政收入中的重要性已相对降低，关税收入在各国的财政收入中所占的比重普遍呈下降的趋势。

（二）保护关税

保护关税是指以保护本国工农业发展为主要目的而征收的关税。保护关税税率比财政关税高，且随产品的加工程度递增，通常是将进口商品纳税后的价格高出国内同类产品价格的部分作为保护关税的底限。但如果保护关税超过此限过多，也会影响被保护企业竞争力的提高。

（三）惩罚关税或报复关税

一国对他国因对其进行贸易歧视，违背协议，而对从其进口的商品征收的进口附加税。

三、按征税待遇分类

按征税待遇，关税可分为普通关税和优惠关税两种，它们主要适用于进口关税。

（一）普通关税

普通关税又称一般关税，是指对与本国没有签署贸易或经济互惠等友好协定的国家原产的货物征收的非优惠性关税。这种关税税率一般由进口国自主制定，只要国内外的条件不发生变化，则长期使用，税率较高。

（二）优惠关税

1. 含义

优惠关税是指对来自特定国家的进口货物在关税方面给予优惠待遇，其税率低于普通关税。

2. 目的

它一般是在签订有友好协定、贸易协定等国际协定或条约的国家之间实施的，目的是增加签约国之间的友好贸易往来，加强经济合作。

3. 优惠程度

优惠关税一般是互惠关税，即签订优惠协定的双方互相给对方优惠关税待遇，但也有单向优惠关税，即给惠国只对受惠国给予优惠关税待遇，而受惠国对给惠国不提供反向优惠的关税待遇。

4. 类别

（1）最惠国待遇下的关税

最惠国待遇是指缔约国双方相互间现在和将来所给予第三国在贸易上的特权、优惠和豁免同样给予缔约对方，关税当然包括在内。它存在于国家之间，通过多边贸易协定在缔约方之间实施。如1947年关贸总协定缔约方之间和1995年建立的WTO成员之间在关税上可实施最惠国待遇。最惠国待遇关税税率低于普通关税税率，但高于特惠关税税率。

值得注意的是，世界各国在经贸关系中一般都相互给予最惠国待遇，因此最惠国待遇下的关税已经成为一种正常贸易关系情况下使用的关税，已经很难说是一种优惠关税了。为与普通关税区别，人们仍把它作为优惠关税的一种。

（2）特定优惠关税

特定优惠关税，又称特惠税，是指给予来自特定国家的进口货物的排他性的优惠关税，其他国家不得根据最惠国待遇条款要求享受这种优惠关税。特定优惠关税最早始于宗主国与殖民地附属国之间的贸易往来。最典型的是英帝国特惠关税。1932年，英国在渥太华召开了英帝国经济会议，与其各联邦成员国以及各联邦成员国之间相互签订了12个排他性的贸易与关税优惠协定，相互之间使用最优惠的关税。在英国加入欧共体关税同盟后，英联邦特惠集团解散，但英国及其各联邦国之间仍保留一些特惠关税。

第二次世界大战后，在国际上最有影响的特定优惠关税是《洛美协定》。它是1975年2月28日欧洲共同体与非洲、加勒比与太平洋地区46个发展中国家（1987年增至66国）在多哥首都洛美签订的贸易和经济协定。这些发展中国家在第二次世界大战以前都是欧洲联盟国家的殖民地和附属国。欧共体国家为保持原有的经济贸易关系，维护其势力范围，通过《洛美协定》给予这些国家一定的经济援助和关税特惠。根据《洛美协定》，欧共体对来自这些发展中国家的一切工业品和94%的农产品进口免征关税，而欧共体向这些国家的出口产品不享受反向的关税优惠待遇。

（3）普遍优惠制下的关税

普遍优惠制（Generalized System of Preferences，GSP）是发达国家对进口原产于发展中国家的工业制成品、半制成品和某些初级产品给予降低或取消进口关税待遇的一种关税优惠，简称普惠制。普惠制的目的是促进发展中国家向发达国家出口制成品和半制成品，以增加发展中国家的外汇收入，加快发展中国家的工业化进程，促进它们的经济发展。

1968年，在第二届联合国贸易与发展会议上，经过发展中国家的努力和发达国家的让步，通过了关于《发展中国家制成品及半制成品出口到发达国家予以优惠进口或免税进口》的第21（Ⅱ）号决议。该决议确立了普惠制的基本原则、目标和为期十年的实施期限。1970年10月，联合国贸易与发展会议理事会作出了第75（S－Ⅳ）号决议。该决议同意由各发达国家自行制定本国的普惠制方案。1971年6月25日，关贸总协定的各缔约方通过决议，允许各缔约方在实施普惠制期间，暂不受关税及贸易总协定最惠国待遇原则的约束。非普惠制受惠国不得以最惠国待遇为由，要求给惠国给予普惠制优惠。1971 年 7 月 1 日，欧洲共同体公布其实施普惠制方案，此后，其他发达国家或国家集团相继开始实施普惠制。自 1971 年起，普惠制以每十年为一个实施阶段。

普惠制有三个基本原则：（1）普遍性原则。指发达国家应对发展中国家的制成品、半制成品尽可能给予关税优惠。（2）非歧视原则。指应当对所有发展中国家统一实施普惠制，不应区别不同国家实施不同的方案。（3）非互惠原则。指发达国家给予发展中国家的特别优惠待遇，而不应要求发展中国家给予反向对等优惠。

给惠国为了保护本国产业不受普惠制项下商品的冲击，设立竞争需要标准，即指来自受惠国的某种受惠商品的进口，超过当年同类商品的 1/3，就取消下年度该产品的普惠税待遇，被称为“毕业”。鉴于发展中国家的经济发展情况与给惠国和集团本身的经济竞争力变化，各给惠方案都在不断调整。如欧盟 2004 年 7 月，欧盟公布新普惠制方针，“毕业”标准降低，如果享受普惠制待遇的某一类进口产品连续三年超过了欧盟从所有享受普惠制待遇的国家进口的该产品的 15%，则该产品不再享受普惠制待遇。此外，将普惠制重点放在那些最需要的国家，如最不发达国家，经济最脆弱的发展中国家等。

此外，经过关税及贸易总协定八轮关税减让谈判，发达国家的关税水平已经大幅度降低，一些货品实行零关税。因此，普惠制下的关税优惠作用在降低。

四、按常规与临时分类

（一）法定关税

这是指在海关税则上列出的进出口商品的关税税目的税率。

（二）附加关税

1. 含义

附加关税是指海关对进出口商品除征收科目表列出的关税外，再加征额外的关税。它们多发生在进口方面。

2. 目的

为了维护国内市场供应，防止出现资源性产品短缺，有时加征出口附加关税。为防止外国商品倾销和非法补贴，保持公平竞争，对歧视和违规进行惩罚和应对国际收支危机等，就加征进口附加关税。附加关税通常是临时性的，实施目的达到以后就撤销。

3. 进口附加税类别

（1）反倾销税

反倾销税是为了抵制外国商品倾销进口，保护国内相关产业而征收的一种进口附加税，即在倾销商品进口时除征收进口关税外，再征收反倾销税。

在国际贸易竞争中，为了开拓市场，打击竞争对手，出口企业往往以低于本国消费市场同类产品的价格向国外进行产品销售，被称为倾销。受倾销伤害的进口国家为保护国内同类产品产业和相关产业，而对进口的倾销商品征收反倾销税。

与此同时，有些国家为了政治和经济目的，往往滥用反倾销措施，不合理地征收反倾销税。

为了规范反倾销活动，征收合理的反倾销税，在关贸总协定乌拉圭回合谈判中，达成了《反倾销协议》（又称《关于实施关税与贸易总协定第六条的协议》）。其中对实施反倾销税的条件作了具体的规定。其主要内容如下：

① 实施反倾销措施的基本要件。

实施反倾销措施必须具备的三个基本要件，分别是倾销、损害、倾销与损害之间的因果关系。

A. 倾销的确定。《反倾销协议》第二条明确界定了倾销的含义。倾销是指一项产品的出口价格，以低于出口国在正常贸易中供国内消费的同类产品的可比价格，即以低于正常价值的价格进入另一国市场。

产品正常价值的确定有三种方法：一是按正常贸易过程中出口国国内的销售价格；二是按出口国向第三国正常贸易中的出口价格；三是结构价格。一般情况下，应优先采用第一种方法。只有在不能采用第一种方法时，才能采用第二或第三种方法。正常贸易过程中出口国国内销售价格，一般是指被指控出口产品的同类产品在调查期内（通常是1年~1年半），国内市场正常贸易中的成交价（包括批发价格），或销售牌价，或一段时期内的加权平均价。出口价格是指在正常贸易中一国向另一国出口某一产品的价格，也就是出口商将产品出售给进口商的价格。在特定情况下，如果不存在出口价格，或出口价格因进出口商有关联关系等原因不可靠时，可在进口产品首次转售给独立买主的价格基础上推定出口价格。如果该产品不是转售给独立买主，或不是以进口时的状态或条件转售，则进口方可以在合理的基础上确定出口价格。

倾销幅度是对正常价值和出口价格进行适当的比较后确定的。商品正常价值和商品出口价格是两个不同市场的销售价格，不仅在贸易环节上存在差异，其交易水平和渠道也各不相同。因此，在比较这两个数据之前必须进行必要的调整，使之具有可比性。调整时要考虑到以下因素：相同的贸易水平，通常倒推至出厂前的价格水平；尽可能是在相同时间进行的销售；影响价格可比性的差异，包括销售条件、税收、销售数量和产品的物理特征等方面的差异；转售的费用；汇率；产品的同类性等。

B. 损害的确定。《反倾销协议》中所指的损害分为三种情况：一是进口方生产同类产品的产业受到实质性损害；二是进口方生产同类产品的产业受到实质性损害的威胁；三是进口方建立生产同类产品的产业受到实质性的阻碍。

对实质性损害的确定应具有明确的证据，并应审查以下内容：

第一，进口产品倾销的数量情况。包括调查期内被控产品的进口绝对数量，或相对于进口方国内生产或消费的相对数量，是否较此前有大量增长。

第二，进口产品的倾销对国内市场同类产品价格的影响。包括调查期内是否使进口方同类产品的价格大幅下降，或在很大程度上抑制了价格的上涨或本应该发生的价格增长。

第三，进口产品的倾销对国内同类产品、产业产生的影响。应考虑和评估所有影响产业状况的有关经济因素和指标。它们包括销售、利润、产量、市场份额、生产率、投资收益或设备利用率的实际和潜在的下降；影响国内价格的因素；倾销幅度的大小；对流动资金、库存、就业、工资、增长率、筹措资本或投资能力的实际和潜在的消极影响等。

实质性损害威胁指进口方的有关产业虽尚未受到实质性损害，但可以明显预见倾销将对相关产业造成实质性损害，且这种情形非常紧迫。对实质性损害威胁的确定应依据事实，而不是依据指控、推测或极小的可能性。

产业建立受阻是指进口产品的倾销阻碍了新产业的实际建立过程，而不是阻碍建立一个新产业的设想或计划。

C. 倾销与损害之间因果关系的确定。《反倾销协议》规定，进口方主管机构应审查除进口倾销产品以外的、其他可能使国内产业受到损害的已知因素。这些因素包括如下内容：

第一，未以倾销价格出售的进口产品的价格及数量；第二，需求萎缩或消费模式的改变；第三，外国与国内生产商之间的竞争与限制性贸易做法；第四，技术发展、国内产业的出口实绩及生产率等。

《反倾销协议》中的“国内产业”是指国内同类产品的全部生产商，或其产品合计总产量占全部国内同类产品产量的相当部分的那些生产商。但如果生产商与出口商或进口商是关联企业，或者该生产商本身就被指控为倾销产品的进口商，则可以不计算在内。

② 反倾销措施。

反倾销措施包括临时反倾销措施和最终反倾销措施。

A. 临时反倾销措施。临时反倾销措施是指，进口方主管机构经过调查，初步认定被指控产品存在倾销，并对国内同类产业造成损害，据此可以在全部调查结束之前，采取临时性的反倾销措施，以防止在调查期间国内产业继续受到损害。

临时反倾销措施有两种形式：一是征收临时反倾销税；二是要求进口商自裁决之日

起，提供与临时反倾销税数额相等的现金保证金或保函。

进口方主管机构应自反倾销案件正式立案调查之日起60天后，才能采取临时反倾销措施。这种措施的实施时间应尽可能短，一般情况下不得超过4个月，特定情况下可以延长到6~9个月。

B. 最终反倾销措施。在全部反倾销调查结束后，如果有充分的证据证明被调查的产品存在倾销，国内生产同类产品的产业受到损害，且倾销与损害之间有因果关系，则进口方主管机构可以采取最终反倾销措施。最终反倾销措施采取征收反倾销税的形式。

③ 反倾销税的征收与价格承诺。

反倾销税是指在正常海关税费之外，进口方主管机构对倾销产品征收的一种附加税。反倾销税的税额不得超过所裁定的倾销幅度。

除了达成价格承诺的产品，进口方主管机构应在非歧视的基础上，对所有造成损害的倾销产品征收反倾销税，但要根据每一个案件的不同情况，征收不同的、适当的反倾销税。

反倾销税的纳税义务人是倾销产品的进口商，出口商不得直接或间接替进口商承担反倾销税。初裁的反倾销税率与终裁的税率不同时，其不足部分不再补交，而多交部分则应退还。除非进口方主管机构以复审方式决定继续维持反倾销税，反倾销税的征收应自决定征收之日起不超过5年。

价格承诺是指，被控倾销产品的生产商和出口商与进口方主管机构达成协议，出口商提高价格以消除产业损害，进口方相应地中止或终止案件调查。从实际效果来讲，价格承诺也属于反倾销措施的一种形式。

《反倾销协议》规定，若出口商就修改出口价格，或停止以倾销价格向所涉地区出口，向进口方主管机构作出令人满意的自愿承诺，并使主管机构确信倾销的损害性影响已经消除，则主管机构可以中止或终止调查程序，而不采取临时反倾销措施或征收反倾销税。价格承诺协议对承诺者的出口价格进行限制，并通过定期核查等手段对其进行监督。

④ 实施反倾销措施的基本程序。

A. 申请人申请。一般情况下，反倾销调查应基于申请人的申请作为开始。为保证申请人的产业代表性，《反倾销协议》除了规定对国内产业的一般理解外，还规定了进口方主管机构应对产业的代表性进行审核。在表明支持或反对立案申请的企业中，若支持者的集体产量占支持者和反对者总产量的50%以上，且支持者的集体产量不低于国内同类产品生产总量的25%，这些支持者应被认为可代表该产业提出申请。

申请必须以书面形式提出，内容应包括倾销、损害及因果关系的有关材料，缺乏证据的简单判断不能满足立案的要求。

B. 进口方主管机构审查立案。进口方主管机构应审查申请人提供的申请材料的准确性和充分性，以及申请企业的代表性，若有足够的证据证明立案调查是适当的，可就立案问题作出决定。

C. 反倾销调查。进口方在正式决定立案调查后，应立即发布立案公告。公告应载明出口国的名称、涉及的产品、开始调查的日期、申请书列出的倾销的依据和损害存在的概要说明。一般情况下，反倾销调查应在一年内结束，最长不得超过从调查开始之后的 18 个月。

第一，在调查开始后，若存在下列情况，反倾销调查应尽快终止。这些情况包括：无充分证据证明存在倾销或产业损害，或者两者之间没有因果关系。

第二，调查的参与。公告发布后，被控产品的出口商、生产商或其他利害关系方，有权要求参与反倾销调查，陈述自己的观点和意见。

第三，听证会及其他申辩机会。对反倾销作出初裁以后，进口方主管机构将会利用各种机会，进一步核实涉诉双方提供的证据材料，包括举行听证会，听取评论意见及实地核查。

第四，快速审议。对于反倾销调查期间未出口被控产品的厂商，若其在反倾销征税命令有效期间出口相同或相似产品，进口方应采取“快速审议”的办法来确定这些厂商的单独的反倾销税率。

第五，追溯征税。指对那些在临时措施适用之前 90 天内进入消费领域的产品，追溯征收最终反倾销税。追溯征税的条件是：被控产品存在造成损害的倾销的历史记录，或者进口商知道或理应知道出口商在实施倾销，并且该倾销会造成损害；损害是由于在相当短的时期内倾销产品的大量进入造成的。

（2）反补贴税

① 补贴类别。WTO 负责实施管理的《补贴与反补贴措施的协议》将补贴分为禁止性补贴、可诉补贴和不可诉补贴三类。

A. 禁止性补贴。禁止性补贴包括出口补贴和进口替代补贴。

禁止性出口补贴是指法律上或事实上以出口实绩为条件而给予的补贴。

进口替代补贴是指以使用国产货物为条件而给予的补贴。进口替代补贴可以是给予进口替代产业优惠贷款，或为此类企业提供比其他企业更优惠的货物或服务，或在外汇使用方面提供更多的便利条件，或减免此类企业所得税等直接税，或通过允许加速折旧等方式减小所得税税基，等等。

进口替代补贴既可以给生产商，也可以直接给使用者或消费者。如对进口替代产品使用者给予物质奖励，允许该使用者对进口替代设备进行加速折旧，或者对此类设备的增值税予以全额抵扣，对购买进口替代设备提供优惠贷款等。

B. 可诉补贴。指那些不是一律被禁止，但又不能自动免予质疑的补贴。对这类补贴，往往要根据其客观效果才能判定是否符合 WTO 规则。《补贴与反补贴措施协议》对可诉补贴规定了总体原则：即成员方不得通过使用该协议所规定的专向性补贴，而对其他成员的利益造成不利影响。这种不利影响包括以下三种情况：一是对另一成员的国内产业造成损害；二是使其他成员丧失或减损根据《1994 年关贸总协定》所获的利益；三是严重侵害另一成员的利益。

损害是指一个 WTO 成员方政府的补贴对另一个成员方国内产业所造成的实质损害，这与倾销对国内产业造成的损害是非常相似的。

C. 不可诉补贴。《补贴与反补贴措施协议》规定了两大类不可诉补贴：一类是不具有专向性的补贴；另一类是符合特定要求的专向性补贴。不具有专向性的补贴可普遍获得，它是不针对特定企业、特定产业和特定地区的补贴。

符合特定要求的专向性补贴，包括研发补贴、贫困地区补贴、环保补贴。研发补贴是指，对公司进行研发活动的援助，或对高等教育机构、研究机构与公司签约进行研发活动的援助。贫困地区补贴是指，按照一项总体地区发展规划给予贫困地区的援助。环保补贴是指，为促进现有设施适应法律、法规规定的新的环保要求而提供的援助或价格承诺等方式，抵消进口产品所享受的补贴，恢复公平竞争，保护受到损害的国内产业。

② 反补贴税。它是指为抵消进口商品出现禁止性补贴或因可诉补贴对产业构成伤害而征收的关税。与反倾销税类似，征收反补贴税也必须满足三个要件，即证明补贴存在，存在实质性损失，两者之间有因果关系。

③ 反补贴措施与反倾销措施的差异。反补贴措施与反倾销措施非常相似，但两者仍存在一些不同点：

A. 对微量的标准规定不同。在反倾销调查中，2% 或 2% 以下的倾销幅度被认为是微量的；在反补贴调查下，只有补贴低于从价金额的 1%，才能被视为微量，对发展中成员适用的比例还要高一些，即可以低于 2%。

B. 对忽略不计的标准规定不同。在反倾销调查中，如果某一成员倾销的产品对特定市场的出口量不足该市场进口总量的 3%，则该进口量可忽略不计，除非这一比例均低于 3% 的几个成员的合计比例超过 7%；在反补贴调查中，针对发展中成员的这一比例为 4%，作为例外的合计比例。

C. 邀请磋商是发起反补贴调查成员方的义务，而反倾销调查中不存在此类规定。《补贴与反补贴措施协议》要求进口方主管机构在接受国内产业有关申请后，最迟应在发起调查前邀请可能被调查的成员进行磋商，以澄清有关被指证的事项，寻求达成双方满意的解决办法。

D. 价格承诺的方式有所不同。反补贴中的价格承诺有两种形式：一是出口商同意修改其价格，以消除补贴的有害影响；二是出口方政府同意取消或限制补贴，或采取其他能消除补贴影响的措施。而在反倾销的价格承诺中，不存在政府承诺的问题。

(3) 报复关税

报复关税是指贸易一方发现对方出现歧视性待遇，违背贸易法规或拒绝接受 WTO 裁决后，可以通过征收报复关税的办法应对。报复关税税率依受害程度而定。当被诉方取消不公平待遇、歧视性待遇和接受裁决后，报复关税随之取消。

第三节　关税征收、减免与配额

一、关税征收

关税征收是指海关依据海关税则，向进出口贸易商征收的税。

(一) 海关税则

海关税则（Customs Tariff）又称关税税则，是一国对进出口商品计征关税的规章和对进出口的应税与免税商品加以系统分类的一览表。海关税则一般包括两个部分：一部分是海关课征关税的规章条例及说明；另一部分是关税税率表。

关税税率表主要包括三个部分：税则号列（Tariff No. 或 Heading No. 或 Tariff Item），简称税号；货物分类目录（Description of Goods）；税率（Rate of Duty）。

1. 海关税则的货物分类

海关税则的货物分类方法，主要是根据进出口货物的构成情况，对不同商品使用不同税率以及便于对进出口货物统计需要而进行系统的分类。各国海关税则的商品分类方法多以《商品名称及编码协调制度》作为商品分类的基础。

20 世纪 70 年代初海关合作理事会设立了一个协调制度委员会，研究并制定了《商品名称及编码协调制度》，简称《协调制度》（Harmonized System，HS）。《协调制度》将商品分为 21 类 97 章，第 97 章留空备用，章以下设有 1 241 个四位数的税目，5 019 个六位数的子目。四位数的税目中，前两位数表示项目所在的章，后两位数表示项目在有关章的排列次序。例如税目为 01 · 04 是绵羊、山羊，前两位数表示该项目在第一章，后两位表示该商品为第一章的第四项。六位数的子目，即表示包括税目下的子目，例如，5202 为废棉；5202 · 10 为废棉纱线。

2. 海关税则的种类

依据关税的栏目，海关税则可分为单式与复式税则；依据税则制定权，可分为自主税则和协定税则。

（1）单式税则和复式税则。

单式税则（Single Tariff）又称一栏税则。它是指一个税目只有一个税率，适用于来自任何国家的商品，没有差别待遇。现在只有少数发展中国家如委内瑞拉、巴拿马、冈比亚等实行此税则。

复式税则（Complex Tariff）又称多栏税则。它是指在一个税目下订有两个或两个以上的税栏，对来自不同国家的进口商品，适用不同的税率，现为绝大多数国家采用。

（2）自主税则和协定税则。

自主税则（Autonomous Tariff）又称国定税则，是指一个国家的立法机构根据关税自主原则单独制定而不受对外签订的贸易条约或协定约束的一种税率。

协定税则（Conventional Tariff）是指一国与其他国家或地区通过谈判，以贸易条约或协定的方式确定的关税率。

这两种税则均可设置单式税则和复式税则。当今世界绝大多数国家采用的是协定税则。

（二）计税标准

海关在计征各种商品的关税时，从收取最大税额的角度考虑，对不同的商品设置不同的征税方法。各国海关通常使用的计税方法有：从价税、从量税、混合税和选择税。此外，还有滑准税和季节税等。

1. 从量税

从量税是按货物的计量单位（重量、长度、面积、容积、功率、件数等）作为课税标准。其表示为每计量单位后的货币单位。多应用于体积较大而价值较少的初级产品。

从量关税额的计算公式为：

关税税额＝商品进口数量×从量关税税率

从量税的特点是：（1）计税方法简单，有利于进出口货物的迅速通关。（2）对质次价廉的进口商品抑制作用较大，保护作用较强；对质优价高的进口商品抑制作用较小，保护作用较弱。（3）可防止以低价伪报进口的偷逃税。（4）税率不能随物价的涨落经常更改。因此，当贸易价格上涨时，因从量税税率固定不变，税负相对下降，财政收入和保护作用相应降低。反之，当贸易价格下降时，税负不会减少，财政收入和保护作用不会削弱。（5）对一些新产品、古玩、艺术品等难以制定从量税税率。

因制成品在国际贸易中已占绝对比重，现在单独使用从量税的国家已经很少。

2. 从价税

从价税是以课税对象的价值量为课税标准的征收方法，税率一般表现为应税税额占货物价格或价值的百分比。

从价税额计算公式为：

从价税额 = 完税价格 × 从价税率

从价税有以下特点：第一，税负公平合理。按照货物的贵贱确定应纳税额，价高税高，价低税少，符合税收中性化原则。从价税还可以使关税负担随价格变动而增减，有助于实现纳税负担的合理。第二，征收方法简单。由于从价税进出口货物的价格为征收关税的标准，同一类货物不必因为质量的差异而分别纳税。第三，有利于各国关税水平的相互比较。从价税税负明确，其税率以百分数表示，便于比较。第四，容易普遍实施。任何国际贸易的商品都有价格，因此，从价税率既能比较容易地体现立法者的原意，又能适用于所有商品。

从价税也有一些不足，主要是完税价格难以审定。它受纳税人诚信度、进出口货物价格信息能否及时获取、国际贸易条件变化等的影响。要确定进出口货物价格的真实性、合理性十分困难。由于货物价格难以审定，海关需要一套复杂的海关估价制度和稽查制度来确定货品价格，所以会延缓通关，增加关税计征的成本。

从价税是世界大多数国家使用的主要计税标准。由于进出口商品的成交方式不同、买卖双方承担的义务和风险不同，销售价格多种多样，很多国家规定以商品的 CIF 价格为进口商品完税价格的税基，以商品的 FOB 价格为出口商品完税价格的税基。但也有一些国家，如美国、加拿大等国的进口税完税价格是以 FOB 价格为税基。

为了多征收关税或保护本国市场，各国海关有意通过变相办法高估进口商品价值，成为危害国际贸易发展的非关税壁垒。为了减少由此给国际贸易带来的障碍，使海关估价规范化，在关贸总协定“东京回合”中，缔约方通过谈判，达成《关于实施关贸总协定第七条的协议》（亦称《海关估价守则》）。乌拉圭回合对该守则修订和完善后，达成了《海关估价协议》，确定了海关估价的通用方法。

（1）以进口货物的成交价格确定完税价格。运用这一方法确定的完税价格，是指出口成员方的货物到达进口成员方关境后，进口成员方海关根据成交情况对进口商实付或应付成交价格进行调整后的价格。

（2）以相同货物的成交价格确定完税价格。在无法采用进口货物成交价格方法确定进口货物的完税价格时，进口成员方海关可采用相同货物的成交价格确定完税价格。

相同货物指与进口货物原产国或地区、原生产者生产的货物各方面完全相同的货物。相同货物是指货物物理特性、质量和声誉等方面均相同。如果该进口货物原生产者不再生产相同货物，可使用同一生产国其他生产者生产的货物作为相同货物，货物外形的细小差别可忽略不计。

（3）以类似货物的成交价格确定完税价格。在不能依次采用上述两种估价方法时，进口成员方海关可采用类似货物的成交价格确定完税价格。

类似货物指在材料组成及特性上与进口货物原产国、原生产者生产的货物相似，具备同样功能且商业上可互换的货物。如果该进口货物原生产者不再生产类似货物时，可使用同一生产国其他生产者生产的货物作为类似货物。

（4）以倒扣价格方法确定完税价格。在不能依次采用上述三种估价方法时，进口成员方海关可采用倒扣价格方法确定完税价格。倒扣价格指根据进口货物或相同货物或类似货物在进口方的销售价格，扣减货物进口及销售时产生的某些特定费用。特定费用具体包括在进口方发生的佣金、利润，为推销和销售货物直接和间接产生的一般费用、运费、保险费及有关费用，关税及其他费用和增值税等国内税。是否扣减海上运输费、保险费和港口装卸费，由进口成员方海关根据本国有关法规决定。

（5）以计算价格方法确定完税价格。若不能依次采用上述四种估价方法，进口成员方海关可采用计算价格方法确定完税价格。计算价格是指进口货物的生产成本，加上从出口方向进口方销售同级别或同种类货物通常所获得的利润，以及为推销和销售货物直接和间接产生的一般费用等。

（6）以“合理”方法确定完税价格。在无法完全按照上述五种估价方法确定完税价格时，进口成员方海关可采用“合理”方法确定完税价格。

“合理”方法是指海关可采用其他符合《海关估价协议》原则的合理的方法来估价，包括对上述各种估价方法进行灵活处理，以其中最容易计算的方式确定完税价格。

3. 复合税

复合税又称混合税，是指在海关税则中，对一个税目中的商品同时使用从价、从量两种标准计税，以两者之和作为应税额而征收的一种关税。

由于从价、从量两种计税标准各有优缺点，两者混合使用可以取长补短，有利于关税作用的发挥。

复合税额的计算公式为：

关税税额 = 货物进口数量 × 从量关税税率 + 完税价格 × 从价税率

4. 选择税

选择税是指在海关税则中对同一税目的商品订有按从价标准和按从量标准计征税款的两种税率，可根据增加税额的需要选择其中一种计算应征税款。

选择税的使用要依照国际市场价格的变动。在应税商品价格上涨时，因从量税的单位应税额不能及时调整，税额相对降低，则可选择从价计税；在应税商品价格下跌时，从价计税税额相对降低，则可选择从量计税；对质次价廉的进口商品或商人低报价格的商品，均可按从量标准计征关税。

5. 滑准税

滑准税是在海关税则中，对同一税目的商品按其价格的高低分开档次并依此制定不同税率，依该商品的价格高低而适用其不同档次税率计征的一种关税，也称滑动税。其目的是使该商品的国内市场价格保持在一定的水平上，免受或少受国际市场价格波动的影响。

滑准税的优点在于它能平衡物价，保护国内产业发展。缺点是使交易容易出现投机行为。

滑准税的一种典型形式是差价税。差价税的税率是按照进口货物价格低于国内市场同类货物价格的差额来确定的，又称“差额税”或“不定额税”。差价税可分为部分差价税、全部差价税和倍数差价税等几种。部分差价税是对进口货物价格与国内市场价格差额作部分征税，以鼓励此种货物进口；全部差价税或倍数差价税是对进口货物价格低于国内市场同类价格的全部差价或差额倍数征收关税，其目的是限制进口。差价税通常没有固定税率，多是根据进口货物逐件进行计征。

欧盟为保护成员的农业，对进口的农产品多采用差价税。

6. 季节税

季节税是对有季节性的鲜货、果品、蔬菜等产品，按其进口季节不同制定两种或两种以上的税率，在旺季采用高税率，在淡季采用低税率计征的一种关税。其目的是维护供销平衡和稳定市场。

（三）通关手续

通关手续又称报关手续，是指出口商或进口商向海关申报出口或进口，接受海关的监督与检查，履行海关规定的手续。办完通关手续，结清应付的税款和其他费用，经海关同意，货物即可通关放行。通关手续通常包括货物的申报、查验、征税和放行环节。

二、关税减免

（一）含义

关税减免是指由于进口国经济、政治等方面的原因或根据国际条约、惯例，需要免除某些纳税义务人或某些进出口应税货品的纳税义务。

（二）减免依据

由于各国国情不同，各国关税减免制度的内容也不一致。为了方便国际贸易和其他国际交流的进行，海关合作理事会在《关于简化与协调海关业务制度的国际公约》中推荐了一些应予关税减免的范围，建议各国采用，但不限制各国给予进一步的方便和优惠。

（三）减免范围

（1）有关国际协定中规定的货品：如联合国教科文组织《关于进口教科文材料的协定》、《促进教科文视听材料的国际交流的协定》中规定的教科文物品；《国际民航公约》列出的器材；《关于便利进口商业货样和广告品的国际公约》中所指的价格低廉的商业样品和广告品等。

（2）无商业价值的样品：如按其大小除展出外无其他用途的原材料及产品；按商业惯例粘附在卡片上或作样品用的非贵重材料制品。

（3）人体治疗物质、血型鉴定和组织分类试剂。

（4）因迁居而进口的动产。

（5）布置第二居所使用的家具和家用物品。

（6）其他：嫁妆和结婚礼品，学习用品，遗产，个人礼物，送给慈善或救济机构的物品，奖品，阵亡将士墓用材料，宗教用品，供测试用的产品，供牲畜在运输途中食用的草料和饲料，供运输途中货物防护用的产品和材料，进境供旅客、船员或乘务员以及运输工具自身所需的备用物料。

（四）减免关税的批准和约束条件

在批准程序方面，各国要提供方便和简化手续，减免税进口后的货物必须在海关准予减免税进口时核准的用途范围内使用，不得用于其他用途或销售。

三、关税配额

（一）含义

关税配额是对一定数额以内的进口商品，给予低税、减税或免税待遇；对超过数额的进口商品则征收较高的关税。多用于农产品的进口。如美国为保护国内农业生产者利益，对部分农产品实行关税配额。如脱脂奶粉，配额内平均关税税率为2.2%，配额外平均关税税率则为52.6%。

（二）关税配额类别

按商品进口的来源，关税配额可分为全球性关税配额和国别关税配额。按征收关税的目的，可分为优惠性关税配额和非优惠性关税配额。其意是对关税配额内进口的商品给予较大幅度的关税减让，甚至免税，而对超过配额的进口商品即征收原来的最惠国税率。

第四节 关税保护度

关税的保护程度是衡量或比较一个国家对进口商品课征关税给予该国产业的保护所达到的水平。它用名义保护率和有效保护率来表示。

一、关税名义保护率

名义保护率（NPR）是指对一商品由于实行关税保护而引起的国内市场价格超过国际市场价格的部分与国际市场价格的百分比。其计算公式为：

$$NPR = (P' - P)/P \times 100\%$$

式中，P 为进口商品的国际市场价格；P′为进口商品的国内市场价格。

在关税保护下，进口商品的价格提高了，国内生产的同类商品得以以相同的价格出售，使该商品生产的产业得到保护。国内市场价格的提高所导致的国际市场与国内市场价格的差，就是该国关税对该商品提供的保护。这一价格差与该商品的国际市场价格的比率，即为名义保护率。例如，在国际市场上某种汽车的售价为每辆 10 000 美元，对其进口征收 10% 的关税，则该国国内同类汽车售价可从 10 000 美元提高到 11 000 美元。那么，该国对汽车的名义保护率为：（11 000 - 10 000）/10 000 × 100% = 10%。

二、关税有效保护率

（一）有效保护理论的提出与发展

第二次世界大战以后，世界经济发生了巨大变化。以跨国公司为主体的资本国际化兴起，形成世界范围内的专业化分工生产，使中间产品的贸易量不断扩大，它对关税名义保护率的保护程度提出了挑战。

经济学家巴拉萨（Bela Balassa）指出，经济学家们传统地把注意力集中在最终产品贸易上，似乎全部生产阶段均在一国内完成，从而仅限于考察关税（名义保护率）对这类贸易的影响。但是，由于中间产品贸易的存在，名义保护率就不足以说明保护的真实程度。因为事情的结果必然受到对加工活动保护的影响，而不是受到最终产品本身的保护的影响。同时，中间产品贸易在国际交换中占有相当大的比重，若把机械设备作为投入品看待，那么，这类产品占世界贸易的 4/5。1955 年，加拿大经济学家巴伯（C. L. Barber）在《加拿大关税政策》一书中，首次提出了有效保护（Effective Protection）的概念。1970 年，在关税及贸易总协定秘书处和瑞士国际问题研究所的主持下，在日内瓦召开了第一届有效保护理论的国际性会议，并出版了论文集《有效关税保护》(Effective Tariff Protection)，对关税有效保护进行了深入研究。

（二）有效保护的概念

关税有效保护率是指一种加工产品在关税结构作用下带来的增加值的增量与其在完全自由贸易（指无税）条件下加工增加值的百分比。如以 ERP 表示有效保护率，V 表示完全自由贸易条件下某一产品生产过程的增值，V′表示在各种关税保护措施作用下该产品生产过程的增值，则该产业的关税有效保护率公式为：

$$ERP = (V' - V)/V \times 100\%$$

（三）有效保护率与名义保护率的区别

有效保护率关注的是在产品生产增值过程中，考察关税对被保护行业的生产过程所产生的影响。而名义保护率关注的是被保护产品的市场价格差异。仍以上例为例加以说明。

1. 名义保护率

在国际市场上某种汽车的售价为每辆 10 000 美元，某进口国的国内市场相同汽车的价格在关税保护（征收关税 10%）下为每辆 11 000 美元。那么，该国对汽车的名义保护率为：(11 000 - 10 000)/10 000 × 100% = 10%。显然，在这种情况下，名义保护率等于进口商品的从价税率。

2. 有效保护率的提升

假设国际市场上汽车售价为每辆 10 000 美元，整套散件每套售价 8 000 美元。该国对汽车及其整套散件实行完全自由贸易。如忽略进口运输、保险等有关费用，该国国内市场上汽车及其整套散件价格应与国际市场相同。此时，国内汽车组装生产的加工装配增值为 2 000 美元。如该国对汽车实行保护，征收 10% 的关税，而对其整套散件仍实行完全自由贸易。纳税以后，国内汽车价格可从 10 000 美元提高到 11 000 美元，则装配过程增值为 11 000 美元 - 8 000 美元 = 3 000 美元。根据有效保护率公式，可知对汽车的保护从名义保护率的 10% 变为有效保护率的 50%。

$$ERP = (3\,000 - 2\,000)/2\,000 \times 100\% = 50\%$$

3. 有效保护率的逆转

假如对汽车的进口征税不变，但对汽车整套散件不再实行自由贸易，而要征收 20% 的关税，则汽车整套散件的国内市场售价从 8 000 美元提高到 9 600 美元。那么装配过程的增值为 11 000 美元 - 9 600 美元 = 1 400 美元，其有效保护率为 -30%。

$$ERP = (1\,400 - 2\,000)/2\,000 \times 100\% = -30\%$$

由此可见，由于对其投入品汽车整套散件加征关税，结果使汽车装配产业的保护从正保护转变为负保护。

三、关税有效保护率的政策意义

（一）有效保护与关税结构

关税结构亦称关税税率结构，是指一国关税税则中各类商品关税税率的构成。通常，各国关税税率随着初级产品、半制成品到制成品而不断提高。在制成品关税税率高于其投入品的关税税率，可使关税有效保护率高于关税名义保护率。但是，如果其投入品关税税率等于或高于制成品的税率，则会降低关税名义保护的实际有效保护，甚至出现负保护。因此，要以关税对国内产业提供切实保护时，要考察一国关税为该国某个产业提供的保护程度，也要考察该国的关税升级结构。

（二）有效保护与关税减让谈判

关税的有效保护既然取决于一国的关税结构，那么，在按一揽子减税方法进行关税减让谈判时，若大幅度削减投入品的关税税率，小幅度或不削减进口同类成品的关税税率，就可以在降低总体关税水平时，而对产业的有效保护形成不降、少降甚至提高的状况。

（三）有效保护与关税制度

1. 海关监管下的加工制度

海关监管下的加工制度（Processing Under Customs Control，PUCC）是允许某些货物在进入关境内自由流通前，暂时不征收关税，在海关监管下进行加工，然后按加工后的状态适用税率计征关税的一种海关制度。在各国产业中有时一类产出品的投入品由于某种原因必须以高关税保护，而该产出品作为其他行业的投入品又受到这些行业的限制，不能提高关税税率。在投入产出系数较大的条件下，投入品税率高于产出品的税率将导致负保护。此时生产者有可能把产出品的生产过程从境内转向境外。而海关监管下的加工制度可以避免这种情况的发生。

2. 加工贸易保税和复出境退税

有效保护理论说明，对国内生产的出口产品的原进口投入物品实行保税，或对加工后复出境的产品实行退还其进境时征收的关税和进口环节的国内税，使投入品的税率为零，可避免该产业出现负保护和提高有效保护度。

（四）有效保护与产业政策

根据国家既定的产业政策，以关税有效保护理论制定关税结构，可以加强对产业整体的有效保护程度，促进产业目标的实现。

第五节 关税减让谈判

一、关税减让的含义

关贸总协定和 WTO 的关税减让，内容包括：削减关税并约束减让后的税率；约束现行的关税水平；约束上限税率；约束低关税或零关税。

二、关税减让谈判的基础与原则

（一）关税减让谈判的基础

1. 商品基础

关税谈判的商品基础，是各国的海关税则上列出的商品。在谈判中以协调税则税号确定商品范围。

2. 税率基础

税率基础是关税减让的起点，每次谈判的税率基础是不同的。通常是把前次谈判确定的税率作为约束税率，作为进一步谈判的起点。对于没有约束税率的商品，谈判方要共同确定一个税率。加入 WTO 时关税谈判的基础税率，通常是申请方开始进行关税谈判时国内实施的关税税率。

（二）关税减让谈判的原则

1. 互惠互利

互惠互利是关税谈判的基础，各方只有在互惠互利的基础上才能达成协议。互惠互利应从整个国家的贸易发展出发，而不能仅局限于具体和局部的关税谈判。互惠互利也并不意味着在所有的关税谈判中，谈判双方都要作出减让承诺。如在加入 WTO 关税减让谈判时，承诺关税减让的只是申请加入方。它在加入 WTO 后，可以获得原成员方在多边谈判中已作的关税减让承诺。

2. 考虑对方需要

关税谈判应充分考虑谈判对方的实际需要，其中包括：产业发展的实际需要，发展中国家以关税保护本国产业和增加财政收入的特殊需要；其他方面的需要等。

3. 对双边谈判情况保密

通常，关税减让谈判先由双边谈判开始，为保证整个谈判顺利，需要双方对谈判承诺的内容在整体谈判结束前要保密。

4. 按照最惠国待遇原则实施

关税谈判达成的具体结果，要按照最惠国待遇原则，对 WTO 所有成员实施。

三、关税减让谈判权的确定

只有享有关税谈判权的成员才可参加关税谈判。凡具备以下条件之一者，可享有关税谈判权。

1. 产品主要供应利益方

在谈判前，一个 WTO 成员如果是另一个 WTO 成员进口某项产品的前三位供应者，则该成员对这项产品享有主要的供应利益，被称为有主要供应利益方，通称主要供应方。它有权向对方提出关税谈判的要求。

此外，如某个成员的某种产品出口额占其总出口额的比重最高，该成员虽然不具有主要供应者的利益，但应被视为具有主要供应利益，与主要供应方一样，也有权要求参加关税减让谈判。

2. 产品实质供应利益方

在谈判前，一个 WTO 成员某项产品的出口在另一方进口贸易中所占比例达到 10% 或 10% 以上，则该成员对这项产品享有实质供应利益，被称为有实质供应利益方。它有权向被供应方提出关税谈判的要求。

如果一个 WTO 成员对某项产品在谈判时不具有主要供应利益，也没有实质供应利益，但这项产品在该成员的出口中处于上升的发展阶段，今后可能成为该成员有主要供应利益或有实质供应利益的产品；或者这项产品在世界其他国家已成为该成员具有主要供应利益的产品，则该成员一般被视为具有"潜在利益"。它也有权要求进行关税谈判，但是否与之谈判要由进口方决定。

3. 最初谈判权方

一个 WTO 成员与另一方就某项产品的关税减让进行了首次谈判，并达成协议，则该成员对这项产品享有最初谈判权，通常称为有最初谈判权方。当作出承诺的一方要修改或撤回这项关税减让时，应与有最初谈判权方进行谈判。

最初谈判权的规定，是为了保持谈判方之间的权利与义务平衡。最初谈判权方一般都具有主要供应利益，但具有主要供应利益方，不一定对某项产品要求最初谈判权。

在双边谈判中，有些国家对某项产品并不具有主要供应利益或实质供应利益，但这些国家认为，它们对该产品有潜在利益，因而要求最初谈判权，此时，谈判的另一方不得拒绝。给予最初谈判权的产品品种的多少，由双方谈判确定。这种情况一般出现在非 WTO 成员加入时的关税谈判中。

四、关税减让谈判的类型与方式

（一）关税减让谈判的类型

1. 多边关税减让谈判

当今，多边关税谈判是指由所有 WTO 成员参加的，为削减关税壁垒而进行的谈判。多边关税谈判可邀请非成员参加。1947 年关贸总协定主持下的八轮多边贸易谈判中的关税谈判，就属于多边关税减让谈判。

2. 修改或撤回减让表的关税谈判

修改或撤回减让表的关税谈判是指，一个 WTO 成员修改或撤回已作出承诺的关税减让，包括约束税率的调整或改变有关税则归类，与受到影响的其他成员进行的谈判。这种谈判以双边方式进行。

有资格参加修改或撤回减让的关税谈判成员，包括有最初谈判权的成员、有主要供应利益或实质供应利益的成员。但获得补偿的成员不是所有有资格谈判的成员，申请方仅对具有主要供应利益或实质供应利益的成员给予一定的补偿。

对有最初谈判权的成员，如果在申请方提出申请时，既不具有主要供应利益，也不具有实质供应利益，则该成员虽然可以要求与申请方进行谈判，但申请方可以以该成员没有贸易利益为由，而不给予补偿。

3. 加入 WTO 关税谈判

任何一个加入 WTO 的申请方都要与原成员方进行关税谈判，以削减并约束申请方的关税水平，作为加入后享受多边关税减让成果的补偿。

加入时的关税谈判，减让是单方面的。申请方有义务作出关税减让承诺，无权向成员方提出关税减让要求。

加入时的关税谈判资格，一般不以是否有主要供应利益或实质供应利益来确定。任何成员均有权向申请方提出关税减让要求，是否与申请方进行谈判，由各成员自行决定；要求谈判的成员也可对某些产品要求最初谈判权，申请方不得拒绝。

（二）关税减让谈判的方式

1. 产品对产品谈判

它是指一个 WTO 成员根据对方的进口税则产品分类，向谈判方提出自己具有利益产品的要价单，被要求减让的一方根据有关谈判原则，对其提出的要价单按其具体产品进行还价。提出要价单的一方通常称为索要方。索要方在提出的要价单中，一般包括具有主要供应利益、实质供应利益及潜在利益的产品关税减让要求。

2. 公式减让谈判

它是指对所有产品或所选定产品的关税，按某一议定的百分比或按某一公式削减的谈判。公式减让谈判是等百分比削减关税，因而对高关税的削减幅度会较大，对低关税的削减幅度较小。

3. 部门减让谈判

它是指将选定产品部门的关税约束在某一水平上的谈判。部门减让的产品范围，一般按照《商品名称及编码协调制度》的6位编码确定。

在部门减让谈判中，将选定产品部门的关税统一约束为零，则该部门称为零关税部门；将选定产品部门的上限关税税率统一约束在某一水平，则该部门称为协调关税部门。

在1947年关贸总协定和WTO的关税谈判中，这几种谈判方式被交叉使用，没有固定模式，通常是以部门减让及产品对产品谈判方式为主。

五、乌拉圭回合关税减让谈判成果

在1947年GATT的主持下，从1986年到1993年举行了乌拉圭回合多边贸易谈判，参加谈判的117个国家和地区就关税减让达成了如下成果。

（一）工业制成品

（1）关税减让：发达国家减让关税40%，发展中国家和经济转型国家各为30%。

（2）约束关税①并承诺不再提高，发达国家和经济转型国家98%的进口工业品纳入约束关税。发展中国家的进口货物中，纳入约束税率的比例为73%左右。

（二）农产品

（1）通过关税化取消全部非关税措施。

（2）对于关税化形成的新关税和其他关税进行约束，使它们不再提高。

（3）发达国家削减约束关税的36%，发展中国家削减24%。

（三）各种类型成员方的关税税率变化

经过乌拉圭回合多边贸易谈判，各类型成员方的工业品的加权平均关税均呈下降趋势。发达国家整体工业制成品的加权平均关税从乌拉圭回合之前的6.3%下降到乌拉圭回合后的3.8%，经济转型国家整体从8.6%下降到6.0%，发展中国家均有程度不同的下降。详细情况见表7.1、表7.2和表7.3。

---

① 世贸组织任一成员都不能随意将其关税税率提高到超过其减让表所载明的约束税率水平。减让表中按产品逐项列明产品谈判的税率以及经过谈判成员同意约束的税率。在贸易谈判中，一个成员可以同意：约束其现行税率（如10%）或零关税；或削减税率，例如从10%降到5%，并约束削减后的税率。一个成员也可以用一个上限税率来约束其关税。

表 7.1 乌拉圭回合前后各发达国家成员工业品的加权平均关税（%）

发达国家成员	贸易加权平均关税	
	乌拉圭回合之前	乌拉圭回合之后
发达国家	6.3	3.8
澳大利亚	20.1	12.2
澳地利	10.5	7.1
加拿大	9.0	4.8
欧盟	5.7	3.6
芬兰	5.5	3.8
冰岛	18.2	11.5
日本	3.9	1.7
新西兰	23.9	11.3
挪威	3.6	2.0
南非	24.5	17.2
瑞典	4.6	3.1
瑞士	2.2	1.5
美国	5.4	3.5

资料来源：International Trade Centre UNCTAD/WTO，Business Guide To the Uruguay Round，p. 245.（不含石油）

表 7.2 乌拉圭回合前后各经济转型成员工业品的加权平均关税（%）

经济转型成员	贸易加权平均关税	
	乌拉圭回合之前	乌拉圭回合之后
经济转型经济体	8.6	6.0
捷克共和国	4.9	3.8
匈牙利	9.6	6.9
波兰	16.0	9.9
斯洛伐克共和国	4.9	3.8

资料来源：同表 7.1，p. 247（不含石油）。

表 7.3　乌拉圭回合前后各发展中国家成员工业品的加权平均关税（单位：百分比）

发展中成员	贸易加权平均关税	
	乌拉圭回合之前	乌拉圭回合之后
阿根廷	38.2	30.9
巴西	40.6	27.0
智利	34.9	24.9
哥伦比亚	44.3	35.1
哥斯达黎加	54.9	44.1
萨尔瓦多	34.5	30.6
印度	71.4	32.4
韩国	18.0	8.3
马来西亚	10.2	9.1
墨西哥	46.1	33.7
秘鲁	34.8	29.4
菲律宾	23.9	22.2
罗马尼亚	11.7	33.9
新加坡	12.4	5.1
斯里兰卡	28.6	28.1
泰国	37.3	28.0
土尔其	25.1	22.3
委内瑞拉	50.0	30.9
津巴布韦	4.8	4.6

资料来源：同表 7.1，p. 246。

本章小结

1. 关税是各国落实对外贸易政策的主要手段之一，自古有之。关税可以增加国家财政收入，调节进出口贸易结构和贸易方向，维护贸易关系等。

2. 在关税设置时，因纳税对象不同、征税目的不一、税率优惠差异，出现了各种形式的关税。其中影响较大的是进口关税，以及普惠制下的关税和差别关税。

3. 各国征收关税的依据是海关税则和政府临时文件。海关税则变化的特点是：税号排序按协调制度进行；计税方法很多，因制成品在国际贸易中占绝大比重，故从价税成为各国尤其是发达国家主要的计税标准。因贸易对象关系不同，税则栏目向多栏发展。

4. 由于跨国公司的巨大发展，以及水平型国际分工和加工贸易的深化发展，关税的名义水平难以反映对产业保护的真实程度，因而加强了对关税有效保护率的研究，各国在设置关税或下调关税税率时，重视名义关税率下的有效保护率。

5. 为了扩大市场，展开贸易合作，各国相互之间进行关税减让谈判；为了贸易自由化，还进行多边关税减让谈判。在1947年关贸总协定主持下进行的八轮多边贸易谈判中，关税成为重要内容之一。此外，申请加入WTO的国家或单独关税区也需要进行关税减让谈判。

思考题

1. 什么是关税？其作用有哪些？
2. 按征收目的划分，关税分为几种？
3. 反倾销税征收的依据是什么？
4. 普惠制的主要特点是什么？
5. 海关计税的方法有几种？
6. 海关税则是如何构成的？
7. 关税减免包括哪些内容？
8. 关税减让谈判的方式有几种？
9. 关税名义保护率和有效保护率的含义和计算公式分别是什么？

第八章　非关税壁垒

学习目标

除了关税措施，世界各国还广泛采用各种非关税措施来发展和保护本国的贸易。本章就非关税壁垒的产生、种类、影响和相关规则作了介绍和分析。通过学习，学生应了解各种非关税壁垒的含义，知道非关税壁垒的作用，掌握非关税壁垒的发展趋势。

第一节　非关税壁垒的产生与发展

一、非关税壁垒的含义

非关税壁垒是指各国政府除了关税以外用于限制进出口的措施。随着“奖出限入”政策的流行，进口限制成为各国贸易政策的重点。

随着关税壁垒的下降，非关税壁垒在限制进口、保护国内市场方面的作用不断加强，成为世界贸易组织关注的焦点之一。

二、非关税壁垒的产生

（一）应对经济衰退和危机

为摆脱1929～1933年经济大危机，各国在提高进口关税的同时，也使用了以限制进口数量为主要形式的非关税壁垒。第二次世界大战以后，在1947年关贸总协定的主持下，举行了多轮多边贸易谈判，使关税壁垒不断下降。20世纪70年代世界经济又出现了较大的经济危机，形成了贸易保护的压力，各国纷纷加强对国内市场的保护措施。

关贸总协定缔约方受到关税减让谈判成果履行的约束，在关税不能随意变动和提高的背景下，转向更多地采用非关税壁垒，以保护本国市场，进行竞争。

（二）保护生态环境和国民健康

随着生活水平的提高和公众环保意识的加强，各国国民对衣、食、住、行用品的卫生和安全予以关注，从国外进口的产品当然不能例外。如美国于1973年成立了消费品安全管理局（Consumer Product Safety Commission，CPSC），颁布了《消费品安全法案》、《易燃纤维法案》、《联邦管制危险物品法案》、《1970年安全包装法案》、《1994年儿童安全保护法案》。这些法规既适用于本土产品，也适用于进口产品，对进口产品既无优待，也不歧视。

(三) WTO 允许正当的非关税"壁垒"

为保护人类和动植物的健康，WTO 负责实施的《实施卫生与植物卫生措施协议》规定，成员方政府有权以国际标准为基础采取措施，对进口产品设置标准、认证等。如无国际标准或认为不合适时，可自行设立标准，达不到这些要求，则禁止进口。在实施时做到非歧视并保持透明度。

三、非关税壁垒的特点

1. 具有更大的灵活性和针对性

通常，各国关税税率制定必须通过立法程序，并具有一定的延续性。若要调整或更改税率，需经过较为烦琐的法律程序。在最惠国待遇条款的约束下，税率难以作出灵活性的调整。而制定和实施非关税壁垒，通常采用行政程序，制定比较迅速，能尽快地对某种商品采取或更换相应的限制进口措施，较快地达到限制进口的目的。

2. 能有效地抑制价格竞争优势

关税壁垒是指通过征收高额关税，提高进口商品价格，削弱其竞争能力，间接地达到限制进口的目的。如果出口国采用出口补贴、商品倾销等办法降低出口商品价格，关税就较难起到限制商品进口的作用。但非关税措施（如进口配额制）预先规定进口的数量和金额，超过限额就不再进口，这样就能把超额的商品拒之门外，限制作用远远高于关税壁垒。

3. 出口国家难以应对

通常，关税税率确定后，往往以法律形式公布，依法执行。但是，一些非关税壁垒借助"合理和科学"的旗号，制定烦琐复杂的标准和程序，使出口商难以区分是非，不易应对。

4. 多种多样层出不穷

随着世界市场竞争的加剧以及保护生态环境和国民健康与安全的需要，在关税壁垒减低的情况下，世界各国尤其是发达国家重视非关税壁垒的设置，并加速发展，使得非关税壁垒向多样化、细致化、严格化和科技化方向发展，在传统的非关税壁垒基础上，花样层出不穷。迄今为止，非关税壁垒多达 75 种，具体措施则高达到 3 000 余种。

5. 发展中国家应对难度大

发展中国家由于科学技术落后、检验能力不足和生活水平的差距，对发达国家所设置的非关税壁垒难以分辨是否科学、是否存在歧视行为，在商品出口上处于被动地位。

在商品进口上，也难以通过正当的非关税壁垒保护本国市场及生态环境和国民健康。

四、非关税壁垒类别与管理

（一）非关税壁垒类别

（1）关税管理措施和通关环节壁垒，如复杂的反倾销税征收程序、关税配额管理中的不合理做法、通关方面的各种程序性障碍等；

（2）一般进口数量限制，如不合理的进口禁令、进口许可证与配额；

（3）对进口产品征收歧视性的国内税费；

（4）技术性贸易壁垒，如对进口产品适用不合理的技术法规和标准，设置复杂的认证、认可程序；

（5）卫生与植物卫生措施壁垒，如对进口产品设置苛刻且不合理的检疫标准和检疫程序；①

（6）缺乏透明度的歧视性的政府采购；

（7）实施不合理的限制出口限制措施等。

（二）非关税壁垒的管理

非关税壁垒的出现与发展有其合理的方面，但在运用中又出现了滥用和歧视的成分，构成了不正当的贸易保护，影响了国际贸易的正常发展。在关贸总协定的乌拉圭回合中，各国就对国际贸易有显著影响的非关税壁垒达成了协议，要逐步取消控制数量的非关税壁垒，保留并规范其他形式的非关税壁垒，以不影响国际贸易的正常发展。

第二节 传统的非关税壁垒

一、进口配额制

进口配额制（Import Quotas System）又称进口限额制。它是指一国政府在一定时期（如一季度、半年或一年）内，对某些商品的进口数量或金额加以直接限制。在规定的期限内，配额以内的货物可以进口，超过配额不准进口，或者征收更高的关税或罚款后才能进口。它是实行进口数量限制的重要手段之一，主要有以下两种类型。

（一）绝对配额

绝对配额（Absolute Quotas）是指在一定时期内，对某些商品的进口数量或金额规

---

① 卫生与植物卫生措施壁垒也可以看作技术性贸易壁垒的一种。世界贸易组织将这种壁垒从技术性贸易壁垒中分离出来，有单独的协议进行管辖，因此也可以单独列为一种非关税壁垒。

定一个最高额数，达到这个额数后，便不准进口。它又有以下两种方式。

1. 全球配额

全球配额（Global Quotas，Unallocated Quotas）属于世界范围的绝对配额，对于来自任何国家或地区的商品一律适用。主管当局通常按进口商的申请先后或过去某一时期的实际进口额批给一定的额度，直至总配额发放完，超过总配额就不准进口。

由于全球配额不限定进口国别或地区，在配额公布后，进口商竞相争夺配额并可从任何国家或地区进口。邻近国家或地区到货较快，比较有利；而地理较远的国家或地区就处于不利的地位。全球配额难以贯彻国别政策，为此，有些国家就采用国别配额。

2. 国别配额

国别配额（Country Quotas）是在总配额内按国别或地区分配给固定的配额，超过规定的配额便不准进口。为了区分来自不同国家和地区的商品，在进口商品时进口商必须提交原产地证明书。实行国别配额可以使进口国家根据它与有关国家或地区的政治经济关系分配给予不同的额度。国别配额可以分为自主配额和协议配额。

（1）自主配额

自主配额（Autonomous Quotas），又称单方面配额，是由进口国家完全自主地、单方面强制规定在一定时期内从某个国家或地区进口某种商品的配额。这种配额不需得到出口国家的同意。自主配额一般是参照某国过去某年的输入实绩，按一定比例确定新的进口数量或金额。由于各国和地区所占比重不一，所得到的配额可以不同，进口国可利用这种配额贯彻国别政策。

自主配额由进口国家自行制定，往往由于分配额度差异引起出口国家或地区的不满或报复。因此，有些国家便采用协议配额，以缓和彼此之间的矛盾。

（2）协议配额

协议配额（Agreement Quotas），又称双边配额（Bilateral Quotas），是由进口国家和出口国家政府或民间团体之间协商确定的配额。如果协议配额是通过双方政府的协议订立的，一般需在进口商或出口商中进行分配；如果配额是双边的民间团体达成的，应事先获得政府许可，方可执行。协议配额是由双方协调确定的，通常不会引起出口方的反感与报复，较易执行。

一些国家为了加强绝对进口配额的作用，往往对进口配额规定得十分繁杂。例如对配额商品订得很细，有的按商品不同规格规定不同的配额，有的按价格水平差异规定不同配额，有的按原料来源的不同规定不同配额，有的按外汇管制情况规定不同配额，有的按进口商的不同规定不同配额等。

通常，绝对配额用完后，就不准进口。但有些国家由于某种特殊的需要和规定，往往另行规定额外的特殊配额或补充配额。如进口某种半制成品加工后再出口的特殊配额；展览会配额或博览会配额等。

（二）关税配额

关税配额（Tariff Quotas）见第九章第三节。

二、“自愿”出口配额制

“自愿”出口配额制（“Voluntary” Export Quotas）是指出口国家或地区在进口国的要求或压力下，“自愿”规定某一时期内（一般为3~5年）某些商品对该国的出口限制，在限定的配额内自行控制出口，超过配额即禁止出口。

“自愿”出口配额制与绝对进口配额制在形式上略有不同。绝对进口配额制是由进口国家直接控制进口配额来限制商品的进口，而“自愿”出口配额制是由出口国家直接控制这些商品对指定进口国家的出口。但是，就进口国家来说，“自愿”出口配额像绝对进口额一样，都有限制商品进口的作用。

根据WTO规则，进口配额制和“自愿”出口配额制要逐步取消。除非因特殊情况，不得再重新设置。

三、进口许可证制

（一）含义

进口许可证制（Import Licence System）是指进口国家规定，某些商品必须事先领取许可证，才可进口，否则一律不准进口。

（二）类别

从进口许可证与进口配额的关系上看，进口许可证可以分为两种。一种为有定额的进口许可证，即国家有关机构预先规定有关商品的进口配额，然后在配额的限度内，根据进口商的申请对于每一笔进口货发给进口商一定数量或金额的进口许可证。另一种为无定额的进口许可证，即进口许可证不与进口配额相结合。

依对进口商品限制程度，进口许可证一般又可分为两种。一种为公开一般许可证（Open General Licence），又称自动进口许可证或一般许可证和自动进口许可证。它对进口国别或地区没有限制，凡列明属于公开一般许可证的商品，进口商只要填写公开一般许可证后，即可获准进口。因此，属于这类许可证的商品实际上是“自由进口”的商品。另一种为特种进口许可证（Specific Licence），又称非自动进口许可证，进口商必须向政府有关当局提出申请，经政府有关当局逐笔审查批准后才能进口。这种进口许可证，多数都指定进口货物的出口国别或地区。为了区分这两种许可证所进口的商品，主管当局通常定期分别公布有关的商品项目。

（三）实施程序的规范

WTO 负责实施和管理的《进口许可程序协议》对进口许可使用作出了如下规范要求。

1. 使用前提

允许 WTO 成员使用，但需防止不恰当地实施而导致贸易扭曲，并考虑到发展中成员的发展及财政和贸易需要。

2. 使用的一般规范要求

（1）及时公布必要的信息。为了使其他成员方政府及贸易商知晓有关进口许可程序规则，成员方应在已向世界贸易组织通知的官方公报、报刊、杂志等出版物上，公布进口许可证申请程序规定及有关信息，包括个人、企业和机构提交这种申请的资格，需要接洽的行政机关，以及需要申领进口许可证的产品清单等。公布的时间应不迟于上述规定生效之日前 21 天，特殊情况最晚不得迟于生效之日。如有其他成员对所公布资料提出意见，成员方应予以考虑。

（2）简化申请和展期手续。申请进口许可证和进口许可证展期的程序应尽可能简化，表格应尽可能简单。但成员方主管机构可以要求申请者提供必要的文件及信息，并至少给予申请者 21 天的合理时限。申请者原则上应只需接洽一个同申请有关的行政机关，若确有需要，所涉及的行政机关最多不应超过三个。

（3）对存在微小差错的申请不得予以拒绝。如果申请者提交的许可证申请文件中存在微小差错，但并未改变文件的基本数据等内容，主管部门不得因此拒绝批准申请。对于申请者在文件或程序中出现的显然不是因企图欺诈或严重疏忽而造成的遗漏或差错，不应给予超出警告程度的处罚。货物在装船或运输等过程中发生的微小差异，只要符合正常的商业惯例，就不得以与许可证上标明的数字有微小出入为由，拒绝批准进口。

（4）不得在外汇供应上实行歧视。不管货物是否受进口许可证管理，任何进口商都应在同等条件下获得支付进口货物所需的外汇。

（5）允许安全例外和保密例外。《协议》允许进口方根据《1994 年关贸总协定》第 21 条“安全例外”的规定，采取有关措施。成员方可以不提供会导致妨碍法律实施、损害公共利益或企业合法商业利益的保密资料。

3. 自动进口许可制度

自动进口许可制度是指在任何情况下对进口申请一律予以批准的进口许可制度。这一制度通常用于统计和监督。

（1）成员方只有在没有其他更合适的手段实现其管理目的，且已具备采取自动进口许可条件的情形下，才可以实施这种许可制度。

（2）实施自动进口许可制度，不得对进口货物产生限制；主管部门不得歧视许可证申请者，任何符合法律要求的申请者均有资格提出申请并获得许可证。主管部门在收到自动许可申请后，应迅速批准，审批时间最长不应超过10个工作日。

4. 非自动进口许可制度

（1）含义。

非自动进口许可制度指不属于自动许可制度管理的其他进口许可制度。适用于对配额及其他限制性措施进行管理。

（2）使用规范要求。

第一，保证许可证管理的透明度。实行非自动进口许可管理的成员方必须提供充分的信息，包括贸易限制的管理、近期签发的进口许可证、在出口方之间分配许可证的情况，以及受进口许可证管理的产品进口数量和金额统计。

第二，及时、公正地实施许可程序。任何符合进口方法律和行政管理要求的个人、企业或机构，都具有申请许可证的同等资格。许可证的有效期限应该合理，不应对货物进口造成障碍。在对配额实行管理时，主管机构不得阻碍对配额的充分使用。

第三，合理分配许可证。在分配许可证时，主管机构应考虑申请者的进口实绩和以往所发放许可证的使用情况，还应考虑将许可证合理地分配给新的进口商，特别是从发展中成员进口产品的进口商。如果通过许可证管理全球配额，许可证持有者可自行选择进口来源；如果通过许可证管理国别配额，许可证上应列明具体国家。

第四，对误差采取补偿措施。如果符合正常商业惯例的微小误差，导致了进口货物的数量、金额或重量超过许可证规定的水平，主管机构可在未来的许可证分配时作出补偿性调整。

四、外汇管制

外汇管制（Foreign Exchange Control）是指一国政府通过法令对国际结算和外汇买卖实行限制来平衡国际收支和维持本国货币汇价的一种制度。

在外汇管制下，出口商必须把它们出口所得的外汇收入按官定汇率（Official Exchange Rate）卖给国家外汇管制机关；进口商也必须在国家外汇管制机关按官定汇价申请购买外汇；本国货币的携出入国境也受到严格的限制等。这样，国家有关政府机构就可以通过确定官定汇价、集中外汇收入和审批外汇的办法，控制外汇供应数量，来达到限制进口商品品种、数量和进口国别的目的。

五、进口押金制

进口押金制（Advanced Deposit）又称进口存款制。在这种制度下，进口商在进口商品时，必须预先按进口金额的一定比率和在规定的时间内，在国家指定的银行无息存入一笔现金，才能进口。这样就增加了进口商的资金负担，影响了资金的流转，减弱了进口的动力，从而起到了限制进口的作用。例如，第二次世界大战后意大利政府曾规定，某些进口商品无论从哪一国进口，必须先向中央银行交纳相当于进口货值半数的现款押金，无息冻结6个月。据估计，这项措施相当于征收5%以上的进口附加税。巴西的进口押金制规定，进口商必须按进口商品船上交货价格交纳与合同金额相等的为期360天的存款，方能进口。

六、进口最低限价制

最低限价（Minimum Price）就是一国政府规定某种进口商品的最低价格，凡进口货价低于规定的最低价格，则征收进口附加税或禁止进口，以达到限制低价商品进口的目的。例如，1985年智利对绸坯布进口规定每公斤的最低限价为52美元，低于此限价，将征收进口附加税。

七、歧视性政府采购

（一）含义

政府采购是指，政府为政府机关自用或为公共目的而选择购买货物或服务的活动，其所购买的货物或服务不用于商业转售，也不用于供商业销售的生产。歧视性政府采购是指政府通过立法，优先采购国内企业的商品，构成了对别国厂商的歧视。如按照美国《1933年购买美国货物法》，美国联邦政府在采购时应优先购买美国产品，且其中50%以上的部件由美国制造。而州一级政府的采购法规多仿效联邦。各国均有类似的立法，由此构成了对外国产品的非关税壁垒。

（二）WTO对政府采购的规范

1. 规范的协议

WTO对政府采购的规范协议是指《政府采购协议》。

2. 协议特点

《政府采购协议》是WTO诸边协议（Plurilateral Agreements）之一。它只在WTO参加此协议的成员中使用，对未参加的成员不适用。该协议对采购货物的金额作出了界定，超过该界限的采购项目受到协议约束。

3. 规范内容

（1）适用范围

只适用于签署方在各自承诺的清单中列出的政府采购实体。只有列入清单的采购实体才受约束。

（2）采购限额

当政府采购的金额达到协议规定的最低限额，或达到成员方经谈判达成的最低限额时，有关采购活动才受该协议约束。

中央政府采购实体购买货物和非工程服务的最低限额是13万特别提款权（Special Drawing Rights，SDRs），①中央政府采购实体购买工程服务的最低限额是15万特别提款权。地方政府采购实体和其他采购实体的最低限额，由各签署方根据自身的情况分别作出承诺。例如，美国承诺，地方政府采购货物和非工程服务的最低限额是35.5万特别提款权，采购工程服务的最低限额是500万特别提款权；政府所属机构采购货物和非工程服务的最低限额是25万特别提款权，采购工程服务的最低限额是500万特别提款权。日本承诺，地方政府采购货物和非工程服务的最低限额是20万特别提款权，采购工程服务的最低限额是1 500万特别提款权。

（3）采购行为

第一，非歧视原则。签署方进行政府采购时，不应在外国的产品、服务和供应商之间实施差别待遇；给予外国产品、服务和供应商的待遇，也不应低于国内产品、服务和供应商所享受的待遇。

签署方应当保证，既不能基于国别属性和所有权构成，也不能基于产品和服务的生产、供应国别，对在当地设立的不同供应商实行差别待遇。

第二，透明度原则。签署方的采购实体要在已向世贸组织通知的刊物上发布有关政府采购的信息，包括招标的规章和程序，采购通知；签署方每年应向世贸组织通知列入清单的采购实体的采购统计数据，以及中央政府采购实体未达到"最低限额"的采购统计数据。

第三，公平竞争原则。对清单中列明的采购实体进行的达到或超过最低限额的政府采购，采购实体应为供应商提供公平竞争的机会，即实行招标。

招标分为公开招标、选择性招标和限制性招标三种。公开招标和选择性招标应是优先采用的采购方式。

八、海关任意估价

（一）含义

海关估价是指海关在征收关税时，确定货物完税价格的程序。很多国家为了保护本

---

① 特别提款权是指国际货币基金组织分配给成员的一种特别使用资金的权利，成员国分得的特别提款权是一种账面资产，可以作为成员国的国际贮备，归还国际货币基金组织的贷款，以及在成员国之间偿付国际收支逆差，但它不能兑换黄金，也不能用作现实的货币用于国际上的一般支付。

国市场，增加税收，对进口商品通过提升税号、按照国内同类产品价格计价等办法作为计税基础，加重税赋，成为非关税壁垒，影响国际贸易正常发展。

（二）WTO对海关估价的规范

1. 规范的协议

WTO对海关估价的规范协议是乌拉圭回合达成的《海关估价协议》，是个多边协议。

2. 规范内容

（1）适用货物范围

协议只适用于商业意义上正常进口的货物。

（2）海关估价的方法

协议规定，WTO进口成员方海关应在最大限度内以进口货物的成交价格作为货物完税价格。这是海关估价时应首先使用的方法。但在无法使用这种方法的情况下，可使用该协议规定的其他五种方法，具体是指以相同货物的成交价格、以类似货物的成交价格、以倒扣价格、以计算价格、以"合理"方法，来确定货物的完税价格。

上述六种估价方法应严格按顺序实施。只有在前一种估价方法无法确定完税价格的情况下，才可采用后一种估价方法。海关不得颠倒六种估价方法的适用顺序，但进口商可以要求颠倒使用第四种倒扣价格方法和第五种计算价格方法的顺序。

（3）进口商的权利与义务

进口商必须如实申报进口货物的价格及有关信息，并与海关进行充分合作。如海关怀疑进口商申报价格的真实性和准确性，可要求进口商进一步提交资料或证据，以证明申报价格是经合理调整后的实付或应付价格。但海关在采取这种做法时，应向进口商陈述理由。海关应将最终的估价决定书面通知进口商。

进口商对海关估价决定有申诉的权利，并且不应为此受到处罚。进口商的申诉权有两个方面：第一，可向海关内部主管复议的部门提出申诉，或向海关外部的某个独立机构提出申诉；第二，可向司法机关提出申诉。

第三节 技术性贸易壁垒

一、技术性贸易壁垒的含义

技术性贸易壁垒（Technical Barriers to Trade，TBT）是指各国为保证其进出口商品的质量，或保护人类、动物或植物的生命或健康及保护环境或防止欺诈行为而设立的技术法规、技术标准、合格评定程序等。如果它们符合国际已有规则或科学、合理，就是正当的；如果不符合国际已有规则或随意设置或滥用，则是不正当和歧视性的。

20 世纪 90 年代以后，技术性贸易壁垒成为最主要的非关税壁垒之一。

二、技术性贸易壁垒的特点

（一）通过国家政府法规制订

美国联邦政府 17 个部门和 84 个独立机构都有权制定技术法规，地方政府也制定了各种技术法规。

（二）内容广泛繁杂

技术性贸易壁垒在形式上表现为法律、标准、要求和制度，包括产品的各个阶段，融合研发、生产、加工、包装、运输、销售和消费，并从货物生产延伸到服务等领域。

（三）程序严格多样

各国尤其是发达国家各种技术规定及检验程序十分严格和复杂。例如，日本制定的《日本工业规格》（JIS）和《日本规格标记制度》涉及机械、电器、汽车等几十个行业。美国认证体系达到 55 个。

（四）不易分辨是否正当

技术贸易壁垒具有很大的模糊性。首先，技术性贸易壁垒设置的目的是为了保护环境和国民健康和安全，具有合理性。其次，通过国家立法形式加以确定，具有合法性。最后，一些国家为了竞争等原因，在技术规定和要求上加进不合理和不科学的成分。这些都令出口厂商很难判断它们的真伪。

（五）发达国家居于主导地位

发达国家因经济发达、技术先进并且消费者要求高，因而技术标准高，法规严。在技术贸易壁垒上，发达国家处于领先，多是国际标准技术法规制定的参与者。而发展中国家因技术落后和消费上的差距，在技术标准和技术法规上处于落后和被动状态。

三、技术性贸易壁垒的影响

（一）对发达国家的贸易影响

技术性贸易壁垒对发达国家的影响要小于对发展中出口国家的影响。第一，发达国家由于科学技术比较发达，容易适应技术标准要求的变化。第二，发达国家居民消费水平和对商品的各种要求比较接近，对商品标准的要求不会产生很大差距，容易调整。第三，发达国家之间贸易与投资关系密切，相互依靠性很强，若出现针对性很强的技术性贸易壁垒，容易采取报复措施。第四，发达国家积极参与国际标准化活动，如国际标准化组织（ISO）和国际电工委员会（IEC）的工作，在国际标准制订、修订中争取领导地位，力求将本国的标准纳入国际标准，体现本国的利益。迄今为止，国际标准都是以发达国家标准为基础确立的。

（二）对发展中国家的贸易影响

对发展中国家来说，技术性贸易壁垒带来的影响远远大于发达国家。第一，由于技术水平低，发展中国家难以适应发达国家的技术标准，从而影响出口。第二，发展中国家技术检验能力薄弱，往往不能达到发达国家技术检验的标准。第三，对发达国家针对发展中国家设置的带有歧视性的技术标准，报复力不足。

（三）对整个国际贸易的影响

1. 正当技术贸易壁垒

（1）有利于人类健康和安全；

（2）保护生态环境，实现可持续发展；

（3）优化出口国家的商品结构；

（4）提升发展中国家的国际标准化；

（5）维护国家基本安全；

（6）减少或杜绝不良的贸易行为。

2. 不正当技术贸易壁垒

（1）形成不公平贸易竞争；

（2）影响国际贸易正常发展；

（3）容易引发贸易争端；

（4）无故伤害发展中国家；

（5）危害正当技术贸易壁垒的确立。

四、技术性贸易壁垒运用规范

（一）抑制与规范技术性贸易壁垒的背景

技术性措施越来越多地被用作贸易保护手段，成为影响国际贸易正常发展的壁垒。因此，世界各国认识到，有必要制定统一的国际规则来规范技术性措施，消除技术性贸易壁垒带来的不利影响。

1947 年成立的关贸总协定逐步关注这一问题，在关贸总协定乌拉圭回合谈判中就此达成了所有 WTO 成员都要遵守的《技术性贸易壁垒协议》。

（二）《技术性贸易壁垒协议》的规范要求

1. 适用产品范围

该协议适用于所有产品，包括工业品和农产品，但政府采购实体指定的采购物品不受约束。另外，该协议未涉及动植物卫生检疫措施，相关问题由《实施卫生与植物卫生措施协议》进行规范。

2. 制定、采用和实施技术性措施应遵守的规则

（1）必要性规则。成员方只能采取为实现合法目标所必需的技术性措施。如果成员方采取的技术性措施对其他成员的贸易产生重大影响，经其他成员请求，该成员应说明所采取措施的必要性。

（2）贸易影响最小规则。成员方应努力采取对贸易影响最小的技术性措施，即在考虑由于合法目标不能实现可能导致的风险后，采取的技术性措施对贸易的限制，不应超过为实现合法目标所必需的限度。

（3）协调规则。成员方应在力所能及的范围内，充分参与有关国际标准化组织（ISO）是当今世界上最大的非政府性标准化专门机构。其主要活动是制订国际标准，协调世界范围内的标准化工作，组织各成员国和技术委员会进行情报交流，与其他国际性组织合作，共同研究有关标准化问题。制定国际标准和合格评定程序指南的工作。成员方应积极考虑接受其他成员方的技术性措施作为等效措施，只要这些措施能够充分实现同一合法的目标。为避免对产品的多重测试、检查和认证对贸易造成的不必要壁垒，减少商业成本和不确定性，鼓励成员之间通过谈判，达成合格评定相互承认协议。

（4）对发展中成员的特殊和差别待遇规则。成员方应采取措施，确保国际标准化机构制定对发展中成员方有特殊利益的产品的国际标准。鼓励发达成员方对发展中成员方在制定和实施技术性措施方面提供技术援助。

3. 技术法规、标准与合格评定程序的含义

（1）技术法规的内容与设置

技术法规是强制性执行的有关产品特性或相关工艺和生产方法的规定。主要包括国家政府部门或经授权的非政府机构制定的技术法规。技术法规包括国家安全、产品安全、环境保护、劳动保护、节能等内容。

如果有关国际标准已经存在或即将拟就，成员方应以这些标准或其中的相关部分为准。在其中的相关部分无法达到合法的目标时，各成员可自行设立。

（2）标准的含义

标准指经公认机构批准供通用或重复使用的、非强制执行的关于产品特性或相关工艺和生产方法的规则或指南，可包括有关专门术语、符号、包装、标志或标签要求。对“标准”的这一解释来自世贸组织的《技术性贸易壁垒协议》。在这里，标准都是非强制性的。在其他的文献中和其他情况下，标准可以分为强制性标准和非强制性标准，也就是说，通常我们所说的“标准”包括了世贸组织定义的“技术法规”。

（3）合格评定程序的含义

合格评定程序是指任何直接或间接用于确定产品是否满足技术法规或标准要求的程序。主要包括：抽样、检验和检查；评估、验证和合格保证；注册、认可和批准；以及上述各项程序的组合。只要能确保符合自身的技术法规或标准，成员方就应采用国际标准化机构已经发布或即将拟就的有关指南或建议，作为合格评定程序的基础。

4. 及时通知

为确保成员方制定、采用和实施技术法规或合格评定程序具有透明度，协议规定，如果成员方拟采用的技术法规或合格评定程序不存在相关的国际标准，或与有关国际标准中的技术内容不一致，且可能对其他成员方的贸易有重大影响，该成员方应履行通知义务。通知的内容包括拟采取措施的目的和理由，以及所涵盖的产品；通知的时间应在该措施还没有被批准，且可进行修改的规定期限内；通知的渠道是通过技术性贸易壁垒委员会向其他成员方通报。该成员方还应在已向该委员会通报的出版物上发布有关公告，使有关利害方知晓将制定某项技术法规或合格评定程序。

第四节 绿色贸易壁垒

一、绿色贸易壁垒的含义与成因

绿色贸易壁垒是指各国为了保护人类、动物或植物的生命或健康，保护自然环境，对进出口的农、畜、水产品等初级产品，以及制成品，甚至服务，采用或实施必要的卫生及环保措施。这些措施如果合理和科学，符合国际标准和指南，则可改善人类健康、动物健康和植物卫生状况，保护和改善自然环境，促进国际贸易的正常发展；否则，可能成为任意或不合理歧视的手段，影响国际贸易的正常发展。

20 世纪 90 年代以后，国际贸易中绿色贸易壁垒开始盛行，其原因如下。

（一）国际社会保护环境的要求

全球自然生态环境恶化，要求国际社会采取保护行动。在联合国环境规划署的主持下，1985 年签署了《保护臭氧层维也纳公约》，1987 年签订了《关于消耗臭氧层物质蒙特利尔协议书》，1990 年签订了《议定书伦敦修正案》。到 20 世纪 90 年代中期，参加上述公约和议定书的国家和地区多达九十多个，缔约人口占世界人口的 85%，所涉及的商品贸易额约占这些商品国际贸易额的 95%。目前，已签署的保护野生动植物的国际公约和协议已达二十多个，其中一半含有贸易条款。如 1973 年签订的《濒危野生动植物物种国际贸易公约》；1989 年，117 个国家和 34 个国际组织通过的《控制危险废物越境转移及其处置巴塞尔公约》；1992 制定的《生物多样性公约》；1992 年 5 月，联合国政府间谈判委员会就气候变化问题达成的《联合国气候变化框架公约》；2000 年 1 月 28 日通过的《卡特赫纳生物安全议定书》。

ISO14000 是国际标准化组织为保护全球环境和世界经济持续发展而制订的系列环境管理标准，于 1996 年 9 月开始陆续颁布，是继 1987 年 3 月推出的全面质量管理标准体系 ISO9000 之后的又一重要系列标准。

ISO14000 要求：加强环保和污染预防；推动绿色革命，增加生态系统运转的生态存量，增强生态系统的转化功能；引导绿色消费；统一全球的环保评价标准。

（二）消费观念的更新

消费者在选购商品时，更加注重产品的环境和安全要求。许多国家尤其是发达国家的消费者要求政府制定规章制度，保护消费者的食品安全，实施“绿色产品”和“绿色生产”。人们对产品的绿色要求从生产环节扩展到服务环节，并对整个产品的整个生产过程提出了绿色要求。

（三）竞争的需要

在经过关贸总协定多轮贸易谈判以后，关税普遍下降，非关税措施得到了抑制和规范。为了在竞争中取胜，世界各国尤其是发达国家成员有意加强动植物卫生检疫方面的措施，来保护本国市场。

（四）应对“恐怖”事件

“9·11”事件后，美国于 2002 年颁布了《公众健康安全与生物恐怖主义预防应付法》，为食品和生物反恐问题制定了严格的指导原则。美国食品与药物管理局为执行该法，于 2003 年颁布了《行政性扣留可疑食品法》、《食品企业注册法规》、《记录的建立和保持法》和《进口食品的预先通报制度》。

二、绿色贸易壁垒的形式

（一）技术标准

技术标准是指由公认机构核准的描述产品或有关工艺和生产方法的规则、指南或特性的一系列非强制性文件。如 1995 年 4 月后，国际标准化组织相继公布了 ISO9000，ISO14000；1998 年欧盟制定了 ASOUN9000，对 26 大类消费品制定了详细和全面的标准。

（二）环境标志

绿色环境标志是由政府部门、公共或民间团体依照一定的环境保护标准，向申请者颁发并印在产品及包装上的特定标志，以向消费者表明该产品从研制、开发到生产、销售、使用，直到回收利用的整个过程都符合环保要求，对生态环境和人类健康均无害。

自 1977 年德国第一个推行“蓝天使”环境标志制度以来，已有四十多个国家实施了类似的制度。

(三) 包装制度

绿色包装是为节约资源，减少废弃物，用后易于回收利用或再生，易于自然分解，不污染环境的包装。其措施包括：

(1) 以立法形式规定禁止使用含有铅、汞、镉等成分的包装材料。

(2) 制定强制包装再循环或再利用的法律，如德国的《包装物废弃处理法令》、日本的《回收条例》等都规定，啤酒、饮料、洗涤剂等产品一律使用可循环使用的容器。

(3) 通过立法设置标签标志规定。如美国食品与药物管理局不但要求大部分食品的标签必须标明至少 14 种营养成分的含量，还要求必须详尽地标明各种功能性成分和热量值，对字体和线条都有详尽的要求。

(四) 卫生检疫制度

基于保护环境和生态资源，确保人类和和动植物免受污染物、毒素、微生物、添加剂等的伤害，要求对进口产品进行卫生检疫的国家不断增多，检疫规定日益严格。1993 年 4 月，在第二十四届联合国农药残留法典委员会召开的会议上，各国讨论了 176 种农药在各种产品中的最高残留量等指标。以此为基础，欧盟对在食品中残留的 22 种主要农药制定了新的最高残留限量。美国制定了《联邦食品、药品及化妆品法》，要求对这些产品的进口，必须通过美国食品与药物管理局的检验检疫。

(五) 管制制度

绿色环境管制是指为保护环境而采取的贸易限制措施。如以保护环境为名，对进口产品征收关税；甚至采取限制、禁止或制裁的措施。此外，对本国厂商进行环境补贴。美国食品与药物管理局还规定，所有在美国出售的鱼类都必须具有来自未受污染水域的证明，否则不准出售。

三、绿色贸易壁垒的影响

与技术性贸易壁垒对国际贸易的影响基本相同，不再赘述。

四、绿色贸易壁垒运用规范

鉴于绿色贸易壁垒正当与歧视并存，为了消除不正当绿色贸易壁垒给国际贸易带来的负面影响，在 GATT 乌拉圭回合中，达成了《实施卫生与植物卫生措施协议》（以下简称《协议》）。就卫生与植物卫生措施的内涵、WTO 成员建立和实施这些措施的前提和原则作出了规定。

（一）《协议》的目的和内容

1. 目的

保护成员方领土内人的生命免受食品和饮料的添加剂、污染物、毒素及外来动植物病虫害传入危害；保护成员方领土内动物的生命免受饲料中的添加剂、污染物、毒素及外来病虫害传入危害；保护成员方领土内植物的生命免受外来病虫传入危害；防止外来病虫害传入成员方领土内造成危害。

2. 内容

卫生与植物卫生措施包括：所有相关的法律、法规、要求和程序，特别是最终产品标准；工序和生产方法；检测、检验、出证和审批程序；各种检疫处理；有关统计方法、抽样程序和风险评估方法的规定；与食品安全直接有关的包装和标签要求等。

（二）建立和实施卫生与植物卫生措施的前提

1. 允许成员基于合理目标使用

建立或实施有关措施的目的是为了保护人类、动物或植物的生命或健康。基于这些目的，可以采取有关措施作出适当的保护。

2. 正当使用

采用和实施这些措施不得构成在情形相同的成员之间采用任意或不合理歧视的手段，或构成对国际贸易的变相限制。

3. 基于国际标准建立成员的卫生与植物卫生措施

这些国际组织包括食品法典委员会、国际兽医组织以及在《国际植物保护公约》范围内运作的有关国际和区域组织。

（三）成员方应遵循的规则

1. 非歧视地实施

成员方在实施卫生与植物卫生措施时，应遵守非歧视原则。即不能在情形相同或相似的成员间，包括该成员与其他成员之间造成任意或不合理的歧视，尤其是在有关控制、检验和批准程序方面，应给予其他成员的产品国民待遇。

2. 以科学为依据实施卫生与植物卫生措施

成员方应确保任何卫生与植物卫生措施都以科学为依据，不能实施或停止实施没有充分科学依据的卫生与植物卫生措施。如果在科学依据不充分的情况下采取某种卫生与植物卫生措施，只能是临时性的，并应在合理的期限内作出科学评估。

3. 以国际标准为基础

为广泛协调成员方所实施的卫生与植物卫生措施，各成员应根据现行的国际标准制定本国的卫生与植物卫生措施。如果一个成员实施或维持比现行国际标准更严格的卫生与植物卫生措施，则必须有科学依据，且不能对国际贸易造成不必要的障碍。

4. 承认出口成员的合理措施

如果出口成员对出口产品所采取的卫生与植物卫生措施，客观上达到了进口成员适当的卫生与植物卫生保护水平，进口成员就应接受这种卫生与植物卫生措施，并允许该种产品进口，哪怕这种措施不同于自己所采取的措施，或不同于从事同一产品贸易的其他成员所采取的措施。

5. 根据有害生物风险分析确定保护水平

有害生物风险分析是指，进口方的专家在进口前对进口产品可能带入的病虫害的定居、传播、危害和经济影响，或者对进口食品、饮料、饲料中可能存在添加剂、污染物、毒素或致病有机体可能产生的潜在不利影响，作出的科学分析报告。该报告是进口方是否进口某种产品的决策依据。

在进行有害生物风险分析时，应考虑有关国际组织制定的有害生物风险技术分析方法，同时还要考虑有关技术和经济成本等因素。

6. 接受两个概念

这两个概念是“病虫害非疫区”和“病虫害低度流行区”。前者指没有发生检疫性病虫害，并经有关国家主管机关确认的地区。后者指检疫性病虫害发生水平低，已采取有效监测、控制或根除措施，并经有关国家主管机关确认的地区。与病虫害非疫区一样，病虫害低度流行区可以是一个国家的全部或部分地区，也可以是几个国家的全部或部分地区。

7. 保持法规的透明度

成员应确保及时公布所有有关卫生与植物卫生措施的法律和法规。通常情况下，成员应在卫生与植物卫生措施有关法规的公布和生效之间留出一段合理的时间，以便让出口成员的生产商，尤其是发展中成员的生产商有足够时间调整其产品和生产方法，适应进口成员的要求。

8. 考虑和支持发展中成员的特殊需要

成员方在制定和实施卫生与植物卫生措施时，应考虑发展中成员的特殊需要；成员方同意以双边的形式，或通过适当的国际组织，向发展中成员提供技术援助。

（四）《实施卫生与植物卫生措施协议》的作用

该协议在一定程度上为正确运用绿色贸易壁垒和抑制不正当的绿色贸易壁垒作出了规范，但因存在以下问题，很难从根本上杜绝不正当的绿色贸易壁垒的运用。

1. 复杂性

绿色贸易壁垒涉及众多技术法则、标准、国内政策法规商品和复杂的评定程序。不同国家和地区间达成一致的标准难度非常大，容易引起争议。

2. 不易分辨

因经济发展水平阶段不一、科学技术水平存在差异、国民收入和消费偏好不同，对各国尤其是发达国家所设置的绿色贸易壁垒是否合理和科学，不易分清。在这方面，发展中国家的难度更大。

3. 规外建法

“9·11”事件后，美国于2002年颁布的《公众健康安全与生物恐怖主义预防应付法》，及2003年颁布的《行政性扣留可疑食品法》、《食品企业注册法规》、《记录的建立和保持法》和《进口食品的预先通报制度》，出于应对恐怖事件，一些WTO成员予以认同，但这些法规超出了WTO规则约束的范围。

本章小结

1. 为应对不断下调的关税和保护国民健康和维护生态环境等原因，各国以关税以外限制进出口的措施不断增多。它们包括控制进出口数量的非关税壁垒、技术性贸易壁垒、绿色贸易壁垒等形式的壁垒。非关税壁垒因其目的不同，出现了正当和不正当两种情况，不能等同看待，有的要进行规范，有的要逐步取消。

2. 在控制进口数量的非关税壁垒中，有进口配额制、“自动”出口配额制、进口许可证制、外汇管制、进口押金制、进口最低限价制。其中，影响最大的是进口配额制，要逐步取消。其余的受到抑制，影响日益减少。

3. 技术性贸易壁垒十分复杂，各国尤其是发展中国家难以防范。为了促进国际贸易发展和维护各国生产进行，WTO通过《技术性贸易壁垒协议》予以规范，对WTO成员设置技术标准等提出要求，使其对国际贸易的不利影响减少到最低程度。

4. 绿色贸易壁垒是指为了保护环境和国民身体健康，而对进口的食用产品施加的验证要求。其中，有的是正当的，有的是不正当的，比较复杂，不能笼统反对。为了减少它对国际贸易的不良影响，WTO以《实施卫生与植物卫生措施协议》为成员对进口农畜产品等设置的检验标准等提出规范，使其对国际贸易的不利影响减少到最低程度。

思考题

1. 什么是进口的非关税壁垒？
2. 非关税壁垒兴起的原因是什么？
3. 影响进口的非关税壁垒有几个？各自的作用是什么？
4. 技术性贸易壁垒的含义是什么？
5. 绿色贸易壁垒是如何表现的？

第九章 国际服务贸易

学习目标

在国际货物贸易发展的基础上，国际服务贸易兴起，并成为国际贸易的重要领域。本章系统分析了国际服务贸易的特点，国际服务贸易迅速发展的原因、特点与自由化。通过学习，学生应了解国际服务贸易的内容，知道国际服务贸易的发展趋势和意义，掌握国际服务贸易自由化的特点。

第一节 国际服务贸易概述

一、国际服务贸易的含义

经济学上的“服务”是指一种特殊形式的劳动产品。马克思指出：“服务这个名词，一般地说，不过是指这种劳动所提供的特殊使用价值，就像其他一切商品也提供自己的特殊使用价值一样；但是，劳动的特殊使用价值在这里取得了‘服务’这个特殊名称，是因为劳动不是作为物，而是作为活动提供服务的。”①

国际服务贸易是指国家之间服务的交换，表现为国家之间服务的提供与消费。美国在《1974 年贸易法》的第 301 条中，首先使用了“世界服务贸易”一词。

二、国际服务业的类别与贸易形式

（一）国际服务业的类别

WTO《服务贸易总协定》把服务贸易分为 12 大类和 149 个分部门。主要类别如下。

1. 商务服务

（1）专业性服务（professional services）：法律、工程设计、旅游机构、城市规划与环保、公共关系、咨询、安装及装配（建筑工程在外）、设备的维修等。

（2）计算机及相关服务（computer and related services）：计算机硬件安装和咨询、

---

① 马克思，恩格斯．马克思恩格斯全集：第 26 卷．北京：人民出版社，1962：435.

软件开发与执行、数据处理、数据库服务。

（3）研究与开发服务（research and development services）：自然科学、社会科学及人文学科的研究与开发等。

（4）不动产服务（real estate services）：不包括土地租赁服务在内的不动产范围内的服务。

（5）设备租赁服务（rental/leasing services without operators）：交通运输（汽车、卡车、飞机、船舶等）和非交通设备（计算机、娱乐设备的租赁）服务，不包括涉及操作人员的雇佣或所需人员的培训服务。

（6）其他商务服务（other business services）：生物工艺学、翻译、展览管理、广告、市场研究、管理咨询，技术检验及分析；与农、林、牧、采掘业、制造业相关的服务；与能源分销相关的服务；人员的安置与提供；调查与保安；建筑清洁；摄影、包装、印刷与出版；会议服务等。

2. 通讯服务

所有有关信息、操作、存储设备和软件功能等服务，包括邮政、速递、电信、视听和其他电信服务。

3. 建筑及相关工程服务

建筑物的总体建筑、民用工程的总体建筑、安装和组装、建筑物的装修等服务。

4. 分销服务

佣金代理、批发、零售、特许等服务。

5. 教育服务

初等教育、中等教育、高等教育、成人教育、其他教育等服务。

6. 环境服务

排污、废物处理、卫生和相似服务。

7. 金融（含银行和保险）服务

（1）银行和其他金融服务（不含保险）：存款、贷款，与债务市场有关的服务。

（2）所有保险及与保险相关的服务：货物运输、非货物运输保险；附属于保险的业务。

（3）其他。

8. 与健康有关的服务及社会服务

医院，其他人类健康，社会服务等。

9. 旅游和与旅行有关的服务

饭店和餐馆、旅行社和旅游经营者、导游服务等。

10. 娱乐、文化和体育服务

文娱、新闻社、图书馆、档案馆、博物馆和其他文化服务；体育和其他娱乐服务等。

11. 运输服务

海运、内河、航空、航天、公路、管道、所有运输方式的辅助服务等。

12. 其他未包括的服务。

（二）国际服务贸易的形式

国际服务贸易的出口表现为提供，进口表现为消费。因此，国际服务贸易进出口是以提供地点和消费地点来划分的。WTO《服务贸易总协定》列出了国际服务贸易的四种形式。

（1）跨境交付（cross border supply）：从一成员境内向任何其他成员境内提供服务。

（2）境外消费（consumption abroad）：在一成员境内向任何其他成员的服务消费者提供服务。

（3）商业存在（commercial presence）：一成员的服务提供者在任何其他成员境内通过商业存在提供服务。

（4）自然人流动（movement of personnel）：一成员的服务提供者在任何其他成员境内通过自然人的存在提供服务。

三、国际服务贸易的特点

与国际货物贸易相比，国际服务贸易具有以下特点。

（一）服务不可储存和不可输送

服务产品的生产过程同时也就是消费过程，服务的生产（提供）和消费往往是同时发生的，因而构成服务贸易产品的不可储存和不可输送性。

（二）服务与其价值载体不必同时转移

在货物贸易中，货物出售以后，货物价值载体与货物使用价值一并转移给买方；而服务贸易更多地依赖于生产要素的国际流动，因此，服务贸易提供（出售）的只是使用价值，而价值载体并不提供（出售）给服务的消费者。

（三）服务贸易价格不易确定

从服务消费者的角度来看，他们对服务定价和商品定价的评估不同：第一，由于服务的无形性和异质性，消费者通常对服务持有不准确或有限的参考价格；第二，消费者将服务价格作为反映服务质量的关键信号；第三，对服务的消费者来说，货币价格不是惟一的相关价格，他们还要考虑参与服务或等待服务的时间成本，选择和确定所需服务的搜寻成本，以及接受服务的便利成本和精神成本；第四，由于服务的价格名称多样，如酬金、手续费、租金、运费、保险费等，消费者对这些名称认识不同。

从服务提供者的角度来看，虽然在货物商品定价中所采用的策略，如渗透定价、折扣定价、心理定价等，也适用于服务定价策略，但是服务定价需要考虑的因素远远不止这些。服务提供者不仅要围绕生产和销售成本、顾客需求、竞争对手的价格三个基点来考虑，还要涉及社会学、心理学、国家的服务价格政策及各个行业和服务自身的特点等等，这就决定了服务贸易中的价格确定比货物贸易中的价格确定复杂得多。

（四）服务具有较强的垄断性

服务行业多涉及服务进口国家的主权、安全、伦理道德等极其敏感的领域和问题，因此，国际服务贸易市场多受国家控制或直接经营，具有较强的垄断性。

（五）服务贸易保护具有刚性和隐蔽性

由于服务贸易标的的特点，各国政府对本国服务业的保护，无法采取货物贸易上惯用的关税壁垒和非关税壁垒的办法。而只能采取在市场准入方面予以限制或进入市场后不给予国民待遇等方式，这种保护常以国内立法的形式加以施行。它使国际服务贸易受到的限制和障碍往往更具刚性和隐蔽性。

（六）服务贸易管理难度大

从宏观上讲，国家对服务进出口的管理，不仅仅是对服务中物的管理，还必须涉及服务提供者和消费者的人的管理，涉及包括人员签证、劳工政策等一系列更为复杂的问题。某些服务贸易如金融、保险、通讯、运输以及影视、文化教育等，还直接关系到输入国的国家主权与安全、文化与价值观念、伦理道德等极其敏感的政治问题。因法律的制订与修订均需一定时间，相关的法规管理往往滞后。

在微观上，由于服务本身的固有特性，也使得企业营销管理过程中的不确定性因素增多，调控难度增大。突出表现在对服务的质量控制和供需调节这两个企业营销管理中最为重要的问题上。由于服务具有异质性，使得服务的质量标准具有不确定性。服务也难以通过货物贸易中保退、保换等办法挽回质量问题所造成的损失，从而增大了服务质量管理的难度。

（七）服务贸易统计数字低于实际数字

在国际服务贸易统计上，联合国机构采用的是国际货币基金组织国际收支手册分类统计数据，被称为“商业服务”（commercial service）。它在统计时主要包括以下三项内容：

1. 运输

包括所有的运输服务，即海洋运输、航空运输和其他运输。

2. 旅游

包括为个人游客和商务游客所提供的货物和服务。最通常的货物和服务是指住宿、食品和饮料、娱乐和交通、礼品和纪念品。

3. 其他服务

包括：通讯服务、建筑服务、保险服务、金融服务、计算机和信息服务、专利和许可服务、其他职业服务和个人的文化与消遣服务。

由于服务产业本身的复杂多样，加以国际服务统计体系尚未完全确立，导致服务贸易统计的准确性较差。因此，现有的国际服务统计数字可能大大低于实际数字。如公司内部不断扩大的服务跨境交易通常没有记入国际收支表中。与此相反，公司内部的跨境商品交易就可能在国际收支表中列为出口或进口。

第二节 当代国际服务贸易的状况

一、当代国际服务贸易发展的特点

（一）发展速度与货物贸易持平，约占总贸易的1/5

国际服务贸易额从1980年的7 674亿美元，2000年增加到29 674亿美元，2007年增加到63 200亿美元。同期，国际服务贸易出口额分别为3 650亿美元、14 928亿美元和32 600亿美元，国际服务贸易进口额为4 124亿美元、14 766亿美元和30 600亿美元。从2000年到2007年，国际服务贸易出口额年均增长率为11%，国际服务贸易进口额年均增长率为10.4%。

国际服务贸易在世界总贸易中的比重从20世纪70年代的10%提高到1990～2000年的19.2%。2000年后，由于货物贸易中商品价格上涨，服务贸易额的增长速度略低于货物贸易，服务贸易在世界总贸易中的比重从2000年的19.2%下降到2007年的19.1%。

（二）其他服务成为国际服务贸易的最大项目

在国际服务贸易出口中占第一位的是其他服务，占第二位的是旅游，占第三位的是运输。其他服务所占的比重提高得很快，旅游和运输呈下降趋势。其他服务在国际服务出口中的比重从1980年的34.8%提高到2007年50.7%，同期，旅游从28.4%下降到26.5%，运输从36.8%下降到22.8%。

（三）发达国家是国际服务贸易的主体

在国际服务贸易出口中，发达国家所占比重高于其在国际货物贸易中的比重。1990

年为80.5%，2000年为74.8%，2007年为71.9%。其中美国、英国、德国、日本、法国合计占36.3%。

在国际服务贸易进口中，发达国家所占比重也高于其在国际货物贸易中的比重。1990年为76.8%，2000年为71.5%，2007年为67.1%。其中美国、英国、德国、日本、法国合计占34.3%。在国际服务贸易中，发达国家整体为顺差，顺差额从1980年的168亿美元提高到2007年的2 567亿美元。

（四）发展中国家（地区）在国际服务贸易中所占比重上升

发展中国家（地区）在国际服务贸易出口中的比重1990年为18.5%，2000年为23.4%，2007年为25.4%。其中主要国家和地区为：中国、印度、中国香港、新加坡和韩国。

发展中国家（地区）在国际服务贸易进口中的比重同年分别为：21.3%、26.4%和29.5%。其中主要国家和地区为：中国、印度、韩国和新加坡。

发展中国家和地区的国际服务贸易整体为逆差，1980年为709亿美元，2007年为680亿美元。

二、当代国际服务贸易发展的原因

（一）服务业逐渐成为主要产业

第二次世界大战后，在新技术革命的推动下，各国普遍在产业结构调整中加快服务业的发展，使服务业在国民经济中的份额和就业人员的比重大幅度提高。发达国家服务业在国内生产总值中的比重从1990年的64%提高到2006年的72.9%；同期发展中国家的比重从47%提高到50.8%。在国民经济日益向服务化方向发展的趋势下，国家间的服务贸易也随之增加。

（二）跨国公司推动服务国际化

20世纪60年代后，跨国公司发展极为迅速。在跨国公司全球经营和发展的过程中，许多跨国公司深感服务业对其获取竞争优势的重要性，加大对服务贸易领域的投入，从而加速了服务国际化的进程。通过跨越国境数据资料的流动和世界信息网的建立，使跨国公司有能力提供越过其传统部门的各种服务，如银行提供非银行服务。同时，跨国公司通过扩大其活动和经营范围继续为顾客服务，这在保险业和银行业中表现得较为明显。巨型跨国公司的发展提高了供应世界市场各种服务的能力，并为跨国性服务公司的建立提供了条件。

（三）服务业成为竞争的重要手段

在世界市场上，非价格竞争成为主要的竞争手段，服务成为非价格竞争的重要组成部分，大大促进了服务的“可贸易性”。

(四) 国际经济技术合作方式的多样化

世界经济的相互依赖加深，国际经济合作方式多样化，也为国际服务合作的扩大创造了条件。国际服务合作方式主要有：

(1) 承包外国各类工程。

(2) 服务输出。如派出各类技术工人、海员、厨师、医生、工程师、会计等从事体力和脑力劳动的人员，为输入国提供服务。

(3) 各种技术性服务出口或生产技术合作。如出口各种技术、专利、科技知识、科研成果和工艺等知识产权形态的产品。

(4) 向国外租赁配有操作人员的各种大型机械。

(5) 向海外提供咨询服务。如提供计算机软件使用以及经营管理铁路、公路、电力工程等方面的咨询服务。

(五) 通讯、信息和交通运输业的迅猛发展

通讯和信息技术在国际贸易中的广泛采用，把一系列国家的经济要素引入了国际交换市场，加深了各国服务业相互间的依存关系，为服务贸易的发展提供了良好的环境。货物贸易的发展要求交通运输业进一步发展。

(六) 政府的支持和促进

由于服务业在维护一国经济及政治利益方面均处于重要的战略地位，因此各国政府普遍大力扶植和发展服务业，采取了诸多保护服务市场和鼓励服务出口的措施。

(1) 政府鼓励投资，加速服务行业发展，并有意识地利用外资发展本国落后的服务业。如法国政府鼓励外国投资者在巴黎地区以外开设服务企业。

(2) 大力发展信息及电信技术设施，鼓励数据跨越国境自由流动。

(3) 提供财政支持，建立新的基础设施，改造旧的服务设施。

(4) 大力发展教育，努力提高人力资本素质。

(5) 支持和鼓励区域间服务部门的合作和一体化。如当时的欧洲共同体在一体化协定中授权成员国间进行服务自由移动，广泛支持服务合作的一体化。

第三节 国际服务贸易壁垒与自由化

一、国际服务贸易壁垒的含义

所谓国际服务贸易壁垒，一般是指一国政府对外国服务生产者（提供者）的服务提

供或销售所设置的约束其发展的政策措施，即凡直接或间接地使外国服务生产者或提供者增加生产或销售成本的政策措施，都被认为是服务贸易壁垒。此外，服务贸易壁垒还包括出口限制。设置服务贸易壁垒的目的：一方面在于保护本国服务业的市场，扶植本国服务部门，增强其竞争力；另一方面旨在抵御外国服务业的进入，削弱外国服务业的竞争力。

二、国际服务贸易壁垒的种类

国际服务贸易壁垒达 2 000 多种，可以划分为如下四大类。

（一）产品移动壁垒

产品移动壁垒包括数量限制、当地成分或本地要求、补贴、政府采购、歧视性技术标准和税收制度等。在数量限制方面，如规定一定的服务进口配额；在当地成分方面，如服务厂商被要求在当地购买设备；在本地要求方面，如德国、加拿大和瑞士等国禁止在东道国以外处理的数据在国内使用；通过政府补贴，提高本国服务厂商的竞争力，阻止外国竞争者的进入；在政府采购方面，如规定公共领域的服务只能向本国厂商购买；在技术标准和税收制度方面，如对外国服务厂商使用设备的型号、大小和各类专业证书等的限制，外国服务厂商可能比国内厂商要缴纳更多的交易附加税、经营所得税和使用设备（如机场）的附加税。

（二）资本移动壁垒

资本移动壁垒主要有外汇管制、复汇率和投资收益汇出的限制等。外汇管制主要是指政府对外汇在本国境内的持有、流通和兑换，以及外汇的出入境所采取的各种控制措施。不利的汇率不仅增加厂商的经营成本，而且会削弱消费者的购买力。对投资者的投资收益汇回母国设置限制，如限制外国服务厂商将利润、版税、管理费汇回母国，或限制外国资本抽调回国，或限制汇回利润的额度等措施。它们在各国的建筑业、计算机服务业和娱乐业中大量存在。

（三）人员移动壁垒

人员移动壁垒指各国政府限制服务提供者进入本国或进入本国后从事经营其擅长的行业等。如各种移民限制和出入境的繁琐手续。

（四）开业权壁垒

开业权壁垒又称生产创业壁垒。2/3 以上的美国服务业厂商都认为开业权限制是它们遇到的最大的服务贸易壁垒。如加拿大规定，外国银行在国内开业银行中的数量不得超过预定比例。即使外国厂商能够在东道国开设分支机构，其人员构成也受到诸多限制：除去移民限制外，政府还采用多种办法限制外国服务厂商自由选择雇员，如通过就业法规定本地劳工比例或职位等；有些国家还规定，专业人员开业必须接受当地教育或培训。

三、国际服务贸易自由化

（一）国际服务贸易自由化的原因

1. 经济全球化的推动

在第三次科学技术革命的作用下，传统的商品市场在发展，新的商品市场不断涌现，各种服务业的市场不断形成。服务业已成为各国经济发展的重要组成部分。如美国是当前国际服务贸易的最大国家，美国服务贸易出口的增加，既是美国经济、服务业发展的结果，同时也对美国经济发展、国内就业、国民生产总值产生了巨大影响。它对改善美国在国际贸易中的地位，恢复其国际经济竞争力起到了重要作用。发展服务业、扩大国际服务贸易也已成为发展中国家提高国民经济生产效率、获取外汇收入、扩大就业的重要途径。

国际服务贸易已经成为各国进行商品生产和销售，实现商品价值，进行扩大再生产的不可或缺的环节，成为世界市场存在和发展的枢纽。

2. 货物贸易发展的需要

货物贸易的发展促进了与货物贸易相关的服务，如航运、港口服务和商业保险的发展；跨国公司在按其全球生产经济战略进行商品的设计和销售时，需要获取国外市场各种状况的详细资料，需要通过各种服务解决在投资和生产中遇到的距离、语言、习惯、法律和规则等的限制，极大地推动了服务贸易向更广阔、更深入的方向发展。反过来，服务贸易的发展也能够促进货物贸易的发展。如集装箱和航空运输成本的下降，大大促进了世界货物贸易的发展。

3. 服务成为竞争优势的重要因素

为了提高竞争能力，各国企业，尤其是跨国公司日益需要通过各种服务联系生产、销售和分配的各个环节，扩大要素投入品的生产效率，降低产品成本，改进和提高质量。因此，当代制造业的标准企业要从事商品和服务的生产与经营。如果工业公司不能生产其竞争所需要的服务，将被迫付出高价购买服务，在世界市场上处于竞争劣势。在当今世界经济迅速发展、技术水平不断提高、竞争日益激烈的情况下，获取低廉的有效服务，已成为公司、企业参与市场竞争的重要因素。

4. 发达国家的倡导与推动

发达国家在服务业上具有绝对优势和比较优势，为了发挥这些优势，提高竞争力，它们积极提倡服务贸易自由化。其中，美国最为积极。其原因是，服务贸易自由化给美国服务业带来了巨大的利益。一方面，美国服务业在国内生产总值中的比重已达到70%以上，服务贸易自由化可以释放美国在服务业上的竞争优势，为美国跨国公司的扩张提供便利条件，由此带来的服务贸易的巨额顺差又可以弥补美国在货物贸易上巨额逆差。为此，美国商界和政界强烈要求其他国家开放服务市场，为服务贸易自由化扫除障碍。在《1984年美国贸易与关税法案》中，美国国会授权政府就服务贸易、国际投资和知识产权问题与他国进行双边和多边谈判，并积极推动把服务贸易自由化列入关贸总协定乌拉圭回合的议题。

（二）国际服务贸易自由化的表现

1. 经贸集团内部服务逐步自由化

在欧盟成立的基本条约即《罗马条约》的第三部分“共同体政策”中，专门有一章是“服务”。其中，规定了要逐步废止成员国国民在共同体内自由提供服务的限制。要求自条约生效起，各成员国一般不得在提供服务方面对已实现的自由化采取新的限制，并规定理事会制订一个服务贸易自由化的总计划。此后，欧盟在银行业、保险业、证券业、运输业等行业推行了自由化。

《北美自由贸易协定》第一章“目标”就将“消除贸易壁垒，促进成员之间商品和服务的流动”作为协定的第一项的一般目标，后面还有数个章节涉及三国之间服务贸易的自由化安排问题。

2. WTO成员的服务贸易自由化

（1）通过协定保证

1993年12月15日结束的乌拉圭回合多边贸易谈判达成了《服务贸易总协定》（General Agreement on Trade in Services，GATS）。该协定旨在在促进所有成员的互惠利益和确保权利与义务总体平衡的基础上，为服务贸易逐步达到更高水平的自由化奠定基础。

（2）服务贸易自由化的特点

① 自由化进程的逐步性。服务业自由化进程应适当尊重各成员的国家政策目标及其总体和各部门的发展水平。为此，允许成员根据自身情况谈判，确定开放和不开放的服务行业部门；在对外开放的部门可以列出全部开放和局部开放的部门；经过谈判，最终确定对外开放的服务业与开放程度，并载入“服务贸易具体承诺减让表”。

② 对不同经济发展阶段的成员待遇的区别性。在服务业市场准入上，允许发展中国家成员“有适当的灵活性，以开放较少的部门，放开较少类型的交易，以符合其发展状况的方式逐步扩大市场准入”。

③ 非歧视原则应用的有限性。“服务贸易具体承诺减让表”应用最惠国待遇条款。“每一成员对于任何其他成员的服务和服务提供者，应立即和无条件地给予不低于其他国家同类服务和服务提供者的待遇。”但国民待遇条款只适用于开放的服务行业，不适用于不对外开放的服务行业。

④ 市场准入仍具有一定的限制性。在作出市场准入承诺的服务部门，成员可以根据需要，在减让表中列出以下6种限制中的一种或多种。第一，以数量配额、垄断、专

营服务提供者的形式，以经济需求测试要求的形式，限制服务提供者的数量；第二，以数量配额或经济需求测试要求的形式限制服务交易或资产总值；第三，以数量配额或经济需求测试要求的形式，限制服务业总数或以指定数量单位表示的服务产出总量；第四，以数量配额或经济需求测试要求的形式，限制特定服务部门或服务提供者可雇佣的、提供具体服务所必需且直接有关的自然人总数；第五，限制或要求服务提供者通过特定类型法律实体或合营企业提供服务的措施；第六，以限制外国股权最高百分比或限制单个或总体外国投资总额的方式限制外国资本的参与。

（3）"服务贸易具体承诺减让表"的内容。

① 整体结构。包括两个部分：第一部分是"水平承诺"，表中列出了服务行业适用的内容；第二部分是"部门承诺"，表中列出了对各具体部门或分部门所作的承诺。

② 承诺内容。由四栏构成：第一栏为部门或分部门，列出开放的部门或分部门；第二栏是市场准入限制，以序号列出市场准入限制的种类；第三栏是国民待遇限制，是指在商业存在时给予国民待遇的限制内容；第四栏是其他承诺。

（4）WTO 成员服务对具体服务业的承诺。

① 发达国家成员。在列出的 149 个具体服务部门中，发达国家成员作出了 64% 的承诺，如果排除视听服务、邮政、速递和基础电信服务及运输服务，它们承诺的覆盖率高于 80%。但在健康服务、教育服务、娱乐、文化和体育服务及商务服务中的一些具体服务中承诺很低。

② 经济转型国家成员。经济转型国家成员所作的承诺覆盖了 149 种具体服务业的一半以上，但在商业服务中的一些具体服务，如健康服务、娱乐、文化和体育服务等方面承诺很低。

③ 发展中国家成员。发展中国家成员列入减让表的服务部门的比例较发达国家成员和经济转型国家成员要少得多，149 种具体服务业只涉及了 16%，但绝大多数发展中国家成员作出承诺的具体服务业包括了与旅游相关的饭店和餐馆服务。

各类国家成员对具体服务业的承诺见表 9.1。

表 9.1　　各类国家成员对具体服务业的承诺（%）

149 种服务行业的承诺		不包括视听服务、邮政、速递和基础电信服务及运输服务的 149 种具体服务行业
发达国家成员	64	82
经济转型国家成员	52	66
发展中国家成员	16	19

资料来源：世界贸易组织秘书处。

四、国际服务贸易自由化的效益

（1）促进竞争机制发挥作用。一方面，通过竞争可以提高服务质量，改进管理，降低成本；另一方面，有利于引进先进技术和管理经验，提高服务的专业水平。

（2）有利于各国具有比较优势的服务部门发挥效益，在全球范围内实现规模效益。

（3）有助于服务提供者充分考虑消费者的需要，提高服务质量，使广大消费者受益。

（4）促进服务业的发展，以产生更多的就业机会。

（5）加强各国政策法规增加透明度和可预测性，有利于提高资本的利用率。

（6）提高贸易过程的便利化，促进整个国际贸易的发展。

服务贸易自由化不仅有利于发达国家服务业的发展，也有利于发展中国家的经济发展，世界银行在《全球发展中国家的经济展望（2001）》中指出，到2015年，发展中国家的服务自由化可以为其自身提供6万亿美元的额外收入。

本章小结

1. 国际服务贸易是在世界货物贸易发展的基础上，随着各国尤其是发达国家的产业结构不断优化而出现的，目前其贸易额约占整个国际贸易额的20%。各国服务业和服务贸易的发展已成为各国和企业提高竞争力的重要部分。

2. 国际服务贸易包括12个大类和149个子类。国际服务贸易的形式表现为这些服务业的跨境交付、境外消费、商业存在和自然人流动。受到发展阶段的限制，发达国家的服务贸易较为发达，其贸易额约占国际服务贸易额的75%，高于其货物贸易额在国际货物贸易额中的比重。

3. 由于经济安全和意识形态等原因，各国对服务行业的保护程度较高，其自由化程度滞后于货物贸易。在经济全球化的推动、跨国公司的要求和科技革命的作用下，20世纪80年代以来，发达国家借助其服务业的竞争优势，推动服务贸易自由化，并把服务贸易自由化的内容纳入关贸总协定乌拉圭回合的多边贸易谈判，达成了《服务贸易总协定》。

4.《服务贸易总协定》的目标就是促进WTO成员的服务贸易自由化。但考虑到发展中国家服务业发展比较落后和竞争力不强的现实，其在服务业自由化的进程中受到一些特殊和差别待遇。该协定有利于国际服务贸易的发展。

5. 由于没有国际服务贸易统计的标准体系，加上国际服务贸易与国内服务贸易不易剥离，导致国际服务贸易额的统计数字低于国际服务贸易额的实际数字。

思考题

1. 与国际货物贸易相比，国际服务贸易有什么特点？
2. 第二次世界大战后，国际服务贸易迅速发展的原因是什么？
3. 当代国际服务贸易的发展有哪些特点？
4. 服务贸易壁垒产生的原因是什么？
5. 世界范围内，服务贸易自由化是如何进行的？
6. 发展中国家成员在具体服务承诺中的比重为何最低？

第十章　与贸易有关的知识产权保护

学习目标

随着知识经济时代的到来，国家之间科学技术传播的增多，与贸易有关的知识产权保护日益受到重视。本章比较系统地介绍了知识产权制度的产生、与贸易有关的知识产权保护的背景与做法。通过学习，学生应了解知识产权的特点，知道对与贸易有关的知识产权保护的方式。

第一节　知识产权概述

一、知识产权的概念

知识产权（Intellectual Property）这一概念于 17 世纪由法国人卡普佐夫最先使用，是指公民或法人对其在科学、技术、文化、艺术等领域的发明、成果和作品依法享有的专有权，也就是人们对自己通过脑力活动创造出来的智力成果所依法享有的权利。

二、知识产权的类别

1957 年建立的世界知识产权组织（World Intellectual Property Organization，WIPO）于 1967 年 7 月 14 日签订的《建立世界知识产权组织公约》第二条第八项列出的知识产权包括：

（1）关于文学、艺术及科学作品有关的权利；
（2）关于表演艺术家的演出、录音和广播的权利；
（3）关于在一切领域中因人的努力而产生的发明；
（4）关于科学发展的权利；
（5）关于工业品式样的权利；
（6）关于商品商标、服务商标、厂商名称和标记的权利；
（7）关于制止不正当竞争的权利；
（8）关于在工业、科学及文学艺术领域的智力创作活动所产生的权利。

三、知识产权的特征

知识产权作为一种财产权，与普通意义上的财产权不同，具有以下特征。

（一）客体的无形性

知识产权的客体是基于智力活动而形成的创新成果，是无形财产。因其不占据一定的空间，难以实际控制，知识产权所有权人即使在其权利全部转让后，仍有利用其创造的智力成果获取利益的可能性。因此，法律上有关知识产权的保护、知识产权侵权的认定、知识产权贸易等比货物贸易更加复杂。

知识产权的“无形性”必须通过一定的物质载体表现出来，才能使人们感受和了解。但知识产权保护的法律体系着重于这些智力劳动成果本身，而不在于这些物质载体上。如著作出版后，读者可购买该著作，并拥有所有权，但没有该著作的著作权。

（二）主体的专有性

知识产权的专有性是指权利人对其智力成果享有垄断性的专有权，未经其同意或法律规定，其他任何人均不得享有或使用该项权利，其他任何单位或个人无权干预或妨碍知识产权人行使其权利。

各国法律对于权利人的这种独占的专有权都实行严格的保护。除通过依法规定的条件和程序，使用“强制许可”对权利人的专有权加以变更外，任何侵犯专有权的行为均构成侵权。专有权是知识产权最基本的法律特征，也是知识产权制度存在的保证和发展的动力。

（三）有效期的时间性

知识产权具有时间性，即它在一个法定的期限内受到保护。法律对知识产权的有效期作了限制，超出有效期限，权利即告终止，而进入公有领域，成为人类共享的公共知识，任何人都可以合法使用。由于各国对知识产权不同对象的保护期限存在差别，因而同一知识产权对象在不同国家可获得的保护期限是不同的。例如，对发明专利的保护期有的国家为 15 年，有的国家则为 20 年。

各国虽然对商标规定了有效期，但允许商标所有权人到期后申请延续，对延续次数没有限制。例如，可口可乐等一些历史较长的商标可能经历了数十年，甚至上百年。

（四）专有权的地域性

知识产权的地域性是指按照一国法律获得确认和保护的知识产权只在该国具有法律效力，其他国家对该国知识产权没有保护义务。但签有国际公约或双边互惠协定的成员除外。

此外，某项知识产权经过一定的国际间合作方式，可以在更多的国家与地区范围内得到保护。

（五）国家机构的认可性

知识产权因国家主管机关依法确认或授予而产生。知识产权所有者想正常地按自己意愿行使对其知识产权的占有、使用、处分权，就必须通过国家主管机关授权或认可，才得到国家法律的保护。此外，政府机构对知识产权进行审查、注册，也可把一些不符合创新性等法定标准的智力成果排除在保护范围之外。注册时会对知识产权人、法律保护期、具体知识产权内容进行明确记录，这也有利于知识产权侵权纠纷的解决。

第二节　知识产权保护制度

一、知识产权保护的产生

从14世纪开始，在文艺复兴的带动下，以技术革命为核心的产业革命在欧洲兴起。工业革命时期英国经济发展迅速，出现了造纸、火药、纺织、冶金等一系列新兴的工业部门。产业资本家为了增强竞争力，除了不断使用新技术、新发明以外，越来越认识到要从法律上寻求保护，以国家法律形式确认其对发明的垄断权。1623年英国颁布了《垄断法》。美国于1790年、法国于1791年、荷兰于1817年、德国于1877年、日本于1885年先后颁布了本国的专利法，极大地推动了知识产权保护制度在世界范围内的发展。

18世纪末19世纪初，商标保护制度也得到发展，1803年法国颁布了《关于工厂、制造场和作坊的法律》，1809年颁布了《备案商标保护法令》，1875年又颁布了确立全面注册商标保护制度的商标权法。英国于1862年、美国于1870年、德国于1874年、日本于1884年先后颁布了注册商标法。

为保护版权，英国于1710年颁布了世界上第一部成文的版权法——《保护已印刷成册之图书法》；法国在18世纪末颁布了《表演权法》和《作者权法》；美国于1790年制定了统一的联邦著作权法；德国于1837年通过了第一部《著作权法》；日本在1875年和1887年先后颁布了两个《版权条例》，1899年颁布了《著作权法》。

在中国，1910年清政府颁布了《大清著作权律》，1928年中华民国政府颁布了《著作权法》。

二、知识产权保护的发展

随着世界范围内经济、文化交流的日益频繁，知识产权的国外保护问题日益突出。在各国知识产权立法不断完善的同时，地区和全球范围内的知识产权立法活动也迅速发展。

（一）加强保护知识产权的国家立法

各国尤其是发达国家通过国家立法加强对知识产权的保护，美国在该领域制定的法律法规十分健全。美国《1988 年综合贸易与竞争法》中专门设有保护知识产权的“特别 301 条款”。美国认为，本国的许多产品，包括农药、化肥、书籍、音像资料、计算机软件等知识产品，被进口国大量仿制和复制，从而影响了美国的经济利益，因此制定了该条款，以保护美国人的版权、专利和商标。

该条款要求政府在每年 4 月 30 日以前宣布一份在保护美国知识产权方面做得不够的国家名单，并限定这些国家在一定的时间内与美国谈判解决纠纷，否则将对这些国家和地区向美国出口的产品征收高额关税，以示惩罚。美国在动用此条款时，一般采用三个步骤：（1）把与之有一般纠纷的贸易伙伴列入“监督名单”。（2）把与之有较大纠纷的贸易伙伴列入“重点监督名单”。被列入该名单的国家有三个条件：在知识产权保护方面具有最苛刻、最恶劣的立法、政策或做法的国家；上述立法、政策或做法对相关的美国产品有最不利的影响；对提供充分或有效的知识产权没有进行有诚意的谈判，或在双边或多边谈判中没有取得明显进展。（3）被列入“优先观察名单”的国家和地区，如在一年内没有在保护美国知识产权方面采取重大措施的话，将被列为“需优先解决”的国家。这时，美国将对其进行为期半年的调查，在此期间，双方若能通过谈判达成解决纠纷的协议，美国就不采取报复措施；若不能达成协议，美国可在征求公众意见的基础上，于一个月后对部分进口商采取报复措施，也可以再将谈判期限延长 3～4 个月左右，届时，再视谈判结果决定是否采取报复措施。

凭借此项条款，美国迫使巴西、韩国、希腊、泰国、日本和欧盟提高了对美国知识产权的保护。

此外，美国还借助《1930 年关税法》第 337 条款，加强了对在外国生产并出口到美国的产品侵犯美国知识产权行为的管制。

该条款规定，如果任何进口行为存在不公平行为（主要针对侵犯专利权、商标权、著作权、半导体芯片模版权利等），并且对美国产业可能造成抑制和垄断，则由美国国际贸易委员会对其发起调查。若认定其存在违反该条款的行为，则发布排除令或终止令，或两者同时发布，美国海关将禁止任何来源的侵权商品进入美国境内（即普遍排除令）或者禁止来自指定的进口商或者生产商的商品进入美国境内（即有限排除令）。2001 年 1 月 1 日～2003 年 9 月 30 日，美国共发起 56 起 337 条款调查。其中 47 起涉及专利侵权指控；四起涉及侵犯商品外观和商标权；两起涉及商标侵权和其他不公平行为；一起涉及盗用商业机密和其他不公平行为；一起涉及专利侵权、商标侵权和其他不公平行为；一起涉及专利侵权和其他不公平行为。

（二）通过国际公约和组织保护知识产权

1. 国际公约与条约

20世纪以来，在工业产权领域产生了15个国际公约，主要有《保护工业产权巴黎公约》、《商标国际注册马德里协定》、《专利合作条约》等。在版权领域有10个公约，主要有《保护文学艺术作品伯尔尼公约》、《世界版权公约》、《保护表演者、录音制品制作者与广播组织公约》等。此外，还有《科学发现国际登记日内瓦条约》、《保护奥林匹克会徽条约》和《集成电路知识产权条约》。在知识产权的国际保护领域，还有一些地方性公约起着独特的作用，如《欧洲专利公约》、《建立非洲、马尔加什工业产权专利局的协定》等。

2. 联合国世界知识产权组织

（1）机构性质

世界知识产权组织（World Intellectual Proterty Organization，WIPO）是由“国际保护工业产权联盟”（巴黎联盟）和“国际保护文学艺术作品联盟”（伯尔尼联盟）于1967年7月14日在瑞典的斯德哥尔摩共同缔约建立的政府间国际组织。1974年12月，它成为联合国系统下的第14个专门机构，总部设在瑞士日内瓦，在美国纽约联合国大厦设有联络处。

WIPO负责通过国家间的合作，促进对全世界知识产权的保护，管理建立在多边条约基础上的关于专利、商标和版权方面的23个联盟的行政工作，并办理知识产权法律与行政事宜。WIPO对23个条约进行管理，其中有两个是与其他国际组织共同管理的。WIPO的很大一部分财力用于同发展中国家进行开发合作，促进发达国家向发展中国家转让技术，推动发展中国家的发明创造和文艺创作活动，以利于其科技文化和经济的发展。WIPO现有成员国179个。

该组织的大会是其最高权力机构；成员国会议由全体成员国组成，每两年召开一次会议，与大会同时间同地点举行；协调委员会是大会和成员国会议的咨询及执行机构；国际局是该组织以及受该组织管理的各联盟的秘书处，由以总干事为首的来自各国的常任职员组成；调停中心负责调停因各成员国专利制度不同或在审查专利的方法和对条约的解释上的不同而造成的纠纷，拟定调停纠纷的立场中立的专家名单，视每个纠纷的情况挑选调停者。

国际局实际上是该组织以及受该组织管理的各联盟的秘书处，受大会和成员国会议的管理，由以总干事为首的来自各国的常任职员组成；总干事由大会根据协调委员会提名任命，任期6年。国际局下设有关工业产权法律、版权法律、情报、公约保存以及专利、商标、外观设计和原产地名称注册等业务机构。

仲裁中心是联合国知识产权组织的仲裁机构，设在日内瓦，其任务是选用仲裁员，组织仲裁庭。它设有两个部门：一是仲裁委员会，主要任务是起草仲裁规则；二是仲裁顾问委员会，由 34 人组成，主要任务是解决仲裁庭和仲裁员不能解决的事项。中心有 450 名仲裁员，来自 43 个国家。仲裁员的选用方式有官方推荐（如日本）和个人申请，中国基本上是贸促会推荐的。

仲裁中心受理的案件范围主要是知识产权方面发生的争议。此外，如果当事人自愿申请到中心仲裁，或在协议条款中选择中心仲裁，内容与知识产权有联系，中心也受理。对当事人协议中没有约定仲裁地为中心仲裁的，中心可予确定，主要考虑三种情况：方便双方当事人的地点；协议约定适用的法律；仲裁员的居住地。

（2）管理的国际公约与条约

WIPO 管理的保护知识产权的国际公约主要有：

①《保护工业产权巴黎公约》，缔结于 1883 年，是各种工业产权中缔结最早、成员国最为广泛的一个公约。

②《保护文学艺术作品伯尔尼公约》，缔结于 1886 年，是版权保护方面的主要公约之一。

③《商标国际注册马德里协定》及其协定书。《马德里协定》缔结于 1891 年 4 月 14 日，是对商标国际申请与注册程序方面进行规定的公约。

④《保护表演者、音像制品制作者和广播组织国际公约》，简称《罗马公约》，缔结于 1961 年 10 月 26 日。《罗马公约》是一个保护表演者表演、广播组织的广播等邻接权的国际性公约。

⑤《保护录音制品制作者防止未经许可复制其制品公约》，缔结于 1971 年 10 月 29 日。

⑥《保护植物新品种国际公约》，缔结于 1961 年，于 1972 年、1978 年及 1991 年修订。

⑦《建立世界知识产权组织公约》，1967 年签订，1970 年生效。

⑧《专利合作条约》，缔结于 1970 年，2001 年 10 月 3 日进行了最新修订。

⑨《国际承认用于专利程序的微生物保藏布达佩斯条约》，1977 年签订，1980 年修订。

⑩《专利法条约》，2000 年 6 月 1 日缔结，目前尚未生效。

此外，还有：

①《商标法条约》，1994 年 10 月 27 日通过，于 1996 年生效。

②《WIP 版权公约》，1996 年 12 月通过，于 2002 年 3 月 6 日生效。

③《WIPO 表演和录音制品条约》，1996 年 12 月通过，于 2002 年 5 月 20 日生效。

第三节　与贸易有关的知识产权保护的加强

一、与贸易有关的知识产权保护受到重视的原因

（一）知识在国际贸易中的地位突出

当代科学技术特别是高科技的发展和技术跨界转让途径的扩大，使知识产权在各国经济发展中起着主导作用，商品中的科技含量逐年上升。从20世纪60年代开始，国际技术贸易额平均每五年便翻一番。20世纪80年代以来与知识产权相关的贸易领域迅速扩大，贸易额大幅度上升。此外，国际贸易中高科技和知识、资本密集型产品所占比例呈上升趋势，涉及专利、商标等知识产权问题的纠纷也越来越多。国际经贸活动中的知识产权保护，已成为各国都不可回避和不容忽视的问题。

（二）知识成为竞争的重要手段

1. 知识时代的到来

随着知识经济的到来，企业为此展开的竞争主要表现在技术创新和谁拥有专利权的竞争。只有拥有创新的技术才能获得发展，才能在激烈的市场竞争中掌握主动权。美国把知识产权当作国家基础性的战略资源，把强化知识产权保护作为重要的竞争手段。日本明确提出从科技立国到知识产权立国的基本国策。印度、韩国也通过知识产权推动产业升级，力图在国际分工中占据有利的地位。一个国家或企业拥有的专利数量的多少已经成为衡量其竞争力的一个重要指标。世界知识产权组织在1997年年度报告中，就工业产权进行统计分析后得出结论：专利申请量居前几名的国家，其经济发展速度和工业发展水平也居世界前列。日本、德国和美国是经济大国，它们在国内外的专利申请量也名列前茅。

2. 知识成为提高商品竞争力的基础

随着世界市场竞争的加剧，高科技已成为企业在市场上竞争成败的关键。含有知识产权的产品在国际贸易中所占的比重越来越大，例如新的药品和其他高科技产品，电影、音乐、书籍、计算机软件、知名品牌商品、植物新品种等等。美国电影、音像、计算机、传媒等“版权产业”1996年的产值已达4 250亿美元，占美国国民生产总值的6.7%，版权业的产品出口和对外转让版权收入超过430亿美元，雇用员工550万人。2002年美国电影、音像、计算机、传媒等“版权产业”的出口额居所有行业之首。

为了竞争，发达国家的企业在专利技术的开发应用上倾注了大量的人力、物力和财力，而且在技术研制成功之后，又以最快的速度申请专利，以维持和保护这一技术优势。例如，日本企业界和经济界把知识产权视为与物力、财力、人力三大企业经营资源并列的“第四资源”。

3. 知识成为控制市场的重要手段

技术转让通过三条途径进行：货物与服务的国际贸易、外国直接投资和发放合同性的技术证、国际技术贸易。通过国际技术贸易，一方面，可以控制技术转让接受方的市场，出现了限制性的贸易惯例；另一方面，技术转让方可以获取高额的无形资产收入。2006 年，一些发达国家通过专利转让和授权许可获取了可观的专利和许可费，美国为 359.05 亿美元，欧盟为 47.86 亿美元，日本为 45.36 亿美元。

（三）存在不正当竞争

（1）《保护工业产权巴黎公约》列出三种不正当竞争行为：

① 不择手段地对竞争者的营业场所、商品或工商业活动造成混淆性质的一切行为；

② 在经营商业中，损害竞争者的营业场所、商品或工商业活动名誉的虚假说法；

③ 在经营商业中使用造成使公众对商品的性质、制造方法、特点、适用性或数量易于产生误解的表示或说法。

（2）联合国贸易与发展会议的《发展中国家商标、厂商名称和不正当竞争行为示范法》解释中列出的 12 种不正当竞争行为：

① 贿赂竞争者的买主以获得或保持他们的惠顾；

② 进行间谍活动或对其雇员进行贿赂以获得竞争者的经营秘密或贸易秘密；

③ 未经许可而使用或泄露竞争者的秘密或技术诀窍；

④ 劝诱竞争者的雇员违反雇佣合同或脱离其雇主；

⑤ 有意地以减少竞争者的贸易和妨碍竞争为目的而提起专利或商标侵权诉讼对竞争者进行威胁；

⑥ 抑制贸易以阻止或妨碍竞争；

⑦ 以妨碍或压制竞争为目的而进行倾销，即以低于成本的价格销售对该国产业造成严重损害；

⑧ 造成向顾客提供按照非常有利的条件购货的机会的错觉，而事实并非如此；

⑨ 依样仿效竞争者的商品、服务、广告或贸易的其他特点；

⑨ 鼓励或利用竞争违反合同；

⑪ 与竞争者的商品或服务进行比较的广告宣传；

⑫ 故意违反不是与竞争直接有关的法律规定，以便通过这种违反或不正当利益而

超过其他竞争者。

（四）假冒与仿冒风行

1. 假冒

“假冒”一词起源于英国。根据美国《布莱克法律词典》（Black Law Dictionary）的定义，“假冒”是一种行为，其性质和潜在的影响是要欺骗公众，使其将某人的物品当作另一个人的物品。“假冒”所包括的范围要比一般商标侵权的范围广泛得多，它横跨商标和不正当竞争两个领域。也就是说，商标侵权在某种情况下构成“假冒”，但“假冒”并不一定属于商标侵权。

美国法学家将“假冒”分为四大类：

（1）明显假冒（express passing off）：指甲方利用乙方的商标出售自己的产品。

（2）非明显假冒（implied passing off）：指甲方向买主出示乙方的货样，但实际出售的是自己的产品。

（3）明显逆假冒（express reverse passing off）：指甲方购买乙方的产品，然后贴上甲方的商标出售。

（4）非明显逆假冒（implied reverse passing off）：指甲方购买乙方的产品，然后在没有任何标志的情况下出售。

2. 仿冒

“仿冒”属于一种严重的商标侵权行为。美国《商标法》第45条认为，“仿冒”是指一种伪造标记，它与一个已注册标记完全相同或者无实质区别。《与贸易有关的知识产权协定》指出：“冒牌货物指包括包装在内的任何如下货物：未经许可而载有的商标与此类货物已有效注册的商标相同，或其基本特征不能与此种商标相区分，并因此在进口国法律项下侵犯了所涉商标所有权的权利。”①

“仿冒”在国际贸易中所造成的经济后果远远大于一般商标侵权和“假冒”。目前每年有价值数百亿美元的仿冒产品充斥着国际市场，有些仿冒产品已打入高技术领域并造成了严重的后果。在美国的一些飞机上发现了仿冒的零部件，在美国“波音”737客机上甚至发现了仿冒的飞机发动机。另外，美国宇航部门发现在航天飞机上竟有一些仿冒的电子部件。但绝大多数的仿冒产品属于普通民用产品，最常见的有手表、收录机、照相机、化工产品以及药品等。由于绝大部分仿冒产品质量低劣，无疑会给用户带来经济上的损失。另一方面，仿冒产品可能最终给真正的商标所有人造成无可挽回的损失，仿冒产品可能彻底摧毁商标的声誉。

---

① 对外贸易经济合作部国际经贸关系司，译．WTO乌拉圭回合多边贸易谈判结果法律文本．北京：法律出版社，2000：344.

（五）盗版严重

《与贸易有关的知识产权协定》指出："'盗版货物'指任何如下货物：未经权利持有人同意或未经在生产国获得权利持有人充分授权的人同意而制造的复制品，及直接或间接由一物品制成的货物，如此种复制品在进口国法律项下构成对版权或相关权利的侵犯。"①

盗版产品是指那些侵犯版权及其相关权利的产品。出版商和音像录制品生产商常常成为盗版的牺牲品。技术进步大大提高了复制的工艺水平，为盗版提供了可用技术。在高额利润的驱使下，盗版大大危害了知识产权拥有者的权益。计算机软件、音像和图书产业是当前国际贸易中被非法大量复制、受害最重的行业之一。

据美国商务部估计，擅自播放专有权音乐的电台每年获利 12 亿美元，美国出版商因被侵权翻印而每年损失达 7 亿美元。美国声称其在全球每年在知识产权方面的损失高达 600 亿美元。

二、原有知识产权保护制度存在缺陷

（一）各国知识产权保护法律不一

从有关国家的国内立法情况来看，有的国家尚未制订知识产权法；有的即使制订了，但保护范围较小；有的国家对药品、化学产品和生物制品等不授予专利权。有的国家专利保护期短，有 8 年的，有的甚至只规定 5 年；并且存在执法不力或根本不执行的情况。如在专利制度方面，美国对国内发明实行"发明在先"原则，对在国外发明后向美国专利局申请专利则实行"申请在先"原则，而大多数国家都实行"申请在先"原则（美国已开始提出按"申请在先"原则处理）。法国对外国公民实行互惠原则，而大多数国家或公约实行的是"国民待遇"原则。又如在版权保护方面，法国对计算机软件的保护期是登记后 25 年，而许多国家是保护 50 年。此外，国际贸易中假冒品和伪造商标泛滥，而许多国家国内有关立法对此存在保护不力或执行不力的情况。

（二）国际知识产权保护体系不完善

1. 整体约束力不足

原有的有关知识产权的国际公约和协定的参加签约成员国不多，管辖区域太窄，缺乏一个权威的执行机构来协调各国的立法和政策措施。

① 对外贸易经济合作部国际经贸关系司，译．WTO 乌拉圭回合多边贸易谈判结果法律文本．北京：法律出版社，2000：344.

2. 保护范围滞后

已有的有关知识产权保护公约等未包括新的技术，如集成电路、生物技术、计算机软件等。

3. 争端解决机制乏力

已有的有关知识产权保护公约等因缺乏有效的争端解决程序和制裁机制而不能使知识产权得到实质的保护。

三、通过乌拉圭回合加强保护

（一）发达国家的强力推动

在科学技术发明与专利具有绝对优势的发达国家，尤其是美国强烈主张在乌拉圭回合中把与贸易有关的知识产权问题列入谈判议题，经过与发展中国家讨价还价，最终把《与贸易有关的（包括假冒商品贸易）知识产权协定》列入乌拉圭回合谈判议题。

（二）提高了对与贸易有关的知识产权的保护力度

1. 保护国家扩大

参加乌拉圭回合的谈判方众多，前后达 120 多个，约占世界贸易额的 90%。受到约束国家的数目远远高于接受世界知识产权组织各种公约和条约的成员数目。

2. 为 WTO 成员规定最低保护程度

《马拉喀什建立世贸组织协定》第 16 条规定："每一成员应保证其法律、法规和行政程序与所附各协定对其规定的义务相一致。"这样，可以使所有世界贸易组织成员国内与贸易有关的知识产权立法有共同的基础。

3. 有效地解决知识产权上的争端

当世界贸易组织成员在与贸易有关的知识产权上发生争端时，要按照世界贸易组织负责实施管理的《争端解决谅解》处理，该谅解对争端解决的程序作了明确规定，对争端解决的时间作出了约定。

（三）达成《与贸易有关的知识产权协定》

在 GATT 乌拉圭回合谈判中，达成《与贸易有关的知识产权协定》（Agreement on Trade-Related Aspects of Intellectual Property Rights，TRIPs），于 1994 年 4 月 15 日在摩洛哥马拉喀什为谈判各方签署。

该协定的宗旨为："减少对国际贸易的扭曲和阻碍，并考虑到需要促进的知识产权的有效和充分的保护，并保证实施知识产权的措施和程序本身不成为合法贸易的障碍。"

协定由一个序言和七个部分组成，共 73 条。第一部分规定了总则与基本原则；第二部分规定知识产权的效力、范围及使用标准；第三部分规定知识产权在国内的执行；第四部分规定知识产权的取得、维持及相关程序；第五部分规定知识产权争端的防止与解决；第六部分规定过渡期的安排；第七部分规定机构安排与最后条款。

第四节 WTO对与贸易有关的知识产权的保护

一、保护的知识产权类别与时间

TRIPs 列入的与贸易有关的知识产权包括：版权和相关权利、商标、地理标识、工业设计、专利、集成电路布图设计（拓扑图）、对未披露信息的保护。

（一）版权和相关权利

1. 含义

版权是指作者对其创作的文学、艺术和科学作品依法享有的专有权利，包括署名、发表、出版、获得报酬等权利。

相关权利是指与作品传播有关的权利，即表演者、录音制品制作者和传媒许可或禁止对其作品复制的权利。一些成员也称有关权利为邻接权。例如，未经表演者许可，不得对其表演进行录音、传播和复制；录音制品制作者对其录音制品的复制和商业出租享有专有权；传媒有权禁止未经许可对其传播内容进行录制、翻录和转播。

2. 保护期限

版权的保护期不得少于 50 年；表演者和录音制品制作者的权利应至少保护 50 年；传媒的权利应至少保护 20 年。

（二）商标

1. 含义

商标是一企业的商品或服务与其他企业的商品或服务区分开的标记或标记组合。这些标记包括人名、字母、数字、图案、颜色的组合。注册商标所有人享有专有权，以防止任何第三方在贸易活动中未经许可使用与注册商标相同或近似的标记，来标示相同或类似的商品或服务。

驰名商标应受到特别的保护，即使不同的商品或服务，也不得使用他人已注册的驰名商标。

2. 保护期限

商标的首次注册及各次续展注册的保护期，均不得少于 7 年。商标的注册可以无限期地续展。

（三）地理标识

1. 含义

地理标识是指识别一货物来源于一成员领土或该领土内一地区或地方的标识，该货物的特定数量、声誉或其他特定性主要归因于其地理来源。

各 WTO 成员应对地理标识提供保护，包括对含有虚假地理标识的商标拒绝注册或宣布注册无效，防止公众对商品的真正来源产生误解或出现不公平竞争。对葡萄酒和烈酒地理标识提供了更为严格的保护。成员方应采取措施，防止将葡萄酒和烈酒的专用地理标识用于来自其他地方的葡萄酒和烈酒。

2. 保护期限

保护期限不受限制，但对在起源国不受保护或已停止保护、或在该国中已废止的地理标识无义务保护。

（四）工业设计

1. 含义

对新的或原创性的独立创造的工业设计提供保护，如工业设计不能显著区别已知的设计或已知设计特征的组合，则不属于新的或原创性设计。受保护的工业设计的所有人有权阻止未经所有权人同意而生产、销售或进口所载或所含设计是一受保护设计的复制品。

鉴于纺织品设计具有周期短、数量大、易复制的特点，得到特别重视。对纺织品设计保护设置的条件，特别是费用、审查或公布的要求，不得无理损害寻求和获得保护的机会。

2. 保护期限

工业设计的保护期限应至少达到 10 年。

（五）专利

1. 含义

所有技术领域中的任何发明，无论是产品还是方法，只要它们具有新颖性、包括发明性步骤，并可供工业应用都可授予专利。

2. 拒绝专利授予的条件

如果某些产品发明或发明的商业性开发，会对公共秩序或道德，包括保护人类、动植物或植物的生命或健康或对环境造成严重损害，则成员方可以拒绝授予专利。另外，对人类或动物的诊断、治疗和外科手术方法，除微生物以外的植物和动物的主要生物方法，也可拒绝授予专利权。

3. 专利权的内容

专利所有人享有的专有权包括：防止对于未经所有权人同意的第三方制造、使用、销售，或为这些目的而进口该产品的行为；防止第三方未经所有权人同意而使用该方法的行为，以及使用、销售或为上述目的进口依该方法直接获得的产品。

4. 专利权的强制使用

WTO 各成员的法律可以规定，在特殊情况下，允许未经专利持有人授权，政府可通过强制许可或非自愿许可，由政府或他人使用某项专利。但这种使用须有严格的条件和限制，如授权使用应一事一议；只有在此前合理的时间内，以合理的商业条件要求授权而未成功，才可申请强制许可；专利使用者应给予专利持有人适当的报酬等。

5. 保护期限

专利保护期应不少于 20 年。

（六）集成电路布图设计（拓扑图）

1. 含义

集成电路是指以半导体材料为基片，将两个以上元件（至少有一个是有源元件）的部分或全部互连集成在基片之中或者之上，以执行某种电子功能的中间产品或最终产品。

布图设计是指集成电路中的两个以上元件（至少有一个是有源元件）的部分或全部互连的三维配置，或者为集成电路的制造而准备的上述三维配置。

2. 权利持有人的权利

WTO 成员方应禁止未经权利持有人许可的下列行为：为商业目的进口、销售或以其他方式发行受保护的布图设计；为商业目的进口、销售或以其他方式发行含有受保护的布图设计的集成电路；为商业目的进口、销售或以其他方式发行含有上述集成电路的物品。

3. 保护期限

集成电路布图设计保护期应不少于 10 年。

（七）对未披露信息的保护

1. 未披露信息的特征

未披露信息具有以下三个特征：一是属于秘密，该信息尚不为通常处理所涉信息范围的人所普遍知道或容易获得；二是具有商业价值；三是已采取合理步骤来保持其保密性质。

2. 未披露信息拥有者的权利

合法拥有该信息的人，有权防止他人未经许可而以违背诚实商业行为的方式，披露、获得或使用该信息。为获得药品或农药的营销许可而向政府提交的机密数据，也应受到保护，以防止不公平的商业应用。

二、知识产权保护的措施

（一）执法程序

各成员应保证国内法中包括该协定规定的护法程序。执法程序应公平和公正。案件裁决以书面形式作出。

（二）维权措施

执法机关有权责令一当事方停止侵权，特别是有权在结关后立即阻止涉及知识产权侵权行为的进口货物进入其管辖范围内的商业渠道；有权责令侵权人向权利持有人支付足以补偿其因知识产权侵权所受损害的赔偿；有权把侵权的货物和货物材料与工具清除、销毁；有权采取迅速和有效的临时措施保护权利持有人的权利。

在证据确凿的情况下，海关可中止放行有侵权行为的货物进入流通领域或出口。

各成员可以运用刑事程序和处罚维权，可使用的救济办法包括：监禁和/或罚金；扣押、没收和销毁侵权货物或主要用于侵权活动的任何材料和工具。

成员政府可以设立联络点，就侵权货物、假冒商标货物和盗版货物的贸易交流信息和合作。

三、对与贸易有关的知识产权保护的意义

（1）保持公平竞争；

（2）杜绝假冒伪劣产品危害；

（3）使人类的发明创造可持续进行；

（4）鼓励发明创造；

（5）刺激新兴产业发展。

第五节　国际知识产权交易

一、国际知识产权交易的含义

国际知识产权交易（International Technology Trade）是指与贸易有关的某些知识产权拥有者转让其使用权并收取报酬的行为。

二、国际知识产权交易的范围

纳入知识产权交易的知识产权分为三类。

(1) 工业产权技术：包括发明专利、外观设计和商标权等。

(2) 非工业产权技术：包括技术诀窍、设计方案、设计图纸、技术说明书、技术示范等。

(3) 专门服务：包括咨询、信息和管理服务等。

三、国际知识产权交易的特点

(1) 贸易标的：无形。

(2) 贸易标的转移：一般为使用权而非拥有权。

(3) 标的价格：难以估算。

(4) 交易过程复杂并涉及产权保护等问题。

四、国际知识产权交易的方式

(一) 许可贸易

它是指某些知识产权人作为许可方向被许可方授予使用该项技术的权利，被授予方要向授予方支付一定报酬。其中包括专利许可、商标许可、专有技术许可、计算机软件许可、商业秘密许可。

(二) 特许经营

它是指一家已经取得成功的企业，将其商标、商号名称、服务标志、专利、专有技术以及经营管理的方式和经验全盘转让给另一家企业使用，由后者向前者支付一定特许费的交易行为。特许经营是一种长期合同。

(三) 技术服务和咨询

它是指独立的专家或专家小组或咨询机构作为服务方应委托方的要求，就某个具体的技术课题向委托方提供专业知识性服务，并由委托方支付一定数额技术服务费的活动。

(四) 合作生产

它是指一国公司和企业与另一国的公司和企业根据合同，合作生产某种产品或合作研制某个项目或联合设计某种产品的一种经济合作和转让技术相结合的综合方式。

本章小结

1. 知识产权是人们对自己通过脑力劳动创造的智力成果依法享有的权利。从 19 世纪开始，陆续出现了一些保护知识产权的国际协定。20 世纪 60 年代以后，世界知识产权组织（WIPO）成立，但因其约束力不够，参加签约的成员国不多，管辖区域太窄，缺乏一个权威的执行机构来协调各国的立法和政策措施，使保护受到局限。

2. 随着经济的发展和竞争的需要，知识产权本身或知识产权转化的商品在国际贸易中的重要性不断提高。为了提高竞争力和扩大市场，出现了严重的侵权和盗版，伤害了与贸易有关的知识产权拥有者的利益；同时，一些知识产权拥有者无度地提高了知识产权转让要价，也影响了知识产权的正当使用与传播。加强对知识产权正当保护的呼声越来越高。为此，在关贸总协定乌拉圭回合的谈判中达成了《与贸易有关的知识产权协定》。

3. 知识产权名目众多，但列入《与贸易有关的知识产权协定》的知识产权只有7项，即版权和相关权利、商标、地理标识、工业设计、专利、集成电路布图设计（拓扑图）、对未披露信息的保护。由于受该协定约束的成员众多和协定统一实施的特点，对这些与贸易有关的知识产权的保护有所加强；同时，也加强了对知识产权拥有者正当行使其权利的规定，如专利所有者在转让时因索费过高，国家可以采取支付适度报酬的强制性转让。

4. 为了保护知识产权，被侵权者可以诉诸法律、行政程序寻求保护。相关机构对侵权货物可以没收、销毁；对侵权人可以采取罚款、扣押甚至刑事处分；禁止侵权货物进口或出口等。

5. 国际上科学技术传播的增多，促进了国际知识产权的交易，其交易内容、交易方式等均不同于货物贸易。

思考题

1. 何谓知识产权？
2. 知识产权的特征是什么？
3. 美国如何保护知识产权？
4. WTO 如何对与贸易有关的知识产权进行保护？
5. 为何要进行强制性专利许可？
6. 国际知识产权交易有什么特点？

第十一章　国际投资与国际贸易

学习目标

国际投资，尤其是对外直接投资和跨国公司对国际贸易的发展起着巨大的作用。本章系统介绍了国际投资的类别，对外直接投资的发展、动因与贸易效应，对外直接投资的鼓励、限制和自由化政策，跨国公司在对外直接投资中的重要地位和相关的理论。通过学习，学生应了解对外直接投资的动因和效应，知道跨国公司的经营战略和作用，掌握外国直接投资与跨国公司的一些基本理论。

第一节　国际投资分类

一、国际投资的含义

国际投资是指资本从一个国家或地区转移到另一个国家或地区的一种国际经济活动，其目的是为了获取比国内更高的经济效益以及维护、改善和加强国家关系。

二、国际投资的分类

（一）长期投资和短期投资

按照国际收支统计分类，投资期限在一年以内的债权称为短期投资，如证券投资者购买股票、债券等国外证券，并在短期内将证券转手出售；凡期限在 5 年以上的债权、股票以及实物资产等称为长期投资，如投资者在国外投入资本兴建企业等。

（二）公共投资和私人投资

公共投资通常是指由一国政府或国际组织（如世界银行、国际货币基金组织等）用于社会公共利益的投资，这类投资的特点多为项目贷款，如某国政府投资为东道国兴建机场、铁路、体育场所等。通常，公共投资的流向多是民间资本认为收益低且风险大的领域。近年来兴起的主权财富基金投资属于公共投资。

私人投资一般是指一国的个人或企业以赢利为目的而对东道国的经济活动进行的投资，如私人或私人企业购买其他国家企业发行的股票或公司债券，或将资本投放到另一个国家兴办企业的行为。

（三）绿地投资与兼并投资

在国际投资中，如果是新建一家企业，称为绿地投资，如果是收购或者兼并一家现有企业，则称为并购投资。

兼并是指两家或两家以上独立的企业、公司合并并组成一家企业，通常是由一家占优势的公司吸收另一家或多家公司。

收购则是强调买方企业向卖方企业的“购买”行为。收购可以分为资产收购和股份收购两类。资产收购指买方企业收购卖方企业的全部或部分资产，使之成为买方的一部分；而股份收购是指买方企业直接或间接购买卖方的部分或全部股票的行为。

（四）实业投资与金融投资

实业投资不仅涉及人与人之间的金融关系，而且涉及到人与自然的关系，如开办厂矿和开垦农场的行为；而金融投资只涉及人与人之间的财务关系，并不涉及与自然界的关系，如进行一笔借款或贷款，购买或转让债券或股票，领取股息的行为。

（五）间接投资与直接投资

1. 国际间接投资

国际间接投资（Foreign Portfolio Investment，FII）也称对外间接投资，是指一国的企业、个人或政府通过购买国外的股票、债券或向国外发放贷款等方式将资本投向国外，以获取更高的股息、利息或差价收益为主要的投资。

2. 对外直接投资

对外直接投资（Foreign Direct Investment，FDI）是指投资主体在进行对外投资过程中，取得对所投资企业的生产经营控制权的投资方式。国际直接投资是以拥有或控制国外企业的经营管理权为核心。由于投资后要独立或参与企业的经营管理，所以这种投资不单纯是资金的外投，往往包含技术、经营管理知识和人才等生产经营要素由投资国向东道国的转移。

对外直接投资的方式主要有四种：开办独资企业、建立合资企业、进行并购（Merger and Acquisition，M&A）、利润再投资。

第二节　对外直接投资的动因与发展态势

一、对外直接投资的动因

（一）进取

1. 开辟新市场

当企业在本国受到增长缓慢的压力时，它们就通过对外投资，寻求新市场，或绕过经济贸易对象国的贸易壁垒，进入内部寻求更大的市场。

2. 获取更大的利润

通过对外直接投资可以获取更多的利润，包括到竞争对手少的国家投资，可以以更高的价格出售货物或劳务，到劳动力便宜、原料充裕、能源成本更低的国家投资生产，可以大大降低商品的成本。

3. 为本国提供新产品

随着国际交往的扩大，人员流动的加强，生活方式的相互影响，一些国家居民希望品尝别国的食品，穿别国流行的服装，从而鼓励投资者到这些国家就地生产，然后返销到本国市场出售。

4. 扩大企业规模

追求高额利润的动机，迫使企业主奔走各地设厂生产，实行全球经济战略，以获取规模效益。

（二）防御

1. 保护国内市场

服务性公司（会计、广告、销售研究、银行、法律）在其主要利益的市场建立分支机构，以阻止竞争者进入其利益领域。当企业受到较低价格的外国商品进口竞争时，为了保住本国市场，它就把部分生产设备迁入该国，以期得到同样的优势，如廉价的劳动力、便宜的原料或能源；或把某些部件在国外制造，在本国装配；或把部件运往国外劳动力便宜的国家和地区装配。

2. 维护已占有的外国市场

在下述两种情况下，企业家到国外投资，以维护自己的市场。第一，企业出口时，若遇到进口国家外汇短缺、难以支付进口货款，如不在当地生产、就地销售，则其出口市场就会丧失；第二，一些国家实行进口替代政策，把本国市场的一部分留给当地公司，而对外国投资企业的数目有所限制时，若不尽早去投资设厂，将面临失去该市场的风险。

3. 保证原料安全供应

为了保证原料的稳定供应，发达国家的制造商被迫到已知资源储备丰裕的发展中国家投资开发。新兴的工业化国家，随着工业的发展，也加大了对进口原材料的依靠。

4. 获取技术和管理诀窍

一些企业到国外投资是为了获取先进的科学、技术与知识；带动自身的研究与发展。

5. 缓解经济衰退的影响。

一些国家在经济衰退时，许多企业家为了分散风险，减轻衰退带来的损失，就到国外去投资。

6. 化解本币升值的压力

当一国的货币升值后，以外币表示的本国商品价格将提高，导致其货物在世界市场中的竞争能力下降。如在别国投资，则会减少由升值带来的出口竞争力减弱的损失。

（三）服务贸易的特点促成服务业的对外直接投资

许多服务业是生产和消费同时进行的，与有形的商品不同，很多服务无法在身处异国的双方之间进行交易。如某些信息不能存储，生产和消费必须同时进行；某些信息可以存储，但它们只能在消费当地生产。有些服务，通过市场进行贸易的潜在收益不如接近市场、与客户沟通、信任和信心增强带来的好处大。因此，通过对外直接投资把服务业带到国外市场。

二、外国直接投资者投资时考虑的因素

外国直接投资者在东道国投资时，要对以下各种因素进行分析与论证。

（一）国家资源状况

（1）自然资源：包括原料、能源、水的供应，土地使用权；

（2）人力资源：包括经理人选、熟练工人、劳动力实际成本和生产率；

（3）财力资源：包括获得当地和外部的融资渠道和资信等级。

（二）东道国合作伙伴的合作能力及当地产业链的配合

（1）当地投资公司或工业合伙人策划和执行项目的能力。

（2）现有工业的结构和产业链状况。其中包括：纵向、横向联合的可能性；执行项目的便利条件；零配件及补给品的供应状况。

（三）国家投资环境

（1）政治、经济和社会是否稳定。

（2）当地购买力，即产品在当地有多大市场。

（3）基础设施和地理位置。其中包括：地理位置是否适于出口；公路、铁路和港口设置；公用事业（电/水）的提供和便利程度；生态环境的保护状况。

（4）服务和服务业的基础设施状况，其中包括银行、保险、海关的效率。

（5）外国人的生活条件是否完备。

（四）法规设置状况

（1）法律体系；

（2）外国投资法规的完备性；

（3）执法力度。

三、当代对外直接投资的发展态势

（一）对外直接投资总额上升

世界对外直接投资流入量从 1980 年的 553 亿美元增加到 1990 年的 2 016 亿美元，2000 年高达 14 114 亿美元。进入 21 世纪以来，因经济衰退，世界对外直接投资量有所下降。2003 年降到 5 579 亿美元，后又回升，在 2006 年达到 13 059 亿美元，2007 年达到 18 333 亿美元，超过 2000 年的水平。对外直接投资的具体变化见表 11.1。

表 11.1　　1980～2007 年世界对外直接投资额　　单位：亿美元

	1980	1990	2000	2002	2003	2004	2005	2006	2007
流入量	553	2 016	14 114	6 220	5 641	7 421	9 458	13 059	18 333
流出量	538	2 296	12 392	5 407	5 601	8 773	8 372	12 158	19 965

资料来源：2005 年前数据来自联合国贸易与发展会议，统计手册，2008，表 7.3.1 编制；2007 年数据来自联合国贸易与发展会议，世界投资报告，2008，表 1。

（二）大类国家发展不平衡

1. 发达国家居于主要地位，但比重有所下降

在世界对外直接投资流入量的比重中，发达国家 2000 年为 81.2%，2006 年为 64.9%，2007 年为 68.0%；同期，发达国家在世界对外直接投资流出量中的比重分别为：88.2%、84.1% 和 84.6%，是对外直接投资的净流出地区。

2. 发展中国家居于次要地位，但比重有所上升

在世界对外直接投资流入量的比重中，发展中国家 2000 年为 18.1%，2006 年为 29.0%，2007 年为 27.3%；同期，发展中国家在世界对外直接投资流出量中的比重分别为：11.6%、14.3% 和 12.7%，是对外直接投资的净流入地区。

3. 经济转型国家地位弱小，但比重在提高

在世界对外直接投资流入量的比重中，经济转型国家 2000 年为 0.7%，2006 年为 4.0%，2007 年为 4.5%；同期，经济转型国家在世界对外直接投资流出量中的比重分别为：0.2%、1.5% 和 1.1%，是对外直接投资的净流入地区。

三类国家对外直接投资流入量与流出量的变动见表 11.2。

表 11.2　　1980～2007 年各类国家对外直接投资比重变化*　　单位：%

	1980	1990	2000	2002	2003	2004	2005	2006	2007
发达国家	84.6/ 93.9	82.3/ 94.7	81.2/ 88.2	76.5/ 91.9	70.4/ 93.6	58.6/ 87.3	60.2/ 82.3	64.9/ 84.1	68.0/ 84.6

续表

	1980	1990	2000	2002	2003	2004	2005	2006	2007
发展中国家	15.2/6.1	20.8/5.3	18.1/11.6	21.6/7.3	26.3/4.7	35.9/11.4	35.0/12.8	29.0/14.3	27.3/12.7
经济转型国家	0.5/..	0.3/..	0.7/0.2	1.8/0.6	2.9/1.7	5.4/1.3	4.3/1.9	4.0/1.5	4.5/1.1

* "/"前数字为对外直接投资流入量比重，"/"后数字为对外直接投资流出量比重

资料来源：2005年前数据来自联合国贸易与发展会议，统计手册，2008，表7.3.1编制；2007年数据来自联合国贸易与发展会议，世界投资报告，2008，表1。

（三）对外直接投资转向服务业和基础设施

2005年，全球大部分外资继续流入服务业，尤其是流入金融、电信和房地产业。2006年100强跨国公司中有20家是服务业跨国公司，而1997年仅有7家。

提供高质量的基础设施成为世界各国加快或维持发展速度的重要条件。促进了外国资本的进入。基础设施产业在内向外国直接投资存量中的比重迅速扩大。1990～2006年期间，全球基础设施产业中的外国直接投资额增加了30倍，达到7 860亿美元，发展中国家增加了28倍，达到1 990亿美元。在全球外国直接投资总存量中，基础设施产业所占比重从1990年的2%提高到2006年的10%。

（四）跨国公司成为对外直接投资的主体

2007年对外直接投资存量约为15万亿美元，其中85%归属7.9万家跨国公司及其设在国外的79万家子公司。

（五）对外直接投资自由化成为主流

伴随着经济全球化，世界各国对对外直接投资的政策多数由限制转向鼓励。但出于经济安全等方面原因，各国在一些行业上对外资仍有一些限制政策。

第三节　对外直接投资政策

一、限制性政策

外资进入带来效益的同时，也将在政治、经济贸易等方面产生一些负面影响。为了抵制这些负面影响，各国往往采取以下三方面的限制政策。

（一）市场准入和开业方面的限制

联合国贸易与发展会议报告指出，东道国在市场准入方面对外国投资企业的限制措施主要有:①

（1）不对外国直接投资开放某些部门、行业或活动领域；

（2）特定部门、行业或活动领域外国企业准入或开业数量限制；

（3）最低投资数额要求；

（4）追加投资或利润再投资要求；

（5）投资审查、授权与登记；

（6）发展或环境保护等其他要求的有条件准入；

（7）投资的特定法律形式（按当地公司法组建）；

（8）进入方式限制（如不允许并购或必须符合某些附加条件等）；

（9）非分股权投资特殊要求（BOT 协定②技术转让要求）；

（10）投资区域限制；

（11）投资项目所需资本品进口限制（机器、软件）；

（12）投资者存款担保（金融机构）；

（13）外国投资者参与私有化限制或附加条件；

（14）准入税费和公司税；

（15）国家安全、政策、海关、公共道德规范要求。

（二）所有权与控制权方面的限制

所有权与控制权方面的限制是指东道国政府对外资企业中外方的所有权与控制权进行限制，以保证在外资企业的内部决策中实现本国的参与控制。联合国贸易与发展会议报告指出，该方面的限制包括以下内容:③

（1）不允许外国人在企业中控股（外国投资股份比例不得超过 50%）；

（2）强制性合资（外国投资必须与国有资本或东道国私人资本合资经营）；

（3）外资逐渐退出要求（外资企业转让股权）；

（4）企业及企业所有权国籍限制；

（5）限制使用长期外国贷款（5 年以上）；

（6）外国投资者持有股票、债券类型限制（无选举权股票）；

---

① 联合国跨国公司与投资司．世界投资报告（1996）．北京：对外经济贸易大学出版社，1997：293－294.

② BOT 是指 build、operate 和 transfer，即建设、经营及转让。这是基础设施投资建设和经营的一种形式。在这种方式下，政府特许项目公司建设并经营某基础设施，以收回投资并获得一定利润。特许期结束后，项目转交政府经营。

③ 联合国跨国公司与投资司．世界投资报告（1996）．北京：对外经济贸易大学出版社，1997：294－295.

(7) 外国投资者股票或其他专有权自由转让限制（未经过东道国有关单位的批准，不得转让股票）；

(8) 外国持股人权利限制（如红利支付、清算后资本汇回、选举权、正在经营的项目的某些信息披露的否决权）；

(9) 东道国政府“黄金股”持有规定①（一旦外国投资者的股份超过某一特定的比例，政府将进行干预）；

(10) 政府有权为外商投资企业指定一名或数名董事会成员；

(11) 董事会国籍限制或高级外籍管理人员人数限制；

(12) 某些决议的政府否决权或重要决议董事会全票通过要求；

(13) 决议实施前政府咨询要求；

(14) 外国垄断限制或公共企业私有化的经营限制；

(15) 土地或不动产所有权及其转让限制；

(16) 工业产权或知识产权所有权限制或保护不力；

(17) 外国技术转让限制。

(三) 经营方面的限制

经营方面的限制是指东道国对外资企业建立后的经营活动加以限制，以趋利避害，即增加外资企业的积极效应，减少外资企业的消极后果。联合国贸易与发展会议报告指出，该限制包括以下内容：②

(1) 外国主要专业人员、技术人员聘用限制，包括签证、批准方面的限制；

(2) 业绩要求，如在零部件采购方面的当地成分要求、加工要求、技术转让要求、人员招聘要求、区域或全球产品指令、培训要求、出口要求、贸易平衡要求、进口限制、当地销售要求、当地销售与出口联系配额制度、出口创汇要求等；

(3) 政府采购限制（外国投资者被排斥在政府采购供应者之外，或需要提供特殊的担保）；

(4) 资本品、零部件加工投入品进口限制；

(5) 当地原材料、零部件和生产投入品采购限制；

(6) 土地和不动产长期租用限制；

(7) 国内经营地点转移限制；

(8) 多元化经营限制；

---

① 黄金股（Golden Shares），是一种最早在英国实施的特殊持股方式，一般不代表任何财产权利，但可赋予持股股东在企业的一些决策事项中的特别否决权。

② 联合国跨国公司与投资司．世界投资报告（1996）．北京：对外经济贸易大学出版社，1997：295－296.

（9）电信网络准入限制；

（10）数据、资料流动限制；

（11）垄断或参与公共事业经营限制（如以特定价格提供某类公共服务的限制）；

（12）当地信贷获得限制；

（13）外汇获得限制（不能满足供应为进口商品、支付外商金融机构贷款项和利润汇出所需的外汇）；

（14）资本和利润汇出限制（逐笔审批、额外税收或转让后若干年方可汇出）；

（15）主要与教育和媒介服务相关的文化限制；

（16）信息披露要求；

（17）特定行业和活动领域外国企业经营特殊要求（如外国银行分支机构）；

（18）经营性许可和特许（如资金转移）；

（19）特别专业资格、技术标准要求；

（20）外国企业广告限制；

（21）技术使用费、技术援助费限制或特别税收规定；

（22）特定技术、品牌等使用限制，或逐步审批和带有附加条件；

（23）原产地规则追溯要求；

（24）当地生产联系或经销设置建立准入要求；

另外，还有国家安全、公共秩序、公共道德等方面的经营限制。

二、鼓励性政策

（一）财政鼓励措施

财政鼓励措施指各种旨在降低外国投资者税收负担的政策措施，它是东道国最经常采用的鼓励措施。联合国贸易和发展会议报告指出，该鼓励措施主要有以下做法：①

（1）降低标准公司所得税率；

（2）规定外国投资企业在一定的期限内免交所得税；

（3）可以用未来的利润抵消免税期内的亏损；

（4）加速固定资产折旧的税收减免奖励；

（5）投资或利润再投资鼓励；

（6）社会保障费上缴减免；

（7）根据雇佣人数或其他劳工支出对应缴税收予以减免；

---

① 联合国跨国公司与投资司．世界投资报告（1996）．北京：对外经济贸易大学出版社，1997：297.

（8）根据营销或促销开支减免公司所得税；

（9）附加值提高奖励；

（10）根据产出净值中的当地成分比重给予公司所得税减免或奖励；

（11）根据净增值给予所得税奖励；

（12）进口方面的奖励；

（13）资本品、设备或与生产过程相关的原材料投入品免征进口关税；

（14）进口原材料退税；

（15）出口方面的奖励；

（16）减免出口税；

（17）出口收入税收优惠；

（18）特殊创汇活动或制成品出口所得税减免；

（19）根据出口业绩对国内销售予以税收方面的奖励；

（20）出口退税；

（21）出口净值当地所得税奖励。

（二）金融鼓励措施

金融鼓励措施是指东道国采取的各种旨在为新的直接投资项目或某些经营活动直接提供资金和融资担保，甚至直接支付某些资本和经营成本的政策措施。联合国贸易与发展会议报告指出，该鼓励措施主要有以下几种：①

（1）政府对投资项目的投资、生产或营销予以补贴；

（2）补贴性贷款；

（3）政府对外国投资企业的贷款进行担保；

（4）政府对外国投资企业的出口信贷进行担保；

（5）公共机构参与外国投资企业的商业风险投资；

（6）汇率变动、货币贬值等商业风险或外国直接投资企业被政府征收、政治骚动等非商业风险实行政府优惠费率保险（政治骚动风险通常由国际机构担保）。

（三）其他鼓励措施

为了吸引外资，一些东道国还采取其他方面的鼓励措施。联合国贸易与发展会议报告指出，它们包括如下内容：②

（1）补贴性基础设施建设；

（2）提供补贴性服务。其中包括为寻找融资渠道、实施和管理项目，以及为投资

① 联合国跨国公司与投资司．世界投资报告（1996）．北京：对外经济贸易大学出版社，1997：298.

② 联合国跨国公司与投资司．世界投资报告（1996）．北京：对外经济贸易大学出版社，1997：298.

可行性研究提供帮助，提供市场信息，供应原材料和基础设施，提供生产工艺和营销技术顾问咨询，为开发新技术或提高质量控制的培训和再培训提供帮助等；

（3）优惠的政府合同；

（4）不再给后来者开放市场或给予垄断权；

（5）不引进进口竞争；

（6）外汇优惠待遇，如特殊汇率、特殊外债股权转让率、消除国外贷款汇率风险、出口收入外汇特许。

三、对外直接投资自由化

（一）含义

对外直接投资自由化是指东道国缓解或消除针对外国直接投资者的各种限制性政策和规定。

鉴于对外直接投资对东道国经济贸易发展的积极作用加大，各国对外直接投资的限制性政策逐步弱化，主动对外国直接投资实行自由化政策，此外，还参与双边、区域协议和世界贸易组织等进行的投资自由化。

（二）投资自由化的方式

1. 单边自由化

单边自由化是指东道国主动修改政策与法律，放宽对外国投资者的限制。其内容涉及外汇管理、股权和有价证券的投资与贷款、税务制度、反垄断法等。2007 年，联合国贸易与发展会议确认的近 100 个对外国直接投资具有潜在影响的政策变化中，有 74 项旨在使东道国的环境更加有利于外国直接投资。

20 世纪 90 年代以来，世界各国修订投资法规的情况见表 11.3。

表 11.3　　1995～2007 年全球各国投资规则的变化

项　目	1995	1996	1997	1998	1999	2000	2001	2002	2003	2004	2005	2006	2007
投资体制发生变化的国家数目	64	65	76	60	63	69	71	70	82	102	92	91	58
法规变化的数目	112	114	151	145	140	150	208	248	244	271	203	177	98
有利于外国直接投资*	106	98	135	136	131	147	194	236	220	235	162	142	74

续表

项目	1995	1996	1997	1998	1999	2000	2001	2002	2003	2004	2005	2006	2007
不利于外国直接投资**	6	16	16	9	9	3	14	12	24	36	41	35	24

* 包括自由化措施或旨在加强市场功能和激励的措施。

** 包括旨在加强管制以及减少激励的措施。

资料来源：联合国贸易与发展会议，世界投资报告 2008，表 5。

发展中国家和转型国家修改投资法规的重点是，减少外资进入部门的限制，或使原先对外国直接投资关闭或限制的行业经营自由化。

2. 对外直接投资双边与区域自由化

在修改外国投资法律的同时，各国注意将外国直接投资自由化纳入双边协定。双边投资协定从 1998 年底的 1 726 个增加到 2007 年底的 5 600 个。其中，双边投资条约 2 608 项，双重征税条约 2 730 项，载有投资条款的自由贸易协定和经济合作安排 254 项。

3. 对外直接投资多边自由化

多边自由化是指通过 WTO 相关协定促进外国直接投资自由化。1995 年 1 月 1 日建立的 WTO 负责实施管理的与外国直接投资相关的协定与协议有：《与贸易有关的投资措施协议》和《服务贸易总协定》。

（1）《与贸易有关的投资措施协议》中的自由化内容

《与贸易有关的投资措施协议》中列举了 5 种违反国民待遇原则和取消数量限制原则的与贸易有关的投资措施。

① 当地含量要求。即要求企业购买或使用最低限度的国产商品或任何国内来源的产品的规定。如规定有关国产商品的具体名称，企业购买或使用国产商品的数量或金额，企业在生产中必须使用的有关国产商品的最低比例。

② 贸易平衡要求。即要求企业购买或使用的进口产品数量或金额，以企业出口当地产品的数量或金额为限。

③ 进口数量限制与贸易平衡要求。彻底限制企业当地生产所需要或与当地生产相关产品的进口，或要求企业进口产品的数量或金额以出口当地产品的数量或金额为限。

④ 外汇平衡要求。将企业可使用的外汇限制在与该企业外汇流入相关的水平，以此达到限制该企业当地生产所需要或与当地生产相关产品的进口的目的。

⑤ 出口数量限制。限制企业出口或供出口的产品销售，如规定有关限制出口的产品的具体名称、限制企业出口产品的数量或金额、限制企业出口产品的数量或金额占该

企业当地生产的产品数量或金额的比例。

（2）《服务贸易总协定》中有关国际投资自由化的内容

① 自由化对象：与国际投资有关的服务贸易形式，即“商业存在”。它是指东道国内各种类型的商业或专业机构，在创建、收购或新建、购买分支机构或代表处时涉及的外国直接投资。

② 自由化内容。给予成员方在东道国国内投资的企业（商业存在）以最惠国待遇，减少对服务提供者数量、服务交易额和资产额、服务交易次数和服务产出的限制。

此外，经济合作与发展组织（OECD）于1995年发起活动，希望缔结一个全球性、综合性的多边投资条约（Multilateral Agreement on Investment，MAI）。1995～1998年进行的三年谈判中只是起草了一个草案，尚未成为正式条约。

第四节　跨国公司的对外直接投资

一、跨国公司的含义

联合国对跨国公司的定义是：“跨国公司是股份制的或非股份制的企业，包括母公司和它们的子公司。母公司的定义为一家在母国以外的国家控制着其他实体的资产的企业，通常拥有一定的股本。股份制企业拥有10%或者更多的普通股或投票权者，或者非股份制企业拥有等同的数量（资本权益）者，通常被认为是资产控制权的门槛。子公司是一家股份制的或非股份制的企业，在那里一个其他国家的居民的投资者对该企业管理拥有可获得持久利益的利害关系。”①

根据以上定义，只要是跨国界进行直接投资并且获得控制权的企业就叫跨国公司（Transnational Corporation），又称为多国公司（Multinational Corporation）。

跨国公司的特点是：经济规模巨大化；追求利润最大化；战略目标全球化；公司管理一体化；运行机制当地化；生产销售网络化；科研技术垄断化。

二、跨国公司的发展

19世纪60年代，发达资本主义国家的一些大型企业通过对外直接投资，在海外设立分支机构和子公司，开始跨国性经营，成为现代跨国公司的先驱。

两次世界大战期间，由于战争和经济危机，跨国公司发展速度较慢。第二次世界大

① 联合国贸易与发展会议．1997年世界投资报告．英文版．1997：295.

战后，跨国公司迅速发展。20 世纪 90 年代以后，跨国公司取得巨大发展。

20 世纪 90 年代初，跨国公司母公司为 3.7 万家，国外的子公司为 20 多万家，总销售额达到 4.8 万亿美元。2007 年母公司达到 7.9 万家，国外子公司达到 79 万家，其销售额达到 31 万亿美元，全球外国子公司的总产值约占全球国内生产总值的 11%，雇员人数从 1990 年的 251 万增加到 8 200 万。跨国公司母公司与国外分支机构的数量变化见表 11.4。

表 11.4　　全球跨国公司母公司及其国外分支机构的数量变化　　单位：万家

年份	1968	1985	1990	1997	1998	1999	2000	2001	2002	2003	2004	2005	2006	2007
母公司	0.73	2	3.7	5.3	6	6.3	6.3	6.5	5.4	6.1	7	7.7	7.8	7.9
分支机构	2.73	10	17	45	50	69	80	85	87	90	86	77	78	79

资料来源：联合国贸易与发展会议，世界投资报告，1968～2008.

三、跨国公司的类型

（一）母分公司和母子公司

母分公司型适用于银行、保险等金融企业的跨国经营；母子公司型适合于工业企业。

（二）资源开发、加工制造和服务型

资源开发型的跨国公司主要以采矿业、石油开发业和种植业为主；加工制造型跨国公司主要从事最终产品和中间产品的制造；服务型跨国公司是指从事非物质产品生产，提供各种服务的跨国公司。

（三）民族、多元、区域和全球中心型

民族中心型跨国公司所有决策主要考虑母公司的权益；多元中心型跨国公司决策以众多子公司的权益为主；区域中心型跨国公司决策以地区利益为出发点，它们设有地区总部；全球中心型跨国公司决策以公司的全球利益为主，目前为大多数跨国公司所采用。

（四）横向、垂直和混合型

横向型跨国公司多数是产品单一的专业性跨国公司，在内部没有多少专业分工，母子公司基本上都制造同类型的产品或经营同类型的业务；垂直型是指公司内部母公司和子公司之间分别制造同一产品的不同零部件，或从事不同工序的生产，通过公司内部产品转移，将整个生产过程相互衔接起来；混合型一般是经营产品多样化的跨国公司，根

据各产品的生产特点，母公司与子公司、子公司与子公司之间有的是垂直型分工，有的是横向型分工。

（五）区域型和全球型

区域型跨国公司的活动范围主要局限在特定区域；全球型跨国公司则以整个世界作为其生产经营活动的空间。

四、跨国公司的经营战略

（一）灵活运用公司内部贸易

1. 公司内部贸易的含义

公司内部贸易是指跨国公司内部进行的产品、原材料、零部件、技术与服务的贸易活动。

2. 公司内部贸易的利益

第一，降低外部市场造成的经营不确定风险。

第二，降低交易成本。如减少对外交易谈判、签约和合同履行所发生的成本。

第三，能很快适应高技术产品生产的需要。

第四，增强公司在国际市场上的垄断地位和竞争能力，实现全球利益的最大化。

第五，有利于内部贸易价格的运用。

跨国公司内部贸易价格，通常称为转移价格或调拨价格，即公司内部母公司与子公司、子公司与子公司之间在进行商品和劳务交换时，公司内部所实行的价格。转移价格是根据跨国公司的全球战略目标，由公司上层制定的。转移价格可分为转移高价和转移低价两种，可带来如下效益：

（1）减轻纳税负担

跨国公司的子公司分设在许多国家和地区，其经营所得须向东道国政府纳税。但各国税率高低差别较大，税则规定也不统一，跨国公司往往利用各国税率的差异，通过转移价格（高出低进或高进低出）人为地调整母公司与子公司的利润，把公司总的所得税降到最低限度。同时，鉴于各国关税税率也存在差异，一般情况下，公司对设在高关税国家的子公司发货时，以偏低的转移价格来降低子公司交纳的关税税额。

（2）增强子公司在国际市场上的竞争能力

跨国公司采用转移低价向子公司供应产品，降低子公司的成本，以提高子公司的竞争能力。同时，低价高利也可以提高公司在当地的信誉，便于子公司在当地发行证券或取得信贷。

（3）减少或避免金融风险

首先，可以减少或避免汇率的风险。如果预测某一子公司的东道国货币可能贬值，跨国公司就可以采取子公司高进低出的办法，将利润和现金余额抽回，以减少因货币贬值造成的损失。其次，可以避免东道国的外汇管制。有些东道国政府为了外汇收支平衡，限制外国公司利润和投资本金的汇回时间和数额，在这种情况下，子公司便可以利用高进低出的办法将利润或资金调出东道国。

（二）实行限制性商业惯例

跨国公司凭借其经济实力和垄断地位，在国际贸易中广泛采用限制性商业惯例，打击局外企业，加强在国外市场的垄断，保证谋取垄断利润。

限制性商业惯例（Restrictive Business Practice，RBP）又称限制性商业做法。1980年4月联合国贸易与发展会议达成的《管制限制性商业惯例多边协议的公平原则和规则》，对“限制性商业惯例”所下的定义为：“凡是企业具有下述的行为和行动，即通过滥用或谋取滥用市场力量的支配地位，以限制进入市场或以其他方式不适当地限制竞争，从而对国际贸易，特别是发展中国家的国际贸易及其经济发展造成或可能造成不利影响；或通过企业之间正式的或非正式的、书面的或非书面的协议或安排，造成同样的影响的都称之为限制性商业惯例。”

限制性商业惯例在国际技术转让中采用较多。大多数情况下，跨国公司无论在实现技术转让的内循环，即向子公司转让技术，还是向局外企业转让技术时，其技术转让合同中一般都包含这样或那样的限制性规定或条款，如限购条款、搭售条款、市场限定条款、技术反馈条款等。这些条款都在很大程度上限制了公平竞争，加强了跨国公司的垄断地位。

（三）及时调整投资方向

随着经济全球化的加速和知识经济、服务经济时代的到来，跨国公司需要加强对投资方向的调整。跨国公司的国际直接投资从寻求自然资源或廉价劳动力为导向转向以寻求知识创新（研发）和服务为导向。

1. 确定投资热点

在产业分布上，知识密集型产业如信息技术产品、生化、医药等，服务业中的电信、软件开发、金融、保险、会计事务、管理咨询、广告等逐渐成为跨国公司投资的热点。

2. 设立科技园区

在区位选择上，跨国公司日益选择能提供优秀人才和具备知识创新潜力的地区进行投资，推动了科技园区的建立。目前全世界建立的比较规范的科技园区已超过1万个。

3. 建立风险投资机制

其目的是促进高新技术产业化。跨国公司在美国已建立4 000多家风险投资公司，居世界首位，每年为 1 万多家科技企业提供了资金支持。

4. 建立创新企业

跨国公司日益重视公司体系内部全球范围内的人力资源开发和培训，重视员工的终身教育和终身培训，促使整个企业成为学习研究型的创新企业。

5. 加大研发投资

逐步加大研发（R&D）的投资比重，跨国公司海外 R&D 机构增多，海外 R&D 支出呈现不断上升的趋势。

（四）建立公司战略联盟

跨国公司联盟的形式主要有以下两类：

1. 实力相当的大跨国公司相互结盟

大跨国公司发挥各自的优势，共同研发新技术和新产品，从单项合作发展到航空、航天、电子、汽车多部门，从生产到销售的多环节合作。跨国公司联合方式的最新发展是国际性战略联合，它是两个国家以上的跨国公司围绕共同的战略目标而建立起的互相补充、互相衔接、共同开发、共担风险、共享收益的合作关系。这种战略联盟多出现在重大的新技术、新工艺、新产品、新市场、新资源的研制与开发、应用和开拓市场的联合方面。

2. 发展跨国公司群

由一家大的跨国公司和一批中小型跨国公司组成跨国集团，通过合资企业、分包合同、销售协议、生产协作、技术转让等多种方式联合在一起，发挥各自最具优势的方面，提高整体竞争力。

在世界 150 多家大型跨国公司中，以不同形式结成战略联盟的跨国公司高达 90%。

（五）进行多种经营

跨国公司为了增强竞争能力，在很大程度上通过企业兼并的方式，从外部来扩大资本实力。企业兼并的方式，有横向兼并，即同行业企业的兼并；有纵向兼并，即同一生产过程前后企业的兼并。跨国并购金额从 1990 年的 1 510 亿美元增加到 2007 年的 16 370 亿美元。

20 世纪 80 年代以来，跨国公司更多地采用混合兼并，即跨行业兼并的办法扩大多种经营。

（六）“当地化”

1. “当地化”的内容

“当地化”战略的主要内容包括：外籍管理人员当地化；人才开发当地化；零部件生产当地化；产品销售当地化；研发当地化；营运管理当地化。

2. “当地化”的效果

“当地化”战略在一定程度上迎合了发展中国家和地区发展民族工业的愿望，受到东道国的欢迎；有利于比较优势的发挥和国民待遇的取得；“人才当地化”有利于克服文化、语言上的差异，建立良好的人际关系，可以迅速打开市场，拓宽销售渠道。

（七）广泛使用电子商务

1. 借助电子商务，开拓传统范围

电子商务将公司之间的业务往来包容在自己的业务范围之内，使得各种决策信息在总部与分布在世界各个角落的全球性公司或其子公司之间及时地传递和交流，从而给跨国公司带来了更多的商机，加大了“无国界经济”。

2. 推动公司组织结构的调整

电子商务使跨国公司的组织结构出现了两大变化。第一，跨国公司从命令型、金字塔型等级控制结构向网络型多边横向联系转变。第二，跨国公司从上下级之间实行命令和控制转向以知识型专家为主的信息型结构，集中决策和直接命令的工作方式日益向分散决策和灵活反应转变。

（八）构筑全球性的生产和销售网络

（1）在世界范围内优化资源和资源组合。跨国公司充分利用东道国的优势，把一个产品的资金、原材料、技术、劳动力、产品的各种零部件分散到不同国家的企业进行供应和生产。

（2）跨国公司根据全球经济贸易发展战略和目标分工原则，在许多国家分工生产零部件，集中装配，定向销售。

（3）进行“离岸外包”业务，以使跨国公司高层主管集中时间与精力，集中公司的资源，加强研发等业务。

21 世纪初以来，跨国公司纷纷将非核心业务外包给发展中国家，形成全球瞩目的“离岸外包”（Offshore Outsourcing）浪潮。

“离岸外包”可为跨国公司带来低成本的竞争优势。如 2000 年，一个中等规模开发项目的软件功能的成本在美国是 895 美元，在德国是 1 150 美元，而在印度是 90 美元，在中国是 74 美元。因此，微软、IBM、SUN、SAP、BEA 等公司纷纷将软件研发的外包放在印度和中国。

五、跨国公司的作用

（一）其直接投资有助于东道国资本形成

跨国公司的直接投资为东道国尤其是发展中国家的资本形成，特别是对经济增长极为重要的产业（如技术密集型制造业和服务业）中的资本形成作出了贡献。2004 年直接投资流入存量约占发达国家固定资本形成总额的 6.1%，占发展中国家固定资本形成总额的 10.5%，占东南欧和独联体国家固定资本形成总额的 19.1%。

（二）成为全球研发的主力军

跨国公司承担着全球研发的大部分。2002 年世界研发支出最多的 700 家公司（其中至少有 98% 的公司是跨国公司）的研发支出达到 3 110 亿美元，约占世界研发支出总额的 46%，占世界商业性研发支出的 69%。

在研发支出最多的 700 家公司中，80% 以上的公司来自美国、日本、德国、英国和法国；其中只有 1% 的公司来自发展中国家、东南亚和独联体国家。研发支出最多的 700 家公司所从事的研发产业最多的是：信息技术硬件、汽车、制药和生物技术、电子电器。其余分别为：信息技术软件和计算机服务、化学、航空和国防、工程、电信、保健产品和服务。

（三）产销网络加深了全球性的国际分工

跨国公司通过直接投资构成了全球性的生产、销售和服务网络。这种生产和销售网络密切了世界各国之间的国际分工，改变着发展中国家参与国际分工的形式。《当公司统治世界》的作者描绘出了汽车业的生产销售网络。

以一个真正的大国际公司如汽车业为例，公司生产高度精密并且相当昂贵的产品。沿着一个正方形的四条边写下所有制造商的名字（汽车业至少有 20 个大公司的名字）。不管公司是在一种还是多种产品之间，或在世界的任何一个地方，只要它们相互之间在设计、研究、部件、整体组装、布局或销售等方面进行风险共担或相互结盟，我们就用线把它们连起来。很快，这幅图就变成了无法理解的一团乱麻；就好像每个公司都与其他公司联系在一起了。在计算机硬件、计算机软件、航空航天、药品、通讯、国防以及其他许多领域情况也很类似。①

（四）促进东道国的人力资源开发

跨国公司的直接投资常常将资本、技术、管理、培训、贸易和环境保护结合在一起，进行一揽子行动，为东道国带来一揽子有形和无形的综合资产，有助于东道国人力资源的开发。

（五）成为全球资本市场的组织者

跨国公司的投资更多来源于本公司系统外，其投资结构呈现出外部化趋势。跨国公司外部投资约为内部投资的四倍。而且，跨国公司外部融资的范围有所扩大，形式趋于多样，使它成为国际资本流动的组织者。

---

① 戴维·C·科顿．当公司统治世界．中译本．广州：广东人民出版社，2006：260－261.

（六）跨国公司控制着世界贸易

跨国公司像巨大的章鱼把触角伸向世界贸易的商品生产和销售，控制和集中着世界各国和主要产品的贸易。

20 世纪 90 年代，五家跨国公司控制了耐用消费品生产的 70%，五家公司控制了世界机动车、航空业、航空航天、电子元件、电力、电子、钢铁生产的 50%。在石油、个人计算机和大众传媒业中，五家最大的公司控制了 40% 以上的销售份额。①

美国四家最大的设备公司 1990 年就控制了美国设备市场 92% 的份额。四家航空公司占据了旅客总里程的 66%，四家计算机软件公司控制了 55% 的美国计算机软件市场，两家规模最大的粮食公司控制了美国市场 50% 的份额，三大公司提供了美国将近 80% 的牛肉，一家公司控制了美国近 70% 的饮料市场，四大公司控制了近 85% 的全美麦片市场，四大公司提供了全美近 60% 的面粉。

1980 年，15 家跨国公司对世界食物控制的比例为：小麦 85% ~90%，糖 60%，咖啡 85% ~90%，玉米 85% ~90%，大米 70%，可可 85%，茶叶 80%，香蕉 70% ~75%，菠萝 90%。对农业原料控制的比例为：林产品 90%，棉花 85% ~90%，天然橡胶 70% ~75%，烟草 85% ~90%，毛皮和皮革 25%，黄麻 85% ~90%。②

五、跨国公司对世界经济和政治的影响

跨国公司的影响力从经济走向政治和国家权利。长期研究跨国公司影响力的理查德·伯内特与罗纳德·穆勒指出："在人类历史上，跨国公司的控制者们首次能够利用他们的组织机构、技术、金钱和思想意识进行一次具有可行性的尝试，他们把全世界视为一个结合在一起的经济实体，并对之进行经营……他们实质上所追求的是希望能够超越国家权利，并希望在这一过程中对国家权利进行改造。"③

第五节　对外直接投资和跨国公司理论

一、垄断优势理论

这一理论是由对外直接投资理论的先驱、美国学者海默（Stephen Herbertt Hymer）

---

① 戴维·C·科顿．当公司统治世界．中译本．广州：广东人民出版社，2006：258.

② 原料报告：第 1 卷．第三本，1982：22.

③ 戴维·C·科顿．当公司统治世界．中译本．广州：广东人民出版社，2006：146 -147.

创立的，由金德尔伯格加以完善。

在海默以前的经济学理论认为，对外直接投资和间接资本输出都是国际资本移动。资本国际移动源于各国利率的差异，资本从资本充裕的国家流向资本稀缺的国家。

但海默认为，直接投资与间接投资具有不同的性质。直接投资的特征在于控制国外的经营活动，而间接投资的目的在于获得股息、债息和利息。

20 世纪 60 年代初，海默利用产业组织理论解释了美国企业对外直接投资的决定因素。产业组织理论认为，从事多国经营的企业拥有独到的特点。他认为，东道国的当地企业（民族企业）与跨国经营企业相比，具有三个方面的优势：

第一，民族企业更能适应本国政治、经济、法律、文化诸因素所组成的投资环境；

第二，民族企业常能得到本国政府的优惠政策和保护；

第三，民族企业不必担负跨国经营企业所无法逃避的各种费用和风险，如直接投资的各种开支、汇率波动的风险等。

因而，一家企业对外直接投资必须满足以下两个条件，以与东道国当地企业竞争。

第一，企业必须拥有竞争优势，以抵消在与当地企业竞争中的不利因素；

第二，不完全市场的存在，使企业拥有和保持这些优势。

随后，金德尔伯格将不完全市场或不完全竞争市场作为企业对外直接投资的决定因素。不完全市场的表现为：产品市场不完全，资本和技术等要素市场不完全，规模经济和政府的关税等贸易限制措施造成的市场扭曲。前三种不完全市场使企业拥有垄断优势，如：产品市场不完全可以使企业保有产品差异；企业可以利用国际专业化生产突破规模的限制，取得内部规模经济的优势，从而限制竞争者的介入。第四种市场不完全则导致企业通过对外直接投资，利用其垄断优势，绕过东道国的贸易壁垒进入东道国市场。

垄断优势论只解释了企业进行海外直接投资的原因，但并没有解释企业为何不采取商品直接出口，或以转让特许权的方式到海外扩展。

二、内部化理论

内部化理论由英国学者巴克利（Peter J. Buckley）和卡森（Mark O. Casson）提出，由加拿大学者拉格曼（A. M. Rugman）加以发展。

内部化理论形成于 20 世纪 70 年代中期。此前的对外直接投资理论多以美国企业的海外直接投资为研究对象，依靠经验研究而不是具体的实证分析，故缺乏普遍的理论意义。这就需要研究各国各行业企业海外投资的决定性因素，建立企业海外直接投资的一般理论。巴克利和卡森通过对跨国经营企业内部资源配置机制的研究，首先提出了内部化理论。

该理论认为，中间产品（指知识、信息、技术、商誉、零部件、原材料等）市场是不完全的。这种不完全是由某些市场失效及中间产品的特殊性质所致，如信息具有公共物品的性质，在外部市场上转让容易扩散。中间产品的这种特性导致交易价格的不确定性，使企业正常经营活动所需的中间产品市场是不完全的，导致企业市场交易成本的增加。为追求最大限度利润，企业必须建立内部市场，利用管理手段协调企业内部资源流动与配置，避免市场不完全对企业经营效率的影响。当企业内部化超越国界时，就成为企业对外直接投资的过程。因此，企业内部化的因素就成为决定企业对外直接投资的因素。

巴克利和卡森认为，影响中间产品市场交易成本和企业实现中间产品市场内部化的因素有四种。它们是：(1) 行业特定因素。主要包括中间产品的特性、外部市场结构等。(2) 国别特定因素。指东道国政府的政治、法律、经济状况。(3) 地区特定因素。指地理位置、社会心理、文化差异等。(4) 企业特定因素。指企业的组织结构、管理经验、控制和协调能力等。

此外，他们还提出，中间产品市场不完全有两种基本形式：一是技术等知识产品市场的不完全；二是零部件、原材料等中间产品市场不完全。

三、国际生产折中理论

国际生产折中理论是由英国里丁大学邓宁教授提出的。他认为，以往的理论只能对国际直接投资作出部分解释，且未将投资理论与贸易理论结合起来，因此，需要一种折中理论来分析跨国公司的产生。该理论包容了经济理论中的厂商理论、区位理论、工业组织理论，又吸收了国际经济学中的各派思想，把国际贸易、对外直接投资和非股权转让三者合为一体。

折中理论认为，企业对外直接投资需要满足以下三个条件：

第一，企业在供应某一特定市场时要拥有对其他国家企业的净所有权优势。这些所有权优势主要表现为独占某些无形资产的优势和规模经济所产生的优势。

第二，如果企业拥有对其他国家企业的净所有权优势，那么，在它使用这些优势时，必须要比将其转让给外国企业去使用更加有利，也就是要具有内部化优势。

第三，如果企业在所有权上与内部化上均具有优势，那么，它把这些优势与东道国的区位因素相结合必须使企业有利可图。区位因素包括东道国不可移动的要素禀赋优势及对外国企业的鼓励或限制政策。要素禀赋一般指东道国的自然资源、人力资源、市场容量等。

邓宁对所有权优势、内部化优势和区位优势的内涵，作了如下解释：

(1) 所有权优势。它包括对有形资产和无形资产占有上产生的优势、生产管理上和多国经营形成的优势。

(2) 内部化优势。企业使其优势内部化的动机是避免在资源配置上，因外部市场的不完全性对企业经营产生的不利影响，使它不能保持和利用企业技术创新的垄断地位。市场不完全可分为结构性的与知识性两种。前者指竞争壁垒、贸易战等；后者指难以获得生产与销售的信息。因此，在技术等无形产品的生产与销售领域，以及某些自然资源生产加工的产品与销售领域，企业需要把优势内部化，以避开外部市场机制不完全带来的问题。

(3) 区位优势。区位优势取决于东道国以下方面的状况，包括：要素投入和市场的地理分布状况、各国生产要素的成本及质量、运输成本、通讯成本、基础设施、政府干预的范围与程度、金融制度、国内外市场的差异程度，以及因历史、文化、风俗习惯、商业惯例而形成的心理因素等。企业从事国际生产必然要受到这些因素的影响。

四、战略联盟理论

邓宁在《解释国际生产》一书中分析了跨国公司热衷于建立战略联盟的原因。他认为，20 世纪 80 年代以来有三个方面的发展促成了跨国公司在竞争战略上的转变。

(一) 技术的进步

许多高科技的应用是为了实现多种目的。如机器人、微芯片、与计算机相关的通讯技术等。此外，这些新技术还有另一种特性，即它的有效利用常常要求与其他技术相结合。而且许多技术创新需要大量人力、物力和资本，为了得到有效的利用，要求跨国公司必须与大小不等和不同地理位置的其他公司建立联盟。

(二) 国家的存在

跨国公司认识到，它们的未来不是取决于国内而是取决于世界经济的发展趋势；而且，跨国公司也意识到所有经济体仍然是国家，协调它们的经济政策以保持国际经济正常运行是符合自己利益的。因此，跨国公司倾向于与东道国进行合作。20 世纪 80 年代末新兴工业化国家出现了全球竞争的态势，跨国公司随之出现了联盟以进行竞争。为了加强自身的竞争力，新型公司积极通过建立联盟寻求合作者。在当代世界经济中，决定一个国家和一个公司国际竞争地位的是技术、人力资源和组合系统，而不再是自然要素禀赋。技术创新和组织上的进步使跨国公司在选择投资、经营活动的区位时，有了更大的自由。它们在哪个国家和地区落户，通常不受有无资源及其成本的限制，而是受技术质量、人的技能和通讯设施等的制约。

（三）企业活动范围的变化

20 世纪 80 年代以前，跨国公司的界限受到自身的创业视野、技术能力、财政资源以及组织能力的限制。20 世纪 80 年代以后，形势发生了很大变化。跨国公司为使它们经营链条的各个环节以最低交易成本进行，越来越要求在供应商和顾客之间采取更加合作的姿态，在某些情况下，已经接近准一体化的水平。在某些国家（如美国），这种关系的条件可以在有法律约束的合同中规定，也可以建立在道义承诺、相互容忍、相互信任和共同维护声誉的基础上。

这些新的发展态势是科学技术进步和国际竞争激化所带来的直接结果，使跨国公司之间在价值增值链的所有环节，都有非股权联盟大量涌现。

本章小结

1. 国际投资活动成为世界经济活动中的重要现象，它对投资国和东道国的经济贸易发展具有重大的影响。在国际投资活动中，对外直接投资占有重要地位。跨国公司成为国际对外直接投资的主要承担者。

2. 第二次世界大战以后，在第三次科技革命的推动下，发达国家产业结构不断优化，为了追求高额利润，绕过关税和非关税壁垒，发达国家企业通过直接投资方式，进行工厂外迁，出现了跨国企业和跨国公司。

3. 发达国家一直是外国直接投资的投资国和东道国，也是跨国公司的缘起国和最大多数跨国公司的拥有者。随着发展中国家的经济发展，尤其是新兴工业化国家的崛起，它们也开始进行对外直接投资活动，产生了发展中国家的跨国企业和跨国公司。

4. 为了兴利抑弊，各东道国对外国直接投资设置了鼓励、限制政策。随着外国直接投资积极效应的显现，对外国直接投资出现了自由化政策。它通过单边、双边和多边进行自由化。

5. 跨国公司是外国直接投资的主要承担者。为了追求利润最大化，跨国公司制定全球性的经营战略，形成国际生产链和销售渠道网，配置全球资源，促进了商品的生产和流通以及资本的国际流动。

6. 为了分析跨国公司产生和发展的原因，出现了许多跨国公司的理论，主要有垄断优势理论、内部化理论、国际生产折中理论和战略联盟理论。

思考题

1. 国际投资如何分类？

2. 对外直接投资的动因是什么？
3. 对外直接投资产生了何种贸易效应？
4. 东道国通过什么措施鼓励外资进入？
5. 世界贸易组织以什么协议进行投资自由化？
6. 跨国公司经营战略的主要内容是什么？
7. 跨国公司对外直接投资的作用是什么？
8. 跨国公司理论主要解决什么问题？

第十二章　国际贸易与商务管制

学习目标

本章系统介绍了当今世界各国出于政治、经济、安全和履约等方面的考虑，对贸易和商务违规行为进行的管制。有的是对本国出口厂商，有的是对整个贸易对象国家，有的是对企业商务行为。通过学习，学生应了解出口管制的原因，知悉进行贸易制裁的结果，掌握国际商务行为的法规。

第一节　出口管制

一、出口管制的含义

出口管制或出口控制（Export Control）是指出口国政府通过各种经济和行政的措施，对本国出口贸易进行管制的行为。出口管制有的由国家单独采取，有的由一些国家联合共同实行。

二、出口管制的原因

在国家存在的情况下，由于政治和经济发展的不平衡，社会制度、意识形态和价值观念的差异以及可持续发展的需要，国家出于安全、外交政策以及保障国内供给的考虑，对出口实行限制和管制。当然也有其他方面的考虑，如美国的出口管制还考虑了防止核扩散的因素。

三、单边出口管制

（一）出口管制确立的基本原则

世界各国出口管制在不同的历史时期有着不同的侧重点，但总的来看，其出口管制的确定主要遵循以下四项原则：

1. 国家安全原则

如《美国出口管理法1988年修正案》第三章“政策声明”中明确指出：美国的出

口管制政策是"限制对其他国家或国家集团的军事潜力有重大帮助的货物和技术的出口，并且证明这种出口对美国国家安全有不利的影响"。在此基础上，确立出口管制对象国时，主要考虑以下因素：对方所奉行的政策对美国国家安全的影响；对方是否是社会主义国家；对方与美国现存及潜在的关系状况；对方与美国的友好国家及与美国敌对国家现存及潜在的关系状况；对方的核武库能力；对方对从美国进口的技术、产品进行再出口控制的能力；总统认为需要考虑的其他因素。

2. 对外交往原则

世界各国为了有效地加强和推行整个对外政策，需要限制某些产品和技术的出口。如《美国出口管理法 1988 年修正案》指出，为了进一步有效地加强和推行美国的对外政策和履行自己承诺的国际义务，必须限制某些产品和技术的出口。在确定出口管制国家的对象时，要考虑以下因素：可行性（管制要达到预期目的）；一致性（管制要适应既定的外交政策）；能力（管制要有效地执行）；经济影响（对美国的竞争地位和美国公司的经营不产生负面影响）；外国政府的反应等。美国政府出于外交政策而实施的出口管制确立的因素包括：人权、反恐怖、地区稳定、化学战、防止核扩散等。管制对象国因时而异，一般包括被美国认为是敌对、恐怖和所谓"无赖"的国家。

3. 保障国内供给原则

世界各国为保护本国经济发展需要，防止某些短缺物资过多外流和减少因国外需求造成的通货膨胀，会限制某些产品和技术的出口。当然，因自然禀赋和其他方面的原因，各国对出口产品限制的范围和种类有所不同。譬如，美国除了限制军事技术和战略物资出口，还曾对铜、兽皮、核桃木、未加工的西洋红杉、某些石油精炼产品和农产品进行过出口限制。

4. 履行国际义务原则

各国在管制出口中，还要履行有关的国际贸易条约与协定中的义务，如在国际商品协定和出口国生产组织中承担的义务，履行联合国通过的对某些国家进行制裁或禁运的决议。

（二）出口管制国家的确定

世界各国，尤其是政治经济大国，在上述原则的基础上，根据本国情况，对不同的国家予以不同的出口管制。如美国对不同的国家实行不同类型的管制，对所谓共产党国家，主要以国家安全为主；对其盟国和发展中国家，则主要以外交政策和短缺供应管制为主。因此，美国在 1979 年的《出口管理条例》中，曾按照宽严程度不同的国别政策，将加拿大以外的所有国家划分为 7 个国家组，加以区别对待。

"9·11"恐怖事件后，美国开始特列国外机构名单、恐怖主义名单、被拒绝名单、禁止交易名单和禁运国家名单。

（三）出口管制的内容

出口管制国家管制的出口商品一般包括如下内容：

(1) 战略物资和先进科学技术。其中包括：武器、军事设备、军用飞机、军舰、先进的电子计算机及有关的资料等。

(2) 国内生产所需的较为短缺的各种原材料、半成品和国内市场供应不足的某些商品。

(3) 实行“自动出口限制”的商品。如原《多种纤维协定》项下出口的纺织品和某些双边“自限”商品，如日本按照与美国达成的“自限”协定，对美国出口的汽车、钢铁采取自我管制出口措施。

(4) 历史文物、艺术珍品、贵金属等。

(5) 被列入对进口国或地区进行经济制裁范围的商品。如联合国成员对被联合国通过决议予以制裁的国家，要对其出口的商品进行出口管制。

(6) 出口生产国组织通过的“限产保价”的商品，要管制出口。如石油输出国组织对石油按照分得的份额出口。

一些国家，如美国将其出口商品按属性、用途、贸易方式制定了两个管制商品清单，一个是商用及双重（民用和军用）用途的管制名单，一个是军品管制名单。

此外，出口管制还延伸到人员活动上，如美国管制外国公民在美国大学的入学等活动。

（四）出口管制的实施机构

实施出口管制的国家和地区都设置了相应的机构负责出口管制。如美国商务部产业安全局（原出口管理局）负责管理和加强美国对两用产品（既能商用又能军用）的出口管理，以及对某些附有外交目的的商品的出口和再出口进行管理。此外，还有一些与出口管制有关的机构分管出口管制。国防部负责国家安全审查，直接参与纯军品、军用技术出口的审批；国务院依法拥有对任何对外政策出口许可证进行审查的权力；美国能源部会同商务部管制核设备、技术核原材料的出口；运输部会同商务部管制水运工具的出口；司法部管制麻醉品和危险药品的出口；能源部管制天然气和电力的出口；专用商标办公室管制专利申请和应用；财政部管制外国在美国的资产；农业部管制烟草种子和活植物的出口；内务部管制濒临灭绝的鱼类、野生动植物和候鸟、秃鹰等的出口。

（五）出口管制的措施

各国的出口管制一般是通过发放出口许可证的方式来实施的。以美国为例，出口许可制度由三部分构成：

1. 一般许可证

根据管制货单和输往国别分组管制表，如属于普通许可证项下的商品，即按一般出口许可证的程序出口，这类商品的出口管理很松。为了便于出口，规定出口商出口这类商品时，不必向商务部贸易管理局提出申请，只要在出口报关单上填明管制单上该商品的普通许可证编号，经海关核实，即可办妥出口证手续。

2. 单项有效许可证

单项有效许可证（Individual Validated Licenses）是由美国商务部发放的一种批准出口许可的官方文件。该证列明了具体批准的出口商品或技术资料的名称、数量，指定了具体的收货人及最终用途，有效期一般为一年。出口商必须依据订货单或合同填写申请表格，逐项申请，获批准后，应严格按许可证上载明的条款执行。通常，属于下列情况的，均需申请单项有效许可证：（1）出口至任何目的地的“战略商品”；（2）出口那些因“国家安全”原因而实施管制的商品至一些“受限制国”；（3）出口那些受“外交政策”原因而管制的商品至一些敏感地区；（4）出口“未公开”的技术资料至某些国家；（5）出口“短缺商品”至任何目的地。

3. 特殊许可证

特殊许可证（Special Licenses）是在特定条件下所采用的一种许可证形式，与单项有效许可证性质相同。属于特殊许可证和单项有效许可证项下的商品在出口时，必须提交书面申请，获取许可证后，方能出口。但是，特殊许可证比单项有效许可证包含的内容多，常常可代替若干个单项有效许可证使用。其常用的形式有以下几种：

（1）分销许可证（Distribution License，DL）。这种许可证是为了方便美国出口商实现国际销售计划和销售网络而采取的优惠办法，它可以至少替代25个单项有效许可证使用；一次办理后，可以在两年内不限次数地重复使用，其间不再逐项办理审批手续。美国政府有权检查分销许可证持有人的销售记录和设施，以确定他们是否遵守规章。

（2）提供服务的许可证（Service Supply License，SL）。该证是指批准美国出口商或制造商出口备件或替换备件至外国用户的一种许可证。凡是对已出口的机器、设备提供售后服务所需的零备件、替换件，只要对象是美国公司在外国的分公司、母公司，均可申请这种许可证。该许可证有效期一般为一年，经批准可延长两年。

（3）项目许可证（Project License）。该证是指就一个较大的工程扩建或新的项目建设所需商品或技术发放的出口许可证。如国外的航空公司使用的美国制造的飞机，其航行所需的备件、飞机的维修设备等的出口均可申请。项目许可证有效期一般为一年，可申请顺延一年。

（六）对出口违法的处理

实行出口管制的国家均规定，凡是未经许可而出口，或将批准出口的商品、技术从批准项目的地方私自向未经许可的地区或国家装运，要受到出口执法部门的处理。出口违法行为可能导致行政制裁、罚款或监禁以及按法律采取的其他惩罚，或多项制裁。以美国为例，美国的执法机构是在商务部长助理的领导下，由出口执法办公室和反抵制协调办公室负责。出口执法办公室和反抵制协调办公室根据指控情况进行调查，然后将调查报告提交出口管理助理总律师办公室，并向该办公室提出建议，该办公室负责接受与评估这些报告和建议。如果一项指控成立而且证据充足，则将该案件呈递司法部处理。处理的办法包括刑事处罚和行政制裁。

各国对违反出口管制的行为处分很严，如日本工程设备生产厂家星辰企业因违反日本出口管制法，未经批准向伊朗出口能转用作导弹开发的“喷射粉碎机”，涉嫌违反外汇和外贸法，于2003年6月12日受到日本警视厅的搜查。导致该公司多名高层和职工被捕。

四、多边出口管制

（一）含义

多边出口管制是指多个国家政府，通过一定的方式建立国际性的多边出口管制机构，商讨和编制多边出口管制货单和出口管制国别，规定出口管制的办法等，以协调彼此的出口管制政策和措施，达到共同的政治和经济目的。

（二）多边出口管制组织

1. 巴黎统筹委员会

巴黎统筹委员会（the Coordinating Committee for Multilateral Export Controls，COCOM）是根据1949年11月22日英、美、法三国秘密达成的君子协定，于1950年1月1日成立，拥有16个成员国。它们是：美国、英国、法国、意大利、加拿大、比利时、卢森堡、荷兰、丹麦、葡萄牙、挪威、联邦德国、日本、希腊、土耳其和西班牙。这个委员会的主要工作是：编制和增减多边“禁运”货单，规定受禁运的国别或地区，确定“禁运”审批程序，加强转口管制，讨论例外程序，交换情报等。巴黎统筹委员会设在巴黎菩提路5号，大门上没有名牌，显得十分神秘。1950年初这个小组下设调查小组，主管对苏联、东欧和中国等国家的“禁运”。1952年又增设一个所谓的“中国委员会”（China Committee，Chincom），以加强对中国的“禁运”。1957年，取消“中国委员会”。1971年6月，在美国总统尼克松宣布开放对中国的贸易后，巴黎统筹委员会即取消了对中国的“禁运”，对中国出口的管制货单不断减少。虽然这个多边出口管制机构负责编制、修订和审批多边出口管制货单，但有关出口管制商品的具体管理和出口申报手续仍由各参加国自行办理。

1994年3月31日，巴黎统筹委员会解散，被“瓦森纳安排”取代。

2. “瓦森纳安排”

1995年，美国与其他主要工业化国家就建立新的出口管制体制机构、防止武器和具有军事用途的高技术产品落入潜在的敌对国之手等问题达成了协议。1996年9月，美国与其他32个国家共同签署了《关于常规武器与两用产品和技术出口控制的瓦森纳安排》（简称“瓦森纳安排”），在此基础上建立起新的多边出口控制机制。与巴黎统筹委员会相比，“瓦森纳安排”是一个十分松散的组织。它把出口决定权留给各国政府，而不像以前的巴黎统筹委员会有权禁止向前华约组织国家出口高技术产品。它没有正式列举被管制的国家，只在口头上将伊朗、伊拉克、朝鲜和利比亚四国列入管制对象。它也不具备审议职能，不要求成员国将其出口许可证送交审议。“瓦森纳安排”规定有“自行处理”原则，成员国可以参照共同原则和清单自行决定实施出口管制的措施和方式，自行批准本国的出口许可。“瓦森纳安排”比较有约束力的规定是所谓的“不破坏协议”，即如果一个成员国向协定秘书处提出禁止某项技术的出口，那么其他成员国在批准同类项目出口时应当首先向该国征求意见。

（三）联合国成员实施的多边管制

当一个联合国成员违反《联合国宪章》，被联合国通过决议对其进行制裁时，联合国其余成员有义务遵守联合国决议，对其进行出口管制。如伊拉克侵略科威特后，联合国通过了对其制裁的决议，联合国其他成员都要对伊拉克进行出口管制。

第二节 贸易制裁

一、贸易制裁的含义

贸易制裁（Trade Sanctions）是经济制裁（Sconomic Sanctions）的一项重要内容。“所谓经济制裁，即是有意识地采取政策来限制或剥夺某一国家的经济利益，以迫使该国改变其某一对外政策或行为，如不给或减少经济援助，禁止向一国输出商品、技术或资本，对一国实行贸易制裁和禁运等。”① 推而言之，贸易制裁是一个国家或国际组织，为了维护自身经济贸易利益和规则，对某一国家采取限制或剥夺贸易权益的行为和措施。

二、贸易制裁的原因

（一）维护经济贸易利益

用贸易制裁手段惩戒对方，迫使对方作出妥协、让步，以维护本国企业的利益。为

① 俞正梁．全球化时代的国际关系．上海：复旦大学出版社，2000：108.

了维护美国的知识产权和得到“公平”的贸易机会，美国经常动用“超级301条款”和“特殊301条款”来威胁和制裁别的国家。

（二）追求政治目的和利益

1959年以前，美国资本控制了古巴75%的肥沃土地、90%的畜牧业和采矿业、40%的制糖业、80%的公用事业、50%的公用铁路、25%的银行存款和100%的石油工业。1959年1月后，卡斯特罗领导武装革命推翻了巴蒂斯塔政府后，开始实行国有化，征收和接管美国公司及其所有土地，引起了美国的不满。美国开始对古巴进行贸易制裁。1959年底，美国首先削减对古巴食糖的进口配额。但古巴很快与苏联达成协议，不仅得到苏联的低息贷款，而且把积压的食糖也卖给了苏联。此后，美国不断加大对古巴的制裁力度。1960年7月，美国又削减古巴食糖进口配额70万吨；1960年10月，美国对古巴实行海上封锁，拦截开往古巴的船只，只允许少量的食品和药物运往古巴。1963年7月，美国冻结古巴在美国的所有财产，继续实行贸易禁运。1996年5月后，美国按照《赫尔姆斯伯顿法案》，将对古巴的扩大制裁措施扩大到第三国。禁止第三国在美国销售古巴产品，不给与古巴有经贸往来的公司经理、股东及其家属发放入美签证，不允许古巴加入国际金融机构，不允许其向古巴提供贷款，谋求通过联合国安理会对古巴实行国际制裁。

（三）谋求军事和安全利益

1979年12月27日，苏联入侵阿富汗，严重影响了美苏在中亚和中东地区的战略平衡，威胁到美国的利益。此后，美国宣布对苏联进行贸易制裁，包括停止出售高技术产品，停止提供1 700万吨粮食，限制苏联渔船在美国水域捕鱼。欧共体也宣布对苏联实行贸易制裁，包括停止向苏联出口谷物、奶制品，取消对苏联出口的黄油补贴等。

（四）报复歧视性贸易行为

根据WTO贸易争端解决机制，如果一成员的贸易行为违背WTO协定与协议，伤害其他成员贸易利益，可通过贸易争端解决机制处理这种行为。如经过上诉机构裁定该成员确有伤害行为，而又不接受该机构的裁决，则该机构可授权受到伤害的成员对该成员进行报复，予以贸易制裁。

三、贸易制裁的层次

（一）低烈度贸易制裁

低烈度经济贸易制裁大多因为国家之间个别经济部门的个别产品发生摩擦，得不到解决而引致的。该制裁具有以下特点：（1）制裁被严格限制在个别部门的个别产品，制裁的规模小，程度轻；（2）这种制裁容易被使用；（3）对制裁双方的经济贸易关系影响不大。

（二）中烈度贸易制裁

中烈度经济贸易制裁多因出现严重经济贸易摩擦后未能妥善积极处理而引致的。该制裁具有以下特点：（1）制裁的范围较广；（2）受到制裁的领域较宽；（3）制裁的影响面大。

（三）高烈度贸易制裁

高烈度经济贸易制裁多由政治和安全问题引起。该制裁具有以下特点：（1）制裁的范围涉及整个经济贸易关系；（2）断绝经济贸易往来；（3）对被制裁的国家产生了严重后果。

四、贸易制裁的方式

（一）取消已经达成的贸易合同

2006 年 2 月，美国国务院宣布有 6 家中国公司、两家印度公司和一家奥地利公司因向伊朗出售武器和技术已经受到美国的制裁，制裁期限为 1 年。在这一年内，美国政府各部和机构不得从被制裁公司采购任何物品、技术或服务，不得与其签署任何采购合同，并且现有合同也必须终止；美国政府各部和机构不得向被制裁公司提供任何援助，不得为这类目的进一步拨款（资料来源：《环球视野》摘自 2006 年 2 月 24 日《世界新闻报》。http://www.globalview.cn/ReadNews.asp? NewsID = 7140）。

（二）中止义务，进行报复

如 1999 年 4 月 12 日，WTO 争端解决机构裁定欧盟在香蕉进口中的歧视政策违背了 WTO 的规定，授权美国可对欧盟进行制裁，制裁的金额为 1.914 亿美元。据此，美国对从欧盟进口相应金额的产品征收 100% 的惩罚关税，包括浴液、汽车电池、床单、手袋和皮夹等产品。

（三）限制、禁止部分或全部贸易往来

这种制裁措施的具体办法包括：对某种或某些产品的进口课以惩罚关税或实施严格的配额限制；禁止受制裁的外国公司的产品进入本国市场；断绝一切经济贸易往来；动用武力或军事手段，封锁对方国家的海岸或边境，强制性地限制受裁国与外界的经济贸易往来。如 1990 年 8 月，伊拉克入侵科威特后，联合国安理会通过第 661 号决议，对伊拉克一直实施包括石油禁运在内的经济贸易制裁，而且还动用海空军封锁伊拉克的领空、领海，实行强制性的海运检查，监督对伊拉克的制裁。

（四）冻结存款、资产与援助款项等

1. 冻结账户存款和其他资产

冻结账户存款和其他资产是经济贸易制裁常用的一种方式，它一般发生在两国政治交恶或国际经济主体相互对立的时期。如因朝鲜战争爆发和中国参战，1950 年 12 月 16 日，美国宣布冻结了中国在美国的财产和资金。为了回击美国，中国也于同年 12 月 28 日开始冻结美国在中国的一切财产。

2. 冻结和取消预期应得的援助款项等

如 1995 年 8 月 29 日，日本政府为抗议中国进行核试验，决定冻结 1994 年度部分对华无偿援助（共 78 亿日元），并将减少 1995 年度对华无偿援助金额。

五、贸易制裁的效应

（一）制裁后果

通常，贸易制裁是在迫不得已的情况下作出的，结果可能达到国家的某种目的，但对进行贸易的厂商会造成伤害。

1. 对制裁国有利有弊

一些低烈度经济贸易制裁，因其影响较小，大多不会引起对方国家的报复性反弹，如果运用适当，对解决贸易摩擦、保护本国经济贸易正当权益有利。但中高烈度的经济贸易制裁，容易引起报复性的反制裁，一般会两败俱伤。

2. 出口商受到伤害

经济贸易制裁通常是出口商或贸易商不能控制的，并且可能在没有任何预先通知的情况下就执行，而且立刻就会产生效应。通常情况下，制裁会给出口国贸易带来损失，由美国发起的经济贸易制裁每年会导致 200 多亿美元的出口损失。

3. 实现或部分实现预期目标

如 1973 年 10 月爆发第四次中东战争，阿拉伯产油国宣布对支持以色列的国家实行石油禁运，迫使日本和欧洲的一些国家改变追随美国的亲以政策，使美国的盟国在巴以问题上发生分化。此外，当一些贸易争端被 WTO 裁决，可以进行报复或制裁时，可迫使违规员取消违规的贸易政策和措施，避免贸易争端恶化。

4. 有时无法达到预期目标

如美国对古巴的长期贸易制裁，给古巴经济带来了伤害，但也深化了美国与古巴的矛盾；对伊朗进行的长期经济贸易制裁，不仅没有取得效果，而且进一步激化了伊斯兰世界与美国的矛盾。

5. 单边制裁难以奏效

单边经济贸易制裁一般难以取得预期的效果。原因是单边制裁往往势单力薄，即使是经济贸易大国，有时也力不从心，而且被制裁的对象国往往可以找到替代市场、替代产品和替代资金等。

6. 多边制裁后果不一

多边经济贸易制裁比单边经济贸易制裁相对容易见效。但因对象不同，效果有很大差异。一般而言，经济贸易制裁对经济封闭、对世界市场依赖较小的国家难以起到很大的作用。但对于同世界市场联系紧密的国家，比较容易发挥作用。

7. 容易造成人道主义灾害

伊拉克因入侵科威特而受到联合国成员的长期贸易制裁，使伊拉克国家和人民失去了本国社会正常运转的经济条件。因缺少食品、医药和其他必要的生活用品，伊拉克人民尤其是儿童受到了巨大磨难。1990 年 8 月 ~2001 年 12 月，因营养不良、药物短缺而夭折的 5 岁左右的儿童达到 6 万多人。

（二）影响贸易制裁效应的因素

1. 贸易依存度

经济贸易制裁成功与否，在很大程度上取决于被制裁国对国际贸易尤其是对制裁国的依赖程度。这种依赖性表现在进口需求弹性和出口供给弹性上，被制裁国的贸易弹性越小，制裁对其伤害越大；反之则越小。一般来说，对进口和出口弹性都比较高的国家实行经济贸易制裁的成功率比较低。

2. 制裁的时期性

通常，制裁如果是突发性的，需求和供给的弹性较低。因为突然遇到制裁，在短期内来不及准备，不易调整和适应。但如果制裁酝酿时间过长或制裁从提出到真正实行有很长时间的间隔，被制裁国就可以作出调整或找到取代的办法，制裁的作用就会减弱。

3. 制裁的群体性

如果一个或少数几个国家参与制裁，即使被制裁国的贸易弹性很低，对其伤害也不会很大。因为制裁国制裁后出现的市场或商品空间会立即被非参与制裁国填补。只有在全部或大多数国家都参与制裁的情况下，才能重创被制裁国，增加成功的可能性。但由于各国间政治、文化和信仰的不同，很难做到所有国家都同心协力地参与对一国的制裁。1990 年在伊拉克入侵科威特时，联合国成员比较一致地执行联合国决议，但这种情况并不多见。

由此可见，贸易制裁并非良策。制裁的后果通常是双方受到伤害，因而经济贸易制裁的成功率不高。1990 年，美国经济学家哈甫鲍尔等曾对美国 115 次经济贸易制裁做了研究，发现有三分之二的经济贸易制裁是失败的。

第三节 国际商务违规行为管制

为了扩大市场，实现利润最大化，各国经济贸易企业在国际商务活动中通过贿赂、联合抵制和托拉斯活动进行竞争，危害了国际贸易的秩序和各国经济贸易的正常发展。为此，从20世纪80年代开始，世界各国和国际组织通过立法等方式对这些违规行为进行管制。

一、国际商业贿赂的兴起与危害

（一）国际商业贿赂的定义

商业贿赂是指市场交易的经营主体，在经营交易过程中，采取秘密手段向交易对方的单位或对交易业务有决定影响的人提供报酬或其他好处，以促成业务交易，挤掉别的竞争对手，从而占领市场的行为。WTO对国际商业贿赂的定义是：向外国政府官员提供金钱、贵重物品等其他好处、承诺和利益，以换取外国官员利用手中的职权，为自己谋取商业利益和回报。商业贿赂作为不正当竞争行为的主要特性表现在：主体是市场经营者；发生在市场交易过程中；行为具有秘密性，其表现是秘密给付、收受财物或其他报酬；行为人主观上的直接目的往往是争取交易机会或优惠的交易条件；行为人支付的款项或者提供的优惠利益违反了国家有关经贸、财务、会计等方面的法律、法规的规定。

20世纪80年代以后，随着世界市场竞争的加剧，在国际贸易中，商业贿赂盛行。许多著名的跨国公司如ABB、IBM、UPS、阿尔卡特、飞利浦、西门子、强生等都曾陷入商业贿赂丑闻。美国司法部称：1994～2001年，在超过400起国际竞标活动中，都有外国公司从事严重的贿赂活动，涉及金额高达2 000亿美元。有超过50个国家的公司向超过100个购买国家暗示会为获得某个合同而提供贿赂，行贿活动相当普遍。

（二）商业贿赂的危害

1. 形成恶性竞争

贸易贿赂阻碍制度创新，导致交易成本增加，扭曲市场规则，并助长腐败的社会风气。某些企业因贿赂而获益，但却损害了其他企业和股东的利益。贿赂行为提高了产品和服务的成本，因为寻找行贿目标的费用以及贿赂费用必须被附加到谈判和交易成本中去。受到商业贿赂直接损害的不仅仅是消费者，其他守法商家同样也是受害者。因为在一些不法商家利用商业贿赂行为打开销路、扩大销量的同时，守法商家的市场份额却在不断缩小。其后果是原先守法的商家有的逐渐陷入经营困境，有的也加入了商业贿赂的行列，形成企业之间的恶性竞争，市场环境不断恶化。

同时，贸易贿赂也会败坏行贿公司的发展。缺乏职业道德的企业文化会助长员工的欺诈行为；缺乏商业道德的行为会影响企业形象，而企业形象不端的公司将难以吸引和招聘到优秀的员工；商业贿赂的违法行为使公司受到法律制裁，陷入破产。

2. 破坏市场秩序

商业贿赂不仅伤害消费者和守法商家，而且无形中会破坏市场经济秩序，损害一国的民族文化。贸易贿赂的本质是不正当竞争，是对消费者知情权的侵犯，是对正常、公平的竞争秩序的破坏。一个盛行贸易贿赂的社会，绝不会是一个规范的、有秩序的社会。在贸易贿赂下形成的“奸商文化”更是对社会诚实美德的践踏。

3. 浪费社会资源

贸易贿赂降低资源有效配置，如资源流向了非生产性要素，不能选择真正有效率的供应商，破坏了竞争规则。事实表明，行贿不是经济的润滑剂，而是把全球贸易和投资活动拖向腐败和低效率的祸首。

4. 腐蚀政府机制

商业贿赂会腐蚀政府官员，毁坏政府机能，败坏国家形象。受贿者可能身败名裂，1976 年美国最大的武器制造商洛克希德公司向日本官员行贿 2 500 万美元，获得订单，案发后导致日本首相田中角荣辞职和被判刑。

（三）容易产生贿赂行为的产业

在垄断行业和政府严格管制的行业中，垄断与管制往往加重了资源稀缺，加大了商业腐败的可能性。世界银行的调查表明，公共工程建筑、国防采购、石油天然气、房地产、电信以及电力行业、采矿、交通、医药等行业是容易产生贿赂行为的高发行业。每年向发展中国家政府行贿的金额高达 500 亿 ~ 800 亿美元。亚洲开发银行提供的数字表明，在欠发达国家，与腐败有染的资金估计占到国民生产总值的 17%。

二、国家和国际社会的反贿赂

贿赂产生的腐败已成为各国政府和国际组织日益重视的突出问题，因为贿赂腐败不仅对国内经济产生了破坏性的影响，而且对国际贸易和国际直接投资产生了扭曲性的影响。跨国贿赂扭曲了全球市场，妨碍了经济发展，贿赂成为了一种贸易壁垒。

为了保持开放、公平和无扭曲竞争的国内外环境，一些国家和国际组织已经开始进行反贿赂的立法行动。

（一）国家反贿赂立法

20 世纪 80 年代以后，世界各国开始通过立法形式进行反贿赂行动。其中，美国表现得十分突出。

美国通过立法进行反贿赂和反腐败，源于 20 世纪 70 年代初期的美国水门事件。当时在美国国会举行的听证会上，美国跨国公司的一系列腐败行为被曝光，其中包括为尼克松的竞选提供非法资金（通过国外银行洗钱）和美国公司直接向国外官员行贿。从此，美国政府拉开了企业海外反腐败的序幕。

1977 年，美国国会通过了《反海外腐败法》（FCPA），该法禁止美国公司或个人向国外政府官员支付、提议支付或承诺支付费用，以影响其执行公务的行为；禁止诱使官员作为或不作为，从而违反其合法职责；禁止诱使官员利用他们对政府的影响获取商业利益。该法在 1988 年的修订案中进一步规定，如果任何美国公司的管理者被证明他们知道某种非法行为，或故意忽视某种违规活动，那么，他们将受到起诉、罚款甚至监禁。1998 年，该法的适用范围扩大到了在美国境内的外国公司，适用于任何一个在美国注册的公司以及在美国股票交易所上市的公司。

与此同时，美国特别关注贿赂在国际交易中的影响。在美国的积极推动下，欧盟及经济合作与发展组织成员国已相继完成了相应的立法。1997 年 5 月，经济合作与发展组织出台了共同反对国际贸易中的行贿条约，33 个国家签署了该条约，由此，限制商业行贿成为国际惯例。2002 年，英国通过了一项新的反贿赂法案，将反贿赂的针对范围从本国公司扩大到了外国公司。

世界上每一个国家的行政人员和公共管理人员都面对着腐败和贿赂的诱惑。许多国家已经意识到这一问题，并制定了相应的伦理政策和程序。1998 年，加拿大通过了《外国公共官员腐败法案》（Corruption of Foreign Public Officials Act of 1998）。

（二）全球掀起反腐败活动

20 世纪 80 年代以后，反贿赂和反腐败斗争从国家发展到国际社会。贿赂和腐败成为全球性的问题，所以反贿赂和反腐败也真正成为一个引起世界关注的全球性问题。一些国际组织加强了反贿赂和反腐败的行动。

1. 联合国提出全球性倡议

20 世纪 70 年代，联合国设立了“政府间腐败问题专门工作小组”，以加强伦理准则建设。联合国大会 3514 号决议给专门小组授权，认可其主要任务：发布腐败和行贿受贿问题的报告，并指导成员国如何惩罚各级各类公共官员的渎职行为。联合国定义的公共官员为国家、地区民选的或任命的各级公务员。这为联合国以后的反腐败斗争奠定了基础。

1989 年，联合国起草了《全球反腐败纲领》。该纲领旨在协助成员国开展反腐败斗争，呼吁政府行为的透明度和责任性，建议设立国际立法机构，致力于反腐败和反行贿受贿的斗争；呼吁建立国际数据库和国际道德法庭，以协助反腐败斗争，并使成员国共享相关信息。

1996 年，联合国通过《联合国大会关于反腐败和反行贿受贿宣言》（以下简称《宣言》），正式向腐败问题宣战，并在随后的第 82 届全体会议上通过了《公共官员国际行为准则》（以下简称《行为准则》）。《宣言》不具有约束力，但它代表了国际组织的初步努力，即建议对腐败和行贿受贿行为予以惩罚，加强成员国之间就该问题的国际合作，鼓励公开曝光腐败行为。

2003 年 12 月 10 日，43 个国家在墨西哥梅里达正式签署了《联合国反腐败公约》，它是一部全面的反腐败公约。仅就贿赂犯罪而言，既反对行贿，也反对受贿；既反对贿赂本国官员，也反对贿赂外国和国际公共组织官员；既反对公共领域的贿赂，也反对私营部门的贿赂；既反对自然人犯罪，也反对法人犯罪。贿赂外国公职人员或者国际公共组织官员，与贿赂本国公职人员、影响力交易、私营部门内的贿赂并列为公约中所规定的贿赂犯罪的四种行为。中国和美国一样，成为第一批签署公约的国家。

2. 经合组织通过反贿赂协定

1994 年，经济合作与发展组织（OECD，以下简称“经合组织”）通过了《禁止国际商业交易行为中的贿赂行为的建议》，1997 年，在成员国之间达成《反对在国际商业活动中贿赂国外公共官员条约》。反贿赂协定要求 32 个签字国政府通过一般规则惩罚为了获得或保持国际商业合同而对外国公职官员提供、允诺和给予贿赂的行为。它提出了“公共基本伦理框架”，由 8 个部分组成：政治保证、有效的法律框架、有效的责任机制、可行的行为准则、职业社会化机制、公共服务的环境支持、伦理实体之间的合作以及公众参与和监督。要求政府或政府的采购部门承诺在采购活动中实行透明的竞标程序，保证其官员不对采购活动进行干预，并建立相应的监督执行和制裁违法的措施。只有当公司同意签署反贿赂协定后，才允许它参加投标，而且公司还必须公开保证制止贿赂行为，并制定公司行为准则和实施反贿赂协定的计划。

3. 欧盟制定反腐的《欧洲理事会公约》

欧盟制定的《欧洲理事会公约》是一项各成员国共同遵守的并互相提供帮助和支持的反腐败公约。其相关的公约有：1995 年的《保护欧洲共同体金融公约》、1997 年的《打击欧洲共同体官员或欧洲联盟成员国官员贪污腐败行为公约》和《关于私营部门贪污腐败问题联合行动》。1999 年 1 月 27 日，欧洲委员会在法国的斯特拉斯堡签订了《腐败刑法公约》，详尽地规定了国内及国外公务员贿赂犯罪的具体实施细则和原则，为帮助各成员国进行反腐败提供了很好的国际环境。1999 年 11 月，又通过了《腐败民法公约》，主要目的是规定对贪污贿赂等腐败行为造成的损害有权得到补偿。

4. 国际商会制定反贿准则

国际商会是一个世界性的商务组织。20 世纪 70 年代中期，国际商会开始关注腐败的消极影响，并为此建立了一个反欺诈贿赂委员会。该委员会在其 1977 年的年度报告中提出了一个号召各国政府、国际机构和私营部门共同行动的综合性计划，并开创性地起草了一个《打击国际商业交易中的勒索和贿赂的行为准则》，为进一步促进跨国公司自我约束起到了示范作用。国际商会于 1996 年更新并强化了该行为规则，并于 1999 年重新对其进行了修订。

5. 透明国际组织加强反腐监督

透明国际组织（Transparency International，TI）成立于 1993 年，总部设在柏林，是世界性的反腐败非政府组织（NGO）。自 1995 年以来，该组织不断地在因特网上发表国家腐败程度的排序结果。该组织将自己定义为“一个公民社会组织”，其主要任务是消除国际和国内范围的腐败现象。该组织拥有 77 个成员国，目的是加强反腐败的国际合作，并就反腐败和反行贿受贿斗争进行交流和保护活动，其重点放在加强地方性努力，以防止腐败发生。该组织成立以来，通过其富有成效的活动和努力，大大提高了国际社会贿赂问题的透明度。

此外，美洲国家组织（Organization of American States，OAS）于 1996 年签署了《美洲反腐败公约》。该公约是“美洲反腐败斗争合作计划”的一部分。该计划着力于比较研究各国的反腐败斗争实践，从事反腐败立法研究以及为成员国起草行为准则，并在各成员国之间开展反腐败思想和信息交流活动，以及为其他国际反腐败组织提供咨询服务。1999 年，亚太地区反腐败倡议组织（ADB-OECD Anti-corruption Initiative For Asia-Pacific）举行了反腐败大会，该组织的目标是研究反腐败战略，加强立法，保护检举，提高透明度和建立责任制，建立以荣誉感为基础的公民社会，增加公开性，加强评估和监督。

三、反联合抵制与反垄断

联合抵制是指采取共同行动，阻止或者妨碍其他国家与之从事贸易往来的企业进行贸易，使该企业受到损失或者放弃商业机会。如阿拉伯国家将与以色列进行贸易的公司列入黑名单，进行联合抵制。与此类活动相似的是，企业之间组织卡特尔，就特定价格销售达成协议。一般西方国家规定联合抵制行为是不公平的竞争行为。以美国为例，除非经美国政府批准，美国反联合抵制法一般禁止美国公司及其下属公司参与或协助任何国际联合抵制行动。

一些国家企业通过托拉斯活动对贸易进行垄断、贸易限制和合谋，以阻碍公平竞争。对此，各国通过反托拉斯法或反垄断法予以管制。

如美国通过《谢尔曼反垄断法》、《克莱顿反垄断法》和《联邦贸易委员会法》进行反垄断活动。《谢尔曼反垄断法》禁止任何限制各州之间或与外国的贸易合同、联合或合作，包括定价协议、串标和竞争者之间划分市场的协议，以及任何州或者与国外的贸易垄断。对违规的公司处以高额罚款。

此外，美国还与澳大利亚、巴西、加拿大、欧盟、德国、以色列、日本和墨西哥签署了反垄断合作协议。

本章小结

1. 当今世界各国在鼓励出口的同时，出于维护本国政治、经济和贸易权益及遵守国际法规的目的，对某些国家采取出口管制。管制的主体有时是一国，有时是多国联合，有时是联合国。

2. 在某些情况下，各国和国际组织出于对政治、经济、贸易和法规的维护，还对某些敌对、不友好和严重违反联合国宪章的国家进行贸易制裁。贸易制裁的效果通常取决于制裁者的多寡和被制裁者对经济贸易的应对能力。

3. 为了竞争，各国经济贸易企业通过贿赂、联合抵制和组织托拉斯腐蚀政府官员和经办人员，以获得订单，扩大贸易。为了维护国际经济贸易秩序，一些国家和国际组织通过立法和公约的方式，进行反贿赂，抵制联合抵制和托拉斯行为。

思考题

1. 各国为何进行出口管制？
2. 国际多边管制出口的机构发生了什么变化？
3. 影响贸易制裁成功率的主要因素是什么？

第十三章　区域经济一体化

学习目标

世界各国通过组建经贸集团加强经贸合作和发展，对国际贸易产生了巨大的影响。本章论述了地区经贸集团的产生、发展和类型，及其对国际贸易的影响。通过学习，学生应了解地区经贸集团的形式，知道经贸集团对国际贸易产生的影响，掌握地区经贸集团的相关理论。

第一节　区域经济一体化概述

一、区域经济一体化的含义

区域经济一体化是指区域内或区域之间的国家和政治实体通过书面文件，逐步取消关税和非关税壁垒，实现彼此之间货物、服务和生产要素的自由流动，进而协调产业、财政和货币政策，进行各种要素的合理配置，促进相互间的经济整合与发展，并相应建立超国家的组织机构的过程。它表现为各种形式的区域经贸集团的建立。

区域经济一体化是多种因素促成的结果，其中包括：地缘关系，经济发展水平相近或具有互补性，文化观念相似，政治和价值观念一致，政治上能够相互包容等。

二、区域经济一体化的形式与层次

按照从低到高的发展程度，通常把区域经济一体化划分为以下几种形式。

（一）优惠贸易安排

优惠贸易安排（Preferential Trade Arrangement）是区域经济一体化最初级的一种形式。在优惠贸易安排的成员之间，通过协定或者其他形式，对全部商品或者一部分商品规定特别的关税优惠。其特点是，优惠贸易安排并不包括全部商品领域，其优惠幅度也非达到完全取消关税和非关税壁垒的程度。

值得注意的是，有时优惠贸易安排特指发展中国家之间根据 GATT/WTO 授权条款建立的相互给予优惠待遇的协议。

(二) 自由贸易区

自由贸易区（Free Trade Area）是指签订有自由贸易协定的国家或政治实体组成的区域经济一体化组织，在成员方之间废除关税与数量限制，使区域内各成员方的商品可完全自由移动，但每个成员方仍然保持对非成员的贸易壁垒。现代自由贸易区还包括服务贸易自由化。自由贸易区不要求成员方建立共同的对外关税。

世界上成立最早的自由贸易区是欧洲自由贸易协会（EFTA），成立于1960年1月。该协会强调的是工业产品的自由贸易，不涉及农业，所以每一个成员可以决定自己的农业补贴水平。成员国也可以自由决定对来自欧洲自由贸易协会以外的产品的关税及贸易政策。

(三) 关税同盟

关税同盟（Customs Union）是指两个或者两个以上的国家和政治实体，内部完全取消关税和其他贸易壁垒，而对外实行统一关税率而缔结的同盟。它内部的一体化程度高于自由贸易区，由于同盟成员之间必须实行统一的对外关税政策，从而具备了明显的超国家性质。

(四) 共同市场

共同市场（Common Market），除了要求其成员之间完全取消关税与非关税壁垒，并且建立对外统一关税外，生产要素也可以自由流动。共同市场内成员国之间密切程度高于关税同盟。建立共同市场需要成员国在财政、货币和就业政策方面达到很高程度的协调与合作，而要实现这种层次的合作相当困难。目前，除了欧盟，世界其他地区还未出现成功的共同市场。

(五) 经济同盟

经济同盟（Economic Union），是指成员之间在实现共同市场基础上，制定和执行某些共同经济政策和社会政策，逐步废除政策方面的差异，进而实行某种形式的货币同盟，形成一个统一的经济实体。这种高度的融合要求有一个强有力的协调机制，每个成员国都要为这个机制让出部分国家主权。欧盟在20世纪末已建成了经济联盟。

(六) 完全经济一体化

完全经济一体化（Complete Economic Integration）是区域经济一体化的最高形式。在这个阶段，参与成员在经济、金融和财政等政策上，完全统一，商品、资金、劳动力等自由流动的障碍全部废除；各成员在社会、政治、防务等方面的政策也趋于一致。

表 13.1 归纳出以上六种区域经济一体化形式的简要特征。

表 13.1 区域经济一体化形式特征一览表

合作特征	优惠贸易安排	自由贸易区	关税同盟	共同市场	经济同盟	完全经济一体化
全部关税取消	否	是	是	是	是	是
设立共同壁垒	否	否	是	是	是	是
对生产要素流动不加限制	否	否	否	是	是	是
统一国家经济政策	否	否	否	否	是	是
统一协调社会与政治政策	否	否	否	否	否	是

应该指出的是，现实中的区域经济一体化名目繁多，内容交错，名称与内容并不完全一致。

三、当代区域经济一体化的特点

（一）区域经济一体化由西欧向其他地区延伸

1948～1994 年，在世界上 109 个一体化协定中，西欧国家就占了 76 个。1958 年欧洲联盟和 1960 年欧洲自由贸易协会的产生，推动了欧洲国家内部和其他地区的经济一体化。

（二）发展中国家的区域经济一体化量多实少

发展中国家组建的经贸集团为数众多，但实效不大。除了亚洲，其他地区建立的自由贸易区和关税同盟未按原定日期实现。特别是非洲和拉美地区的组织进展缓慢。经济贸易集团内部的贸易比重很低。

（三）多数区域经济一体化处于低级阶段

多数区域经济一体化处在自由贸易区阶段，少数区域经济一体化进入了关税同盟阶段，采取共同市场的区域经济一体化组织很少，只有欧盟目前接近进入完全经济一体化阶段。

（四）环太平洋地区的经济一体化后来居上

随着北美自由贸易区的建立和亚太经济合作组织活动的深入发展，环太平洋地区的经济一体化进入活跃期，东盟区域经济一体化进程加快，出现了欧、美、亚三大洲区域经济一体化三足鼎立的局面。

（五）区域经济一体化的构成基础发生了重大变化

20 世纪 80 年代以前，区域经济一体化主要由国土相接、经济发展水平相近、社会制度相同的国家和政治实体组成。20 世纪 80 年代以来，区域经济一体化突破了上述范围，其构成基础发生了如下变化：

1. 突破国土相邻的界限

出现了跨洲和跨洋的区域合作组织，如以色列与美国建立了“以色列与美国自由贸易区”；亚太经合组织的成员遍布亚洲、北美洲、南美洲和大洋洲。

2. 打破经济发展水平相近的局限

经济发展水平差距较大的国家可以成立区域经济一体化组织，如发达国家的美国、加拿大与发展中国家的墨西哥组成的“北美自由贸易区”。

3. 拆除社会制度不同的篱笆

社会制度不同的国家可以共同组成经贸集团，如在亚洲，东盟自由贸易区搁置社会制度和意识形态的差异，接纳了越南和柬埔寨等国家。

4. 从排他性转向对外开放式

区域经济一体化组织的排他性色彩有所淡化，开始追求“开放的区域主义”。

（六）区域经济一体化的组织成员相互交错

一些较大的区域经济组织内出现了次区域经济组织，很多国家同时参加几个经贸集团。如亚太经合组织中就包括了北美自由贸易区、东南亚国家联盟等区域组织国家。墨西哥不仅加入了北美自由贸易区和拉丁美洲一体化组织，还同欧盟和亚洲各国签订了自由贸易协定。

（七）出现了新的区域经济一体化的形式

如亚太经合组织，成员间以自我承诺的方式进行贸易和投资自由化，区域性协议的执行采取“协调性单边行动”，而且不设置强制性的执行和监督机制。亚太经合组织实行“开放的区域主义”，成员实行的自由化措施自动实施于其他世贸组织成员，而不要求得到世贸组织最惠国待遇的例外。

（八）区域经济一体化发展速度加快

区域经济一体化沿着三条途径不断发展：一是不断深化和升级现有的地区经济经贸集团；二是扩展现有组织的成员；三是缔结新的区域贸易协定。在上述背景下，经贸集团数目急剧增加，从 1972 年前的 50 多个跃升到 1992 年的 100 多个。自 1995 年 WTO 成立以来，它已接到超过 160 个关于新增的货物贸易或服务贸易自由贸易区协议的通知。截至 2007 年 3 月 1 日，运行的自由贸易区达到 194 个。

（九）欧盟向更高层次发展

欧盟已由经济联盟走向政治联盟，各成员让渡的国家权力范围不断扩大，从经济主权的让渡走向政治主权的让渡；并继续东扩，欧盟成员从初期的 6 国扩大到 2007 年的 27 国。

四、当代主要经济贸易集团

表 13.2 列出了主要经济贸易集团的简要情况，和占 2007 年世界出口的比重。

表 13.2 **世界主要经贸集团**

英文简称	中文译名	成立时间	成　员	占世界出口比重（%）
ASEAN（10）*	东盟自由贸易区	1967	文莱、柬埔寨、印度尼西亚、老挝、马来西亚、缅甸、菲律宾、新加坡、泰国、越南	6.26
ANCOM（5）	安第斯共同市场	1969	玻利维亚、哥伦比亚、厄瓜多尔、秘鲁、委内瑞拉	0.55
APEC（21）	亚太经济合作组织	1989	澳大利亚、文莱、加拿大、智利、中国、中国香港、印度尼西亚、日本、马来西亚、墨西哥、新西兰、巴布亚新几内亚、秘鲁、菲律宾、俄罗斯、新加坡、韩国、中国台湾，泰国、美国、越南	44.97
CACM（6）	中美州共同市场	1961	哥斯达黎加、萨尔瓦多、危地马拉、洪都拉斯、尼加拉瓜、巴拿马	0.15
CARICOM（15）	加勒比共同体	1973	安提瓜和巴布达、巴哈马、巴巴多斯、伯利兹、多米尼加、格林纳达、圭亚那、牙买加、蒙拉塞拉特岛、圣基茨和尼维斯、圣卢西亚、圣文森特和格林纳顶斯、苏里南、特立尼达、多巴斯	0.13
ECOWAS（15）	西非国家经济共同体	1975	贝宁、布基纳法索、佛得角、冈比亚、加纳、几内亚、几内亚比绍 、象牙海岸、利比里亚、马里、尼日尔、尼日利亚、塞内加尔、塞拉利昂、多哥	0.48
EU**（25）	欧州联盟	1957	奥地利、比利时、丹麦、芬兰、法国、德国、希腊、爱尔兰、意大利、卢森堡、荷兰、葡萄牙、西班牙、瑞典、英国、塞浦路斯、捷克、爱沙尼亚、匈牙利、拉托维亚、立陶宛、马耳他、波兰、斯洛伐克、斯洛文尼亚	38.20

续表

英文简称	中文译名	成立时间	成　员	占世界出口比重（%）
EFTA（3）	欧洲自由贸易区	1960	冰岛、挪威、瑞士	2.26
GCC（6）	海湾合作委员会	1981	巴林、科威特、阿曼、卡塔尔、沙特阿拉伯、阿拉伯联合酋长国	3.86
LAIA（12）	拉美一体化协会	1980	阿根廷、玻利维亚、巴西、智利、哥伦比亚、古巴、厄瓜多尔、墨西哥、巴拉圭、秘鲁、巴拉圭、委内瑞拉	5.15
Mercosur（4）	拉美南方共同市场	1991	阿根廷、巴西、巴拉圭、巴拉圭	1.62
NAFTA（3）	北美自由贸易协定	1994	加拿大、墨西哥、美国	13.38
SAARC（7）	南亚区域合作联盟	1985	孟加拉、不丹、印度、马尔代夫、尼泊尔、巴基斯坦、斯里兰卡	1.33

＊括号内数字为成员数。

＊＊2007 年 1 月 1 日，欧盟吸收了保加利亚和罗马尼亚两个新成员，使成员数上升为 27 个。

资料来源：联合国贸易与发展会议，统计手册，2008，表 1.1.3 编制。

第二节　区域经济一体化与国际贸易

经济一体化的层次不一，对成员之间产生的贸易和经济效应也各有不同。通常，经济一体化程度越高，所产生的效应和影响越大。

一、促进经贸集团内贸易的增长

在不同层次的众多经济一体化组织中，通过削减关税或消除关税，取消贸易的数量限制，削减非关税壁垒，形成区域性的统一市场；加上集团内国际分工向纵深发展，使经济相互依赖加深，致使成员国间的贸易环境比第三国市场好得多，从而使区域经贸集团内成员国间的贸易迅速增长，集团内部贸易在成员国对外贸易总额中所占比重提高

（见表 13.3）。

在下一节中，我们将从理论上进一步解释区域经济一体化的这种贸易创造效果。

表 13.3　　世界主要经济贸易集团内部贸易比重（%）

名　称	1980	1990	1995	2000	2005	2006
欧盟	61.8	67.4	66.4	67.2	67.3	67.6
北美自由贸易区	33.6	41.4	46.2	55.7	55.8	53.8
拉美南方共同市场	11.6	8.9	20.3	20.0	12.9	13.5
东盟自由贸易区	17.4	18.9	24.5	23.0	25.3	24.9
亚太经济合作组织	57.9	68.3	71.7	73.1	70.8	69.4

资料来源：联合国贸易与发展会议，统计手册 2008. 表 1.4。

二、经贸集团在世界贸易中的影响力增强

（一）提高谈判能力

经贸集团对成员国经济发展起到了一定的促进作用，其经济实力大大增强。以欧洲共同体为例，1958 年建立关税同盟时，六个成员国的工业生产不及美国的一半，黄金外汇储备仅为美国的 55%，出口贸易与美国接近。但到 1979 年，欧洲共同体九国国内生产总值已达 23 800 亿美元，超过了美国的 23 480 亿美元，出口贸易额是美国的两倍以上，黄金储备是美国的 6 倍多。此后，GATT 和 WTO 的多边贸易谈判中，欧盟以集团身份与其他缔约方和成员方谈判，敢于同任何一个大国或贸易集团抗衡，维护集团成员的贸易利益。

（二）增强辐射能力

在世界经济一体化的进程中，正在形成欧洲、北美、亚太三大贸易圈。在欧洲，以欧洲联盟为中心的贸易圈正在形成。欧洲联盟大市场的前景吸引了其他欧洲国家。1991 年 10 月 22 日，欧洲自由贸易协会同欧洲经济共同体（欧盟前身）就建立“欧洲经济区”达成了协议。东南欧和独联体国家也积极谋求同欧盟建立联系，北欧和东欧一些国家已提出参加欧盟的申请，并获得欧盟的批准。

三、区域经济一体化的潜在效益

（一）自由贸易区与关税同盟的潜在效益

（1）生产率的提升使按照比较优势提高专业化的水平成为可能。

(2) 由于较好地开发出规模经济的优势，使生产水平得以提高，进而使市场规模进一步扩大成为可能。

(3) 提高了的国际谈判地位，从而使国际贸易条件改善成为可能。

(4) 强化的竞争带来了经济效益的调整，加强了企业的融合与竞争。

(5) 技术进步提高了生产要素的利用率，改进了质量。

(二) 共同市场和经济同盟的潜在效益

除了获得上述经济一体化的潜在经济效益，还可获得以下三种潜在经济效益：

(1) 要素在成员之间跨境流动。

(2) 货币和财政政策的协调。

(3) 接近充分就业、高经济增长和良性收入分配成为共同的目标。①

四、区域经济一体化的负面效应

(一) 出现贸易转移

贸易壁垒很高的区域经济一体化可能把来自外部国家的进口供应转移给经贸集团内的国家，如果被排斥的外部供应厂商的商品价格低于成员内部供应的商品，这样就可能导致生产成本提高，企业效率下降。

(二) 对 WTO 构成挑战

在 1947 年 GATT 和 1995 年成立的 WTO 的有关协定和协议中，对地区经济一体化的内部优惠采取例外，即不实施最惠国待遇条款。这实际上对非经贸集团成员构成了不平等待遇。在关税同盟建立后，成员国内厂商采购产品可能从高成本的集团内部进口，取代了成员外更低成本产品的进口，不利于世界性的资源合理配置，违背了 WTO“开放、公平和无扭曲竞争”的追求。此外，在关税同盟下，成员在关税统一过程中，会更多地而非更少地偏向保护或者干预。如欧盟的贸易政策的制定就具有餐馆账单问题的特点。如果一批人去餐馆就餐，并分摊餐费，每个人都会想点他们各自吃饭时不点的价格更高的菜肴，以期待他人负担部分费用。在欧盟贸易政策的制定中，如果欧盟内部大国能够使欧盟委员会在某一具体领域内提出保护主义的政策建议，所有的欧盟成员都将有一种想使他们的一些产品也得到保护的愿望，这势必会加重贸易保护的普遍压力，抑制 WTO 贸易自由化的谈判。

---

① 大卫·格林纳韦. 国际贸易前沿问题. 中译本. 北京：中国税务出版社，2000：230.

第三节 区域经济一体化理论

第二次世界大战后，区域经济一体化引起经济学术界的广泛关注，许多经济学家对其形成条件和效益进行研究、探讨，形成了一些理论。

一、关税同盟理论

范纳（Viner）和李普西（Lipsey）的关税同盟理论是最早系统论述关税同盟经济效果的理论。其主要内容如下。

（一）关税同盟构成要件

范纳认为，完全形态的关税同盟应具备三个条件：一是完全取消关税同盟成员之间的关税；二是对关税同盟外的国家实行统一的关税；三是通过协商的方式在成员国之间分配关税收入。

（二）关税同盟贸易创造效应

关税同盟成立以后，成员方之间取消关税壁垒，商品实现自由流动，于是一成员方境内企业生产的一些成本和价格较高的产品将被其他成员方生产的成本较低和价格较低的产品所取代，扩大了贸易机会，提高了生产效率。这种结果被称为贸易创造效应（Trade Creation Effect）。它使产品的生产从关税同盟内生产成本较高的地方向生产成本较低的地方转移，有利于资源的合理配置，使消费者减少开支，提高福利水平。

假定在一个由三个国家组成的世界里，在给定的汇率和只考虑价格下，A 国生产某种产品的成本是 39 元，B 国生产该产品的成本是 32 元，C 国生产该产品的成本是 20 元。三个国家关税税率都是 100%。此时，三国该种产品不会发生替代现象。

如果 A 国与 B 国形成一个关税同盟，对外统一关税仍为 100%。此时 B 国生产的产品将会以零关税，即 32 元的价格进入 A 国，A 国 39 元的同类本国产品的生产将被淘汰。A 国放弃了 39 元的高成本生产的产品，转而进口 32 元的 B 国产品，社会资源流向生产效率更高的部门，使资源得到了优化配置。与此同时，A 国的消费者享受低价格的产品，扩大了消费利益。通过关税同盟 B 国发挥了其比较优势，扩大了出口，福利也得以增加。A 国和 B 国均通过资源优化，提高了福利。

（三）关税同盟贸易转移效应

贸易转移效应（Trade Diversion Effect）是指关税同盟一成员方在关税同盟建立前从生产成本较低的非成员方进口，在关税同盟建立后转而从生产成本较高的同盟内其他成员方进口。

如假定在一个由三个国家组成的世界里，在给定的汇率和只考虑价格下，A 国生产某产品的成本是 39 元，B 国生产某产品的成本是 32 元，C 国生产某产品的成本是 20 元。在没有关税同盟的情况下，三个国家相互之间的关税税率都是 50%。在关税同盟建立之前，国际贸易将在 A 国与 C 国之间发生，C 国的产品进入 A 国后的含税价格是 30 元，低于 A 国本国产品 39 元的成本，因此 A 国将从 C 国进口。

现在 A 国与 B 国建立关税同盟，对外实行统一的 100% 关税，此后，B 国生产的产品将会以零关税 32 元进入 A 国，而 C 国同样商品加税后的价格变成 40 元，被 B 国 32 元的同样商品取代。A 国生产者或消费者购买同样产品的价格较关税同盟成立前多付出 2 元，成本和消费开支比以前多了。A 国在参加关税同盟后，产业竞争力可能减弱，消费者福利可能下降，这就是贸易转移效应。

（四）关税同盟的其他效应

1. 提高企业效率

关税同盟建立后，境内不同成员方的企业将面临更加直接的竞争。优胜劣汰作用加大，促进企业改善经营管理，提高竞争力，使优质资源向竞争力强的行业和企业流动。

2. 实现规模经济

关税同盟建立后，同盟内的市场逐渐成为一体，有助于企业扩大市场规模，获得规模经济效应。

3. 刺激技术创新

竞争的加剧和市场规模的扩大都能够促进投资和技术创新。关税同盟内一体化的市场也将对同盟外的投资者产生吸引力。为了规避关税同盟对外的关税，非成员方将加大向关税同盟内的投资。

4. 合理配置生产资源

关税同盟在取消关税的同时，也逐渐放开生产要素的流动壁垒，进入共同市场的阶段后，要素流动限制的取消将进一步提高资源配置效率。

5. 减少海关行政开支

关税同盟建立后，关境的统一，将大大减少海关征收关税和缉查走私的行政开支。

6. 提高对外谈判能力

关税同盟各成员统一对外关税，成员内部市场的逐步统一，提高了对非成员关税减让谈判的能力。

（五）影响两种效应的因素

1. 建立前后关税与贸易效应

建立关税同盟前各国的关税越高，产生贸易创造的可能性越大，而贸易转移的可能性越小。从前例可知，当建立前关税为100%的时候，出现贸易创造效应，而建立前关税为50%的时候，则有贸易转移效应产生。

建立关税同盟后统一关税越低，贸易转移效应产生的可能性越小。在前贸易转移效应的例子中，如果同盟关税从100%降到60%以下，则贸易转移效果将不再出现。

2. 成员组成数目与贸易效应

关税同盟的成员数越多，贸易转移的可能性越小。对各种产品来说，其世界生产效率最高的国家属于关税同盟的可能性就大，所以贸易转移的可能也就越小。

3. 成员经济结构与贸易效应

关税同盟成员的经济结构竞争性越强、互补性越弱，产生贸易创造的可能性越大。如果关税同盟成员的经济结构竞争性较强，建立同盟之前其贸易被壁垒阻碍的程度较高。同盟内取消壁垒之后，专业化分工的效应将更加明显，贸易创造的程度高。

4. 成员之间地理距离与利益

克鲁格曼等美国经济学家认为，关税同盟和经济一体化成员的地理距离越近，运输成本越小，通过区域经济一体化所获得的利益相对也越大。而巴格瓦蒂则认为，在某些情况下，一国与距离较远的国家建立经济一体化组织反而可能获得更大的利益。

5. 成员经济联系度与利益

克鲁格曼认为，关税同盟和经济一体化组织之间在建立关税同盟之前经济联系越紧密，贸易量越大，建立关税同盟后获得利益的可能性也越大。对此，巴格瓦蒂持反对意见。

二、大市场理论

（一）含义

共同市场比关税同盟前进了一步。共同市场的目的就是把分割的小市场统一起来，结成大市场，通过大市场内的激烈竞争，实现大批量生产等方面的利益。大市场理论的核心是：共同市场导致市场扩大，刺激了成员企业的竞争，促成了资源合理配置，获得了规模经济，提高了经济效益。大市场理论的代表人物是德纽（J. F. Deniau）和西陶斯基。

（二）内容

德纽认为："大市场化导致机器的充分利用、大量生产、专业化、最新技术的应用、竞争的恢复，所有这些因素都会使生产成本和销售价格下降；再加上取消关税也可能使价格下降一部分。这一切必将导致购买力的增加和实际生活水平的提高。购买某种商品的人数增加之后，又可能使这种消费加和投资进一步增加。""这样一来，经济就会开始其滚雪球式的扩张。消费的扩大引起投资的增加，增加的投资又导致价格下降、工资提高、购买力的全面增加……只有市场规模迅速增大，才能促进和刺激经济扩张。”①

西陶斯基则以西欧化解“小市场与保守的企业家态度的恶性循环”，分析欧洲共同市场产生和发展的原因。他认为，由于人们交往于狭窄的市场、竞争不激烈、市场停滞和阻止新竞争企业的建立等原因，使高利润长期处于停滞状态。因为价格高昂，耐用消费品等普及率很低，不能进行大量生产。因此西欧陷入高利润率、高价格、市场狭窄、低资本周转率这种恶性循环之中。能够打破这种恶性循环的办法是共同市场或贸易自由化条件下的激烈竞争。如果竞争激化，价格下降，就会迫使企业家停止过去旧式的小规模生产，转向大规模生产。同时，随着消费者实际收入的增加，过去只供高收入阶层消费的高档商品将被多数人消费。其结果出现一种积极扩张的良性循环：产生大市场→向大量生产规模转换（以及其他的合理化）→生产成本下降→大众消费的增加（市场的扩大）→竞争进一步激化。

三、综合发展战略理论

对以何种理论指导发展中国家的经济区域一体化的问题，任发展中国家合作研究中心高级研究员和主任的鲍里斯·塞泽尔基等认为，应根据发展中国家国内与国外的经济与政治环境进行综合考虑，不能把发达国家区域经济一体化的理论，如关税同盟和大市场理论搬到发展中国家。他提出了与发展理论紧密联系的综合发展战略理论。

（1）一体化是发展中国家的一种发展战略，它不局限于市场的统一，也不必在所有情况下都追求尽可能高级的其他一体化。

（2）两极分化是伴随着一体化的一种特征，只能用有利于发挥较不发达国家优势的系统的政策来避免它，这就要求有力的共同机构和政治意志。

（3）拒绝古典和现代一体化理论中所阐述的一体化成功条件。虽然其中个别部分在某些具体情况下仍然适用。

（4）在许多情况下，私营部门在发展中国家一体化进程中占了统治地位，这是一体化失败的重要原因之一。有效的政府干预对于经济一体化的成功是重要的。

（5）鉴于世界被敌对性地划分成了发达和发展中国家，因而要把发展中国家一体化、综合化作为它们集体自力更生的手段和按照新秩序逐渐变革世界经济的要素。②

---

① 德纽．共同市场，结构与目的．英文版，1960.

② 鲍里斯·塞泽尔基，等．南南合作的挑战．北京：中国对外经济贸易出版社，1987.

本章小结

1. 两个以上的国家或政治实体为了促进共同的贸易与经济发展，结成经济贸易集团，从事地区的经济一体化。按其一体化程度，划分的类型包括：自由贸易区、关税同盟、共同市场、经济联盟和完全经济一体化等。它们对内可以加强合作，有利于经济贸易集团内部要素的合理配置；对外可以增强谈判能力，提高经济贸易地位。

2. 20 世纪 90 年代以来，地区经济贸易集团发展迅速，突破了原有经贸集团组成的基础，形式多样化，经贸集团成员遍及全球。它们对国际贸易、经济与政治的发展，以及世界贸易新体制产生了重大的影响。

3. 在为数众多的地区经贸集团中，以发达国家为主的地区经贸集团和以新兴工业化国家为主的地区经济贸易集团成效比较显著。当今，对世界经济有影响重大的地区经贸集团是欧盟、北美自由贸易区和东盟。亚太经济合作组织是跨越地区广泛而且形式松散的经贸集团。

4. 第二次世界大战以后，经济学者开始研究地区经贸集团成效的标准，其中最有名的理论是关税同盟理论。随着地区经贸集团的迅速发展，相继出现了大市场理论和综合发展战略理论。

思考题

1. 何谓区域经济一体化？
2. 区域经济一体化有哪几个层次？
3. 当代区域经济一体化有何特点？
4. 区域经济一体化对国际贸易有何影响？
5. 什么是关税同盟理论？

第十四章 世界贸易组织（WTO）

学习目标

1995年1月1日WTO建立，取代1947年创建的GATT，成为当今世界多边贸易体制的组织和法律基础。本章介绍了WTO的产生与发展、WTO的机制和运行以及中国加入WTO等问题。通过学习，学生应了解WTO产生的背景，知悉WTO的职能，掌握中国加入WTO后面对的机遇与挑战。

第一节 WTO的产生

一、WTO是1947年GATT乌拉圭回合谈判的产物

（一）GATT 1947的产生与成果

详见本书第五章第三节。

（二）“乌拉圭回合”多边贸易谈判

GATT 1947第八轮谈判又名“乌拉圭回合”（Uruguay Round），从1986年9月开始启动，到1994年4月结束。因发动这轮谈判的贸易部长会议在乌拉圭埃斯特角城举行，故称“乌拉圭回合”。参加这轮谈判的国家最初为103个，到1993年底谈判结束时增加到123个。

“乌拉圭回合”的谈判内容包括传统议题和新议题。传统议题涉及关税、非关税措施、热带产品、自然资源产品、纺织品服装、农产品、保障条款、补贴和反补贴措施、争端解决等。新议题涉及服务贸易、与贸易有关的投资措施、与贸易有关的知识产权等。此次谈判达成了《建立WTO协定》。

二、《建立世贸组织协定》的构成

《建立WTO协定》由其本身案文16条和4个附件所组成。案文本身并未涉及规范和管理多边贸易关系的实质性原则，只是就世贸组织的结构、决策过程、成员资格、接受、加入和生效等程序性问题作了原则规定。而有关协调多边贸易关系和解决贸易争端

以及规范国际贸易竞争规则的实质性规定均体现在4个附件中。附件1由3个次附件构成，即，附件1A：《货物多边贸易协定》，其中包括13个协定与协议。它们是：《1994年关税与贸易总协定》、《农业协议》、《实施卫生与植物卫生措施协议》、《纺织品与服装协议》、《技术性贸易壁垒协议》、《与贸易有关的投资措施协议》、《关于实施1994年关税与贸易总协定第6条的协议》、《关于实施1994年关税与贸易总协定第7条的协议》、《装运前检验协议》、《原产地规则协议》、《进口许可程序协议》、《补贴与反补贴措施协议》、《保障措施协议》。附件1B：《服务贸易总协定》。附件1C：《与贸易有关的知识产权协定》。附件2：《关于争端解决规则与程序的谅解》。附件3：《贸易政策审议机制》。附件4：诸边贸易协议①，其中包括：《民用航空器贸易协议》、《政府采购协议》、《国际奶制品协议》、《国际牛肉协议》。其中，后两个协议已并入《农业协议》，不再独立存在。此外，还有部长决定与宣言等。

三、WTO与1947年GATT

（一）继承联系

WTO和1947年GATT有着内在的历史继承性。WTO继承了1947年GATT的宗旨、职能、基本原则及规则等。1947年GATT从“准国际贸易组织”转化为《1994年GATT》，成为规范各成员间货物贸易关系的准则。

（二）区别

1. 机构性质

1947年GATT以“临时适用”的多边贸易协议形式存在，不具有法人地位；WTO是一个具有法人地位的国际组织。

2. 管辖范围

1947年GATT只处理货物贸易问题；WTO不仅要处理货物贸易问题，还要处理服务贸易和与贸易有关的知识产权问题，其协调与监督的范围远大于GATT 1947。

3. 争端解决

1947年GATT的争端解决机制，遵循协商一致的原则，对争端解决没有规定时间表；WTO的争端解决机制，采用反向协商一致的原则，裁决结果除非所有成员一致反对，否则自动生效，其裁决具有自动执行的效力，同时明确了争端解决和裁决实施的时间表。因此，WTO争端裁决的实施更容易得到保证，争端解决机制

---

① 诸边（Plurilateral）贸易协议是一个与多边（Multilateral）贸易协议相对的概念。WTO绝大部分协议为多边协议，各成员必须一揽子接受。而诸边协议是可以选择自由参加的。

的效率更高。

4. 1947 年 GATT 转化为 1994 年 GATT

1947 年 GATT 从“准国际贸易组织”转化为 1994 年 GATT，成为世贸组织负责实施管理的多边货物贸易协定，不再具有“准国际贸易组织”的职能。

上述特征使 WTO 成员方比 GATT 缔约方更严格地受到规则约束，使多边贸易体制机制和作用加强和加大。

第二节 WTO 机制

WTO 机制由宗旨、原则、职能、机构、决策和成员构成。

一、WTO 的宗旨与原则

《建立 WTO 协定》指出，WTO 的宗旨为：“以提高生活水平、保证充分就业、保证实际收入和有效需求的大幅度稳定增长以及扩大货物和服务的生产和贸易为目的，同时应依照可持续发展的目标，考虑对世界资源的最佳利用。”“需要作出积极努力，以保证发展中国家，特别是其中的最不发达国家，在国际贸易增长中获得与其经济发展需要相当的份额。”其目标是：“产生一个完整的、更具有活力的和永久性的多边贸易体系，来巩固原来关贸总协定以往为贸易自由化所作的努力和乌拉圭回合多边贸易谈判的所有成果。”①

《建立 WTO 协定》明确指出实现其宗旨与目标的途径是：“通过互惠互利的安排，导致关税和其他贸易壁垒的大量减少和国际贸易关系中歧视性待遇的取消”。WTO 整个框架包括 29 个独立的法律文件和 25 个以上的附加部长宣言、决定和谅解，为 WTO 成员确定了实现其宗旨与目标的途径的法律依据和应共同遵循的基本原则。

（一）非歧视原则

非歧视待遇（Trade Without Discrimination）又称无差别待遇，是针对歧视待遇的一项缔约原则，它要求缔约双方在实施某种优惠和限制措施时，不要对缔约对方实施歧视待遇。在 WTO 中，非歧视原则通过最惠国待遇和国民待遇条款体现出来。

1. 最惠国待遇

在 WTO 中，最惠国待遇是指，一成员方将在货物贸易、服务贸易和知识产权领域

---

① 对外贸易经济合作部国际经贸关系司，译．世界贸易组织乌拉圭回合多边贸易谈判结果（法律文本）．北京：法律出版社，2000：4.

给予任何其他国家（无论是否 WTO 成员）的优惠待遇，立即和无条件地给予其他各成员方。

在国际贸易中，最惠国待遇的实质是保证市场竞争机会均等。它最初是双边协定中的一项规定，要求一方保证把给予任何其他国家的贸易优惠（如低关税或其他特权），同时给予对方。1947 年 GATT 将双边协定中的最惠国待遇作为基本原则纳入多边贸易体制，适用于缔约方之间的货物贸易，“乌拉圭回合”将该原则延伸至服务贸易领域和知识产权领域。

2. 国民待遇原则

国民待遇是指，对其他成员方的产品、服务或服务提供者及知识产权所有者和持有者所提供的待遇，不低于本国同类产品、服务或服务提供者及知识产权所有者和持有者所享有的待遇。

（二）贸易自由化原则

在 WTO 框架下，贸易自由化原则是指通过多边贸易谈判，实质性削减关税和减少贸易壁垒，扩大成员方之间的货物和服务贸易。贸易自由化主要体现在削减关税、减少非关税贸易壁垒、扩大服务贸易的市场准入范围等方面。

（三）可预见的和不断增长的市场准入程度

可预见的和不断增长的市场准入（predictable and growing access to markets）机会的存在主要取决于关税的运用。在配额被普遍地视为非法的同时，关税在 WTO 中是合法的，但关税的运用要符合规定，例如，它们对不同的进口不构成歧视，而且大部分关税要受到“约束”。

可预见的贸易环境的关键往往在于国内法律、规章与措施的透明度。许多 WTO 协议包含有透明度条款，要求在国家层次上进行信息披露。贸易政策评审机制对各国贸易政策进行的日常监督，进一步鼓励了国内以及多边层次上的政策透明度。

（四）促进公平竞争

非歧视规则是用来谋求公平的贸易条件的，那些关于倾销和补贴的规则也是如此。1947 年 GATT 提供了各缔约方政府可以对这两种“不公平”竞争形式征收补偿性关税的基础。这些规则在 WTO 各协议中得到了扩展和明确。

服务贸易总协定通过改善服务贸易竞争的条件，知识产权的协议通过改善涉及智力成果和发明的竞争的条件，促进公平的和非扭曲的竞争。

（五）鼓励发展和经济改革

超过 3/4 的 WTO 成员是发展中国家以及正处于对非市场经济体系进行经济改革进程中的国家。1994 年 GATT 的第四部分的三个条款，鼓励工业化国家“以有意识有目的的努力”在其贸易条件上给予发展中国家成员帮助，并且对在谈判中向发展中国家作出的减让不期望得到互惠。1979 年，东京回合结束时达成一致的“授权条款”被保留下来。该条款授权各成员给予发展中国家以优惠待遇，而不必根据最惠国待遇要求将这种优惠给予其他成员。

二、WTO 的职能与地位

（一）范围

根据《马拉喀什建立世贸组织协定》，WTO 涉及的范围为“乌拉圭回合”多边贸易谈判达成的协议以及历次谈判达成的协议。具体包括：《多边货物贸易协议》、《服务贸易总协定》、《与贸易有关的知识产权协定》、《争端解决规则和程序谅解》、《贸易政策评审机制》、《诸边贸易协议》、《马拉喀什会议上的部长决定和宣言》、《1994 年关贸总协定》等。

（二）职能

（1）促进《马拉喀什建立世贸组织协定》和贸易协定、协议的执行、管理和运作，并为其提供一个组织基础；

（2）为成员提供谈判的讲坛和谈判成果执行的机构；

（3）管理争端解决机制；

（4）管理贸易政策的评审机制；

（5）为达到全球经济政策的一致性，WTO 将以适当的方式与国际货币基金组织及世界银行及其附属机构进行合作。

（三）地位

（1）WTO 具有法人资格；

（2）WTO 每个成员方向 WTO 提供其履行职责时所必需的特权与豁免权；

（3）WTO 官员和各成员方代表在其独立执行与世界组织相关的职能时，享有每个成员方提供的所必需的特权与豁免权；

（4）每个成员方给予 WTO 的官员、成员方代表的特权与豁免等同于联合国大会于 1947 年 11 月 21 日通过的《联合国专门机构特权和豁免公约》所规定的特权与豁免权。

三、WTO 的组织结构

（一）部长级会议

部长级会议（The Ministerial Conference）由所有成员方的代表参加，至少每两年举行一次会议。其职责是履行世界贸易组织的职能，并为此采取必要的行动。部长级会议应一个成员方的要求，有权按照《建立世贸组织协议》和相关的多边贸易协议列出的特殊要求，就任何多边贸易协议的全部事务作出决定。在 WTO 中，部长级会议是顶级决策者。

（二）总理事会

总理事会（The General Council）由所有成员方驻 WTO 的大使和代表组成，定期召开会议。总理事会在部长会议休会期间，承担其决策职能，是最高级决策者。总理事会下附设争端解决机构、贸易政策机制评审机构和其他附属机构，如货物贸易理事会、服务贸易理事会、知识产权理事会等。

（三）理事会

理事会（Council）为总理事会的下属机构。其中，货物贸易理事会（Council for Trade in Goods）、服务贸易理事会（Council for Trade in Services）和知识产权理事会（Council for TRIPs）为最重要的理事会。由所有成员方代表组成。每个理事会每年至少须举行 8 次会议。

1. 货物贸易理事会

除了争端解决职能应由争端解决机构履行外，货物贸易理事会应监督已达成的各项货物贸易协议的执行及任何其他由理事会所赋予的职责。货物贸易理事会应根据需要，设立一个委员会来监督所达成的有关协议的运行或其他附属机构，并负责批准它们的程序规则。

2. 服务贸易理事会

除了争端解决职能应由争端解决机构履行外，服务贸易理事会应监督服务贸易协议的执行及任何其他由总理事会所赋予的职责。服务贸易理事会应根据需要，设立一个委员会来监督协议的运行或其他附属机构，并有权批准它们的程序规则。

3. 知识产权理事会

除了争端解决职能应由争端解决机构履行外，知识产权理事会应监督与贸易有关的知识产权协议的执行，其中包括关于冒牌货的贸易，以及任何其他由理事会所赋予的职责。知识产权理事会应根据需要，设立一个委员会来监督协议的运行或其他附属机构，并有权批准它们的程序规则。

（四）委员会

部长级会议下设贸易和发展委员会，国际收支限制委员会，预算、财政和管理委员会。它们执行由 WTO 协议及多边贸易协议赋予的职能，以及由总理事会赋予的额外职能。上述委员会对所有成员方代表公开。

（五）诸边贸易协议设置的机构

诸边贸易协议设置的机构（Bodies）其职能由诸边贸易协议赋予，在 WTO 体制框架内运作，并定期向总理事会通告其活动。

（六）秘书处

秘书处（The Secretariat）为WTO的日常办事机构。它由部长级会议任命的总干事（Director General）领导。总干事的权力、职责、服务条件和任期由部长级会议通过规则确定。总干事有权指派其所属工作人员。在履行职务中，总干事和秘书处工作人员均不得寻求和接受任何政府或WTO以外组织的指示。各成员方应尊重他们职责的国际性，不能寻求有碍履行其职责的影响。WTO机构设置见图14.1。

四、WTO的决策

（一）合意

WTO继续实行1947年GATT合意决策的做法。合意的含义是："在作出决定的会议上，如果任何一个与会的成员方对拟通过的决议不正式提出反对"，就算达成合意。

（二）投票

如通过合意未达成决定时，则将以投票决定。在部长级会议和总理事会上，WTO成员均有一票投票权。通常，以多数票为准，除非另有规定。

（三）解释权决策

部长级会议和总理事会拥有《建立WTO协定》和多边贸易协议解释的专门权利，采用解释的决定以成员方3/4投票为准。诸边贸易协议的决定与解释的决定，受其协议约束。

（四）免除义务决策

在例外情况下，部长级会议可以3/4表决的方式，作出免除一成员方义务的决定，除非另有规定。超过一年的免除决定，要定期接受部长会议审评，直到免除终止。

五、WTO成员

（一）创始成员

《建立WTO协定》生效之日的1947年GATT缔约方和欧洲共同体，如接受该协定和多边贸易协定，并将减让和承诺表附在1994年GATT之后，将具体承诺减让表附在GATS之后，则应成为创始成员。

（二）加入成员

1. 资格

任何国家或拥有完全自主权的单独关税区，按其与WTO达成的条件，都可以加入WTO。

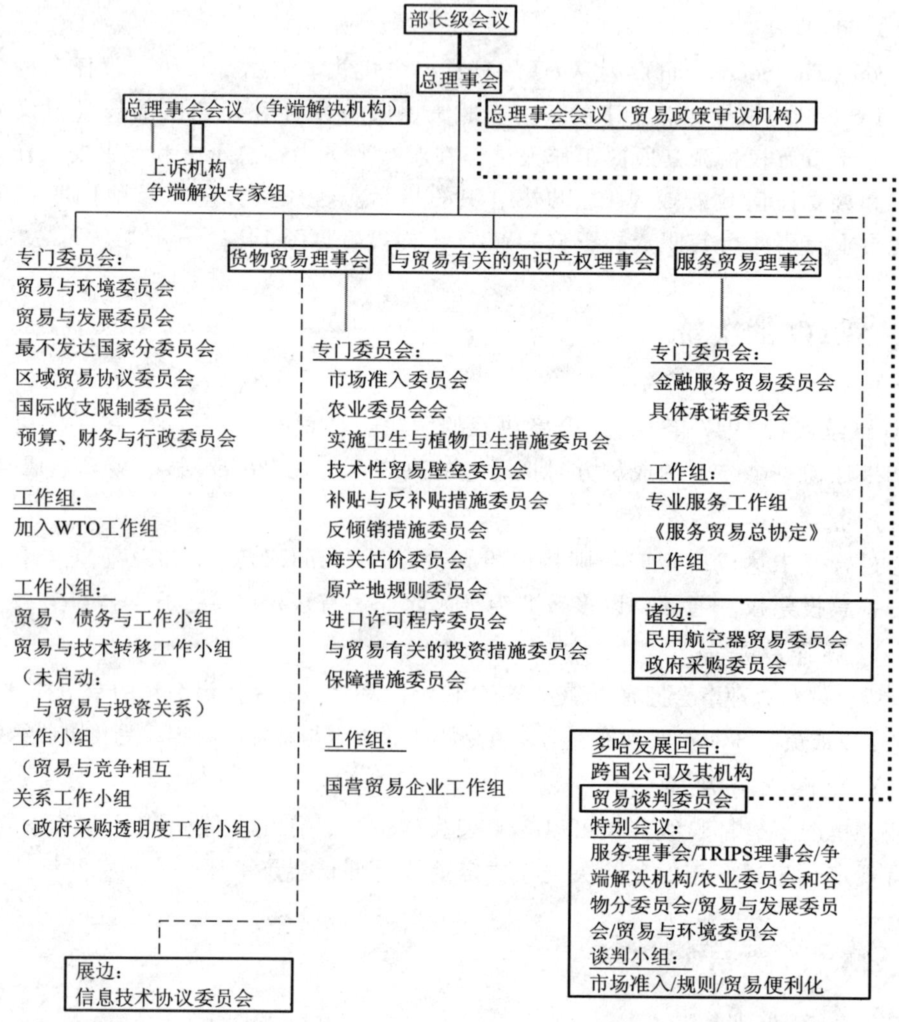

注：—— 向总理事会（或其下属机构）报告

▭ 向争端解决机构报告

--- 诸边贸易协议委员会将其活动通知总理事会或货物理事会（虽然只有部分WTO成员签署这些协议）

…… 贸易谈判委员会向总理事会报告

图 14.1　WTO 组织结构图

资料来源：WTO 官方网站。

2. 接受决定

由部长会议合意或以 2/3 多数表决作出决定。

（三）退出

任何成员均可自由退出 WTO。退出从递交退出通知被总干事接受 6 个月后生效，权利与义务同时终止。

第三节　WTO 的运行

一、WTO 建立后的部长级会议

（一）第一届部长级会议：新加坡会议

1. 新加坡会议概况

1996 年 12 月 9 日 ~13 日，WTO 在新加坡召开部长级会议，这是 WTO 自 1995 年 1 月 1 日成立以来的首届部长级会议。有 120 个 WTO 成员和申请加入 WTO 的国家或单独关税区的贸易、外交、财政和农业部长出席了会议。会议期间，举行了全体会议和各种多边、诸边和双边会谈。会谈的主要议题是 WTO 成立后两年的工作及乌拉圭回合协定与协议的实施情况。会议通过了《新加坡部长宣言》等文件，并成立了贸易与投资工作组和贸易与竞争政策工作组，为 WTO 进一步规范贸易中的投资问题和竞争政策做准备。

2.《新加坡部长宣言》的主要内容

《新加坡部长宣言》包括序言和正文两部分。序言部分指出，新加坡会议的目的旨在加强 WTO 作为一个谈判场所、基于规则推动贸易自由化的体制和对贸易政策的多边评估机制的地位。会议特别对以下问题表示关注：对 WTO 协定和决定项下的承诺实施情况的评估；对正在进行的谈判和工作计划的评估；调查国际贸易的发展情况；应对发展中的世界经济的挑战。正文部分对与贸易有关的 20 个问题发表了看法。这些问题包括：贸易与经济增长、经济一体化的机遇与挑战、核心劳工标准、最不发达国家和部分发展中国家可能被边缘化问题、WTO 的角色、区域协定、加入问题、争端解决、实施问题、通知和国内立法问题、发展中国家问题、最不发达国家问题、纺织品和服装、贸易与环境、服务贸易谈判、信息技术协议和医药品、工作计划和既定议程、投资和竞争政策、政府采购的透明度和贸易便利等。

3. 新加坡会议后所达成的协议

新加坡会议后，WTO 继续组织有关各方在悬而未决的领域进行谈判，达成了《金融服务协议》和《信息技术产品协议》。

《金融服务协议》的主要内容包括：允许外国公司在国内建立金融服务机构并按竞争原则运行；外国公司享受同国内公司同等的进入市场的权利；取消对跨国服务贸易的限制；允许外国资本在本国投资项目中所占比例超过50%等。它的签订将对世界经济产生深远的影响。它涉及全球95%的金融服务贸易，具体包括18万亿美元的证券资产、38万亿美元的银行贷款和2.5万亿美元的保险费。

《信息技术产品协议》是WTO成立后达成的一个重要协议。其宗旨是：通过削减信息技术产品关税，在全球范围内实现信息技术产品贸易的最大自由化，促进信息技术产业不断发展。它的核心内容是：2000年1月1日前取消信息技术产品的关税及其他税费，其关税的削减是在最惠国待遇基础上实施的，即所有WTO成员，无论是否参加《信息技术产品协议》，均可享受这一优惠待遇。

（二）第二届部长级会议：日内瓦会议

1. 日内瓦会议概况

1998年5月18日~20日，WTO在日内瓦召开第二届部长级会议暨世界贸易体制50周年纪念会。共有130个国家和地区的部长级官员出席了会议。会议期间，各国代表盛赞世界贸易体制50年来所取得的成就及对世界经济发展所作出的贡献。针对1997年发生的亚洲金融危机，各国代表也各抒己见，从不同角度阐述了看法。会议强调了继续推进贸易自由化的决心。最后，会议通过了《日内瓦部长宣言》，并就电子商务问题通过了《全球电子商务宣言》。

2. 《日内瓦部长宣言》简介

《日内瓦部长宣言》共分11部分，主要内容是：继续推进货物与服务贸易的逐步自由化，加强WTO运作的透明度，承诺尽可能广泛地扩大世界贸易体制的受益面，并对部分WTO成员由于金融动荡而面临的困难表示关注，呼吁采取措施帮助最不发达国家，强调保持所有的市场开放应成为解决困难的任何可靠方案的关键性要素，会议拒绝任何形式的保护主义措施，但也同意要考虑不同成员的经济发展水平，要求所有工作计划应旨在保持所有WTO成员利益的平衡等。

3. 《全球电子商务宣言》简介

《全球电子商务宣言》认识到全球电子商务的发展为贸易提供了新的机会，指示总理事会确定一个详细的工作计划，以全面审查与全球电子商务有关的贸易问题。该工作计划应囊括WTO的有关机构，考虑发展中国家的财政、经济和发展需要，并承认此工作也可由其他国际机构承担。总理事会应就工作计划的进展形成一个报告，并在第三届部长级会议上就应采取的行动提出建议。在不损害工作计划的成果和WTO成员在WTO协定项下的权利与义务的前提下，宣布WTO成员将继续它们目前对电子数据传输免征关税的做法。在向第三届部长级会议作报告时，总理事会将根据工作计划的进展审查本宣言，审查的范围将以协商一致的方式决定。

（三）第三届部长级会议：西雅图会议

西雅图会议的召开正值世纪之交，这使其具有特殊的历史意义，也在全球范围内受到广泛关注。1999 年 11 月 30 日 ~12 月 3 日，WTO 在美国西雅图召开了第三届部长级会议。共有 135 个成员参加这次会议。会议的议题主要有三个：一是现有协议的实施问题；二是既定议程问题；三是在新一轮谈判中加入新议题的问题。由于遭遇非政府组织的干扰，加上发达国家与发展中国家的巨大分歧，西雅图会议最后以无果而告终。

2. 会议中的主要分歧

西雅图会议失败的直接原因是 WTO 成员之间的分歧。这些分歧主要来自以下几个方面：（1）在新一轮谈判的举行上，欧盟、美国和日本持积极态度，而大多数发展中国家则持消极态度。（2）在谈判的范围上，美国主张的谈判范围主要是其具有优势的农业和服务业领域。欧盟和日本主张包括工业品市场准入、农业与渔业、技术性贸易壁垒、贸易与投资、贸易与环境、贸易与竞争、服务贸易、知识产权、电子商务等领域的全面谈判。发展中国家主张新一轮谈判的主要议题是实施乌拉圭回合协议，而非各种与贸易无关的问题。（3）在谈判方式上，欧盟、日本和部分发展中国家如巴西、印度等主张一揽子谈判方式，即参加谈判各方必须全部接受达成的条款。美国主张部门谈判方式，即按部门一项一项地进行谈判，达成协议后就可按部门实施自由化，而不必等到全部议题谈成后才开始自由化。加拿大则支持构组谈判方式，即在一定时间内汇集相关议题，组成谈判组进行谈判。（4）在谈判时间上，美国主张新一轮谈判不应超过 3 年。欧盟、日本也认为谈判不宜拖得过长，而发展中国家则主张不能操之过急，应切实解决存在的问题，而不是匆忙实行自由化。（5）在新一轮谈判的命名上，欧盟主张新一轮谈判应命名为“千禧年回合”；美国主张命名为“克林顿回合”；WTO 总干事穆尔提出，应命名为“发展回合”；大多数国家认为应按惯例命名为“西雅图回合”。

3. 失败的原因

西雅图会议失败的直接原因是 WTO 成员之间的分歧，尤其是发达国家与发展中国家的分歧未能消除。其间接原因是各种非政府组织和利益集团的反对，以及美国在会议的组织和安排上的不善。

（四）第四届部长级会议：多哈会议

1. 多哈会议概况

2001 年 11 月 9 日 ~14 日，WTO 第四届部长级会议在卡塔尔首都多哈召开，共有 142 个 WTO 成员参加了会议。会议的主要议题有两个：一是接受中国大陆和中国台湾加入 WTO；二是启动新一轮多边贸易谈判。11 月 10 日，会议以协商一致的方式通过了中国大陆加入 WTO 的决定，正式接纳中国大陆为其第 143 位成员。11 月 11 日，会议通过了中国台湾以“台湾、澎湖、金门、马祖单独关税区”的名义加入 WTO 的决定，接受中国台湾为其第 144 位成员。11 月 14 日，会议通过了《多哈部长宣言》，一致同意开始新一轮多边贸易谈判，并规定应在 2005 年 1 月 1 日之前结束所有谈判。新一轮多边贸易谈判被命名为“多哈发展回合”，以强调对发展问题的重视。会议还通过了《关于与贸易有关的知识产权协定与公共卫生的宣言》和《关于与实施有关的问题和关注的决定》。

2. 多哈发展回合的目标与特点

（1）目标

多哈发展回合谈判的目标主要有：抑制全球经济减缓下出现的贸易保护主义，加大贸易在促进经济发展和解除贫困方面的作用，处理最不发达国家出现的边缘化问题，理顺与区域贸易协定之间的关系，把世界贸易体制的目标与可持续发展有机地结合起来，改善 WTO 外部形象，实现《马拉喀什建立世贸组织协定》的原则和目标。

（2）谈判议题的特点

在《多哈部长宣言》中，列出了多哈回合谈判的议题。归纳起来，这些议题具有如下特点：

第一，议题的涉及面十分广泛。《多哈部长宣言》列出的谈判议题有 19 个，即：与实施有关的问题，农业，服务，非农产品市场准入，与贸易有关的知识产权，贸易与投资的关系，贸易与竞争政策的相互作用，政府采购透明度，贸易便利化，WTO 规则，《争端解决谅解》，贸易与环境，电子商务，小经济体，贸易、债务和财政，贸易与技术转让，技术合作和能力建设，最不发达国家，特殊和差别待遇等。

第二，新议题多。这些新议题包括贸易与环境，贸易便利化，贸易与竞争政策，贸易与技术转让，贸易与债务、金融，技术与能力建设等。新议题的数目与范围远远超出了乌拉圭回合谈判确定的 3 个新议题。

第三，发展中成员和最不发达成员的贸易发展和利益受到空前关注。首先，在《多哈部长宣言》前言中，明确声明：“大多数 WTO 成员属于发展中国家，我们寻求将它们的利益和需要放在本宣言所通过的工作计划的中心位置”；“我们致力于处理最不发达国家在国际贸易中被边缘化的问题，提高它们在世界贸易体制中的有效参与。”其次，在《多哈部长宣言》中，涉及发展中成员和最不发达国家的内容几乎占了一半。再次，在 19 个议题中，有 13 个议题涉及对发展中成员和最不发达国家的谈判。

第四，平衡了发达成员方与发展中成员方的要求。多哈回合的 19 个议题使发达成员与发展中成员的要求得到了较好的平衡。在新议题中，既包含了发达成员关心的新议题，如贸易与环境问题，贸易与竞争政策等；同时也接纳了发展中成员关注的新议题，如贸易与技术转让，贸易与债务、金融、技术合作与能力建设等。

（五）第五届部长级会议：坎昆会议

2003 年 9 月 10 ~ 14 日，世贸组织第五届部长级会议在墨西哥旅游胜地坎昆举行。146 个成员参加了会议，会议仅持续了五天，但这是在“多哈发展议程”正处于关键时刻举行的一次重要会议，因而备受瞩目。联合国秘书长安南曾在 2003 年 7 月 30 日特别指出：“坎昆会议将决定穷国是否真正有机会通过贸易消除贫困，即这次会议能否真正成为‘发展回合’。”世界银行发布的《2004 年全球经济展望》报告也指出：坎昆会议上取得的进展将有助于增强投资者的信心，为推动形成一个有利于促进贸易的更重要的 WTO 协议造势，并最终提高世界各国的收入水平，实现大幅度减少全球贫困人口的目标。针对发展中国家关心的问题达成的协议，将使 1. 44 亿人在 2015 年之前脱贫，而贸易自由化将给全球经济带来 8 000 亿美元的共同利益。但事与愿违，最终坎昆会议就“知识产权和公共健康问题”达成协议，并发表了《坎昆部长宣言》。

（六）第六届部长级会议：香港会议

2005 年 12 月 13 日 ~ 18 日，WTO 第六届部长级会议在中国香港会议展览中心举行。包括 WTO 149 个正式成员和一些国际组织官员在内的 5 800 多名官方代表，以及 2 100 多名非政府组织代表出席会议。

12 月 15 日，世贸组织接纳汤加为该组织第 150 个成员，并成为继斐济、巴布亚新几内亚、所罗门群岛后的第 4 个太平洋岛屿地区的 WTO 成员。12 月 18 日通过了《香港部长宣言》。

根据《宣言》，2013 年为取消农业出口补贴的最后期限。这被公认为是这次香港会议的一个最重要的突破。

《宣言》对“双免”问题作出了明确的规定：发达成员在 2008 年以前对来自最不发达国家至少 97% 税目的产品实行免关税、免配额的待遇；并在 2010 年之前对全部产品给予“双免”待遇。

在棉花问题上，《宣言》要求发达成员在 2006 年取消棉花出口补贴，发达成员对棉花提供“双免”待遇，从实施期开始即执行。《宣言》还指出，棉花的国内支持削减的时间和力度要大于整体农业国内支持的削减时间和力度。

在非农业谈判方面，《宣言》同意采用多个系数的瑞士公式。它同时还规定，发展中成员的特殊和差别待遇是谈判模式的组成部分。

WTO 总干事拉米在闭幕会上指出，香港会议的成功使 4 年前启动的多哈回合谈判重新回到了正确的轨道。他说：“我们本来期望这次会议能完成多哈回合的 55%，结果是我们完成了 60%。”

《宣言》希望，2007 年底结束的多哈回合多边贸易谈判，因各方矛盾过大，到

2008 年年底仍未结束。

二、WTO 建立后的成就

（一）成为国际经济合作的典范

以 WTO 为组织和法律基础的多边贸易体制把处于不同发展水平以及有着不同政策优先次序的国家和地区聚集在一起，共同致力于构建一个互利的国际贸易政策制度。

WTO 成员已从成立时的 117 个成员发展到 2008 年的 153 个成员，其中有发达国家成员，有发展中成员；成员的社会制度并不完全相同；市场经济发展阶段不同，有的成员市场经济发展成熟，有的处于经济转型；成员身份也有所不同，多数成员是联合国承认的主权国家，有的则是单独关税区，如中国台湾。

WTO 以非歧视和互惠作为核心原则，通过加强谈判和争端解决的功能、临时性保护条款的维护和通过协商进行决策、提高透明度和相互监督，增强贸易领域的稳定性、确定性和公正性。在权利和义务的平衡机制下，通过管理和实施乌拉圭回合达成的协定与协议，推动成员之间进行“开放、公平和无扭曲的竞争”，推动工业制成品和农产品的自由化，加强知识产权制度。这些特点使得多边贸易体制得到完善和加强。

2001 年 12 月 11 日，作为最大的发展中国家的中国加入 WTO，为多边贸易体制注入了新的活力。

WTO 成员数量的增加以及活动范围超越传统的关税削减，使得 WTO 成为一个完全不同于其前身 GATT 的组织。从 1948 年时只有 23 个缔约方的一个小型的、同质的但很不引人注意的俱乐部，发展到一个拥有处于发展水平和意识形态各异的 153 名成员的近乎全球性的组织，WTO 正变得更为政治化。

（二）实施、细化和拓展协定与协议

乌拉圭回合达成的协定与协议将近 30 个，WTO 成立后，这些协定与协议都得到实施与管理，并在原有协定与协议基础上进行细化和拓展。

（1）阶段性协议完成目标，得到终止。诸边协议中的《国际乳制品协议》和《国际牛肉协议》于 1997 年年底终止。《纺织品与服装协议》是属于回归于贸易自由化的阶段性协议，于 2005 年 1 月 1 日，完成协议目标，予以终止。

（2）协定与协议接续谈判。乌拉圭回合达成的《服务贸易总协定》第四部分逐步自由化第 19 条具体承诺的谈判第一款规定：“为推行本协定的目标，各成员应不迟于《WTO 协定》生效之日起 5 年开始并在此基础上进行连续回合的谈判，以期逐步实现更高的自由化水平。”从 1997 年开始进行深入谈判，取得一些进展。乌拉圭回合达成的《农业协定》第 20 条规定，“认识到导致根本性改革的实质性逐步削减支持和保护的长

期目标是一个持续的过程，各成员同意将在实施期结束的前一年开始继续此进程的谈判”。为此，作为WTO既定议程，农业进一步谈判从2000年初开始，就国内支持、出口竞争、市场准入中的具体问题进行谈判，也取得一些进展。

（3）协定修订。2005年12月6日，WTO各成员一致通过了修改的《与贸易有关的知识产权协定》中有关公共健康条款的决议。修改后的《与贸易有关的知识产权协定》允许不享有专利权但已获得强制许可的国家以较低廉的价格把受专利保护的药品出口到没有或缺乏生产能力的贫穷国家。为发展中成员和最不发达成员提供了一项重要的灵活性。

（4）拓展协议。1996年12月，WTO首届部长级会议在新加坡举行。达成《关于信息技术产品贸易的部长宣言》，共有29个国家参加。该宣言由正文和附件（关税减让模式及关于产品范围的两个附表）组成。

宣言规定，该宣言如期生效的条件是，在1997年4月1日之前，必须有占全球信息技术产品贸易总量约90%的参加方通知接受该宣言。

1997年3月26日，接受宣言的40个国家的信息技术产品贸易，已占全球该产品贸易总量的92.5%，该宣言如期生效。该宣言以及各参加方提交的信息技术产品关税减让表，构成《信息技术协议》。

协议的宗旨是通过取消信息技术产品关税，在世界范围内鼓励信息技术产业的技术发展，以及最大限度地实现世界信息技术产品贸易自由化。

（三）对成员贸易政策监督制度化

WTO通过透明和政策审议提高对成员的监督，并作到经常化和制度化。

透明度规定是保证国际协定可行性的根本所在。透明度功能填补信息不足的缺口，促使成员方遵守承诺和规则，并帮助成员方维护自身的权利。透明度之所以成为贸易协定的一大特点，是因为信息不完全问题在贸易协定当中最为突出。在WTO的整套协议当中都有透明度的规定。虽然某个特定WTO协议中的透明度规定只关注该协议项下所涵盖的小范围措施，但这些规定的累积效果则减少了成员贸易制度和贸易决策过程的不透明性。

透明度规定有助于实现两个基本目标。首先是促使各方履行贸易协定承诺。其次，透明度有助于私营经济部门更好地了解他们所处的经营环境，并作出更好的决策。

通过定期审议WTO成员贸易政策的机制，可以确保成员作出使其国内贸易政策与WTO的规定相一致的努力，从而促进乌拉圭回合协议所承担的义务得到全面而迅速的履行。到2004年12月17日，WTO就对96个发达成员和发展中成员进行了139次贸易政策评审。其中，美国、欧盟、日本接受的审议最多，欧盟达到5次，美国和日本分另达到4次。贸易政策审议机制为WTO成员贸易政策措施在更大程度上接受多边贸易体制的约束。

（四）化解贸易摩擦改善贸易环境

通过争端解决机制处理和化解 WTO 贸易摩擦，减少激化因素，改善国际贸易环境。

在 WTO《关于争端解决规则与程序的谅解》中，把“准自动通过”制度争端解决机制、把上诉机构作为一个常设法律审议机构，使争端解决程序得到了前所未有的加强，强制执行程序也得到简化，防止了辩护方可能进行的阻挠。

从 1995 年初到 2007 年底的 13 年，WTO 争端解决机制共受理的投诉 369 件，远远超过 GATT 运作 48 年所受理的 300 件投诉。发达国家成员所提出的投诉案件共 222 件，其中，以发达国家成员为应诉方的 136 件，以发展中成员为应诉方的 86 件；发展中成员所提出的投诉案件 141 件，其中，以发达国家成员为应诉方的 83 件，以发展中成员为应诉方的 58 件；发达国家成员与发展中成员共同提出的投诉案件共 6 件，均以发达国家成员为应诉方。发达国家成员为投诉方和应诉方的约占 60%，发展中成员为投诉方和应诉方的约占 40%。

（五）促进了发展中成员的贸易发展

《建立 WTO 协定》前言指出，其宗旨之一是“作出积极努力，以保证发展中国家、特别是其中的最不发达国家，在国际贸易增长中获得与其经济发展需要相当的份额”。

WTO 建立后，各种协定与协议中有关发展中国家成员的特殊和差别待遇都得到不同程度的落实，加上 WTO 建立后，在技术援助和能力建设上关注发展中国家成员。1996 年，贸易和发展委员会通过了《WTO 技术合作指南》。在 2001 年年底多哈部长级会议之前，秘书处制定了一项“致力于能力建设、增长和一体化的 WTO 技术合作战略”。该战略有 10 项核心要素，包括将贸易优先领域纳入国家发展战略的主流，增进与其他机构的协调以及足够的资金。这些要素在后来的多项行动中得到体现，比如最不发达国家综合框架（IF）的重新启动，在这一框架下，IMF、ITC、UNCTAD、UNDP、世界银行和 WTO 共同努力，与那些受惠国和给惠国一起响应最不发达国家的贸易发展需要。

通过上述努力，WTO 建立后发展中国家在国际贸易中发展较快，从 1995 年到 2007 年间，发展中国家出口与进口贸易年均增长率高于世界和发达国家水平。具体变化见表 14.1。

表 14.1　世界与各大类国家货物贸易年均增长率（%）

	出口						进口					
	1995～2005	2000～2005	2004	2005	2006	2007	1995～2005	2000～2005	2004	2005	2006	2007
世界	6.5	11.3	21.7	14.1	15.4	14.1	6.7	11.2	21.8	13.9	14.5	13.9

续表

	出口						进口					
	1995～2005	2000～2005	2004	2005	2006	2007	1995～2005	2000～2005	2004	2005	2006	2007
发展中国家	9.1	14.2	27.6	21.9	19.3	15.2	7.5	13.4	27.6	18.1	16.9	16.6
经济转型国家	10.1	19.6	36.4	27.4	25.1	18.7	7.2	21.7	29.9	22.1	28.3	33.1
发达国家	5.2	9.5	18.1	9.2	12.5	13.7	6.4	10.0	19.0	11.7	12.8	11.8

资料来源：UNCTAD，HANDBOOK OF STATISTICS 2008 表 1.2.1。

借助对外贸易高速增长率，发展中国家在世界贸易中的比重不断提高。发展中国家在世界出口贸易中的比重从 1995 年的 27.6% 提高到 2000 年的 31.9% 和 2007 年的 37.5%；同期，在世界进口贸易中的比重从 28.6% 提高到 28.8% 和 32.9%。

三、WTO 面临的挑战

（一）管辖范围过宽，协调难度加大

WTO 所实施和管辖的贸易协定与协议已达 30 多个，包括货物、服务和与贸易有关的知识产权三大领域。在服务贸易方面，需要进一步深化的协议很多。在新加坡部长级会议和多哈发展回合中，加进更多的新议题，如贸易便利化、竞争政策、技术援助、能力建设、电子商务、贸易与投资、贸易与环境、劳工标准等。有些议题还越来越涉及各国的主权管辖领域，涉及成员之间利益直接的冲突，加上成员之间发展的不平衡，比较优势和竞争优势在发生变化，为制定新的贸易规则谈判带来更大难度，使得谈判久拖不决。多哈发展回合原计划于 2004 年年底结束，因谈判难度大，被迫“瘦身”，减少谈判议题，延迟到 2006 年年底，还未结束，又推到 2008 年年底。

（二）决策机制存在缺陷

WTO 这种以谈判为基础的运行机制在成员少、议题少的情况下是一种很好的机制，但当参加的国家多、议题多，且又存在重大分歧的情况下，这种机制就很难发挥作用，甚至无法启动或者无果而终。目前，WTO 已发展到了 153 个成员，且新成员还在继续增加。WTO 达成的协议对所有成员施加法律义务。这激励了参与，许多成员，尤其是发展中国家，对积极参与 WTO 决策过程的需求大大增强。谈判已经成为一个多边的综合博弈的过程。假设就一个议题进行双边谈判，那么进行一轮谈判的可能次数为 127 563 次。如果考虑到有多个议题，除了进行双边谈判外还要举行三边谈判、多边谈判，谈判的次数几乎就是个天文数字。虽然这仅是个理论推算。许多议题，许多国家是

并不参加，在计算时是要扣除这一部分，但即使扣除这一部分，谈判的量也是非常巨大。此外，国际社会和非政府组织日益关注 WTO 决策程序和内容，想施加更多的一项，因此，造成西雅图会议的无果而终、坎昆会议的不欢而散和多哈发展议程的步履维艰的原因还有谈判机制的缺陷。

决策过程的合法性要求有充分的开放性和包容性，以平衡其他更具限制性的磋商过程。在此背景下，主要的挑战将总是在效率与包容性之间寻找恰当的平衡。

（三）体制上有些失衡

WTO 发展到今天，在利益集团的较量中，实力与利益成为决定性的因素。美国与欧盟对整个 WTO 的发展方面起着决定性的影响，加上日本、加拿大，便构成了 WTO 主导力量的核心。WTO 体制性失衡从一开始就决定了发达成员和发展中成员力量对比上悬殊差异。尽管发展中成员联合起来共同抗争发达成员，为发展中成员赢得了声誉和尊重，也部分缩小了发达成员与发展中成员权利和义务的差距，但 WTO 仍旧未能从根本上动摇其体制性失衡的政治色彩。发达成员不断提出新的贸易自由化要求，或将其感兴趣领域的自由化超前实施，或是有选择地扩大自由化的新领域。在一些发达成员的坚持下，一些与贸易无直接关系的所谓“新议题”被纳入多边贸易领域，如在新加坡部长会议上，以美国为首的发达国家成员坚持把贸易与劳工标准挂钩。虽然 WTO 承认“边缘化”问题的存在及其风险，也商量要采取相应的行动，援助最不发达国家发展经济、改善投资条件和扩大出口，但 WTO 能提供的援助与这些国家的要求之间存在很大的差距。防止发展中成员进一步被“边缘化”是 WTO 面临的一个长期而艰巨的任务。

（四）受盛行的区域主义困扰

区域经济一体化是指某一地理区域内或区域之间，某些国家和政治实际为实现彼此之间在货物、服务和要素的自由流动，实现经济发展中各种要素的合理配置，促进相互经济与发展，而达成的取消有关关税和非关税壁垒，进而协调产业、财政和货币政策，并相应建立起超国家的组织机构的过程。其表现形式是各种形式的经济贸易集团的建立。

按经贸集团一体化的程度，可以分为：自由贸易区、关税同盟、共同市场、经济联盟和政治联盟。20 世纪 90 年代以来，区域经济一体化发展迅速。自 1995 年 WTO 成立以来，已接到超过 160 个关于新增的货物贸易或服务贸易协议的通知。截至 2007 年 3 月 1 日，共有 194 个 RTA 正在实施，其中 129 个是在 GATT 第 24 条下进行通知的，有 21 个是授权条款下进行通知的，有 44 个是在 GATS 第 5 条下进行通知的。在 WTO 成员中，除了蒙古以外，其他成员至少是一个 RTA 的缔约方。地区经贸集团对多边贸易体制构成了双重影响。

第一，积极作用。地区经济一体化各种安排的范围已超出了货物贸易自由化，向投资、服务方面延伸，自由化的途径拓宽，朝着协调各国管理规定，采用最底管制标准，并朝互相承认各国的标准和惯例的方向发展。这些趋势将加强地区经济一体化中的“开放地区主义”，有助于加强经贸集团的市场开放。此外，区域主义可以作为进一步自由化的催化剂，如 RTA 的扩散和扩大事实上侵蚀了现有的优惠，从而削弱了对多边自由化的反对；RTA 是国际合作的实验室，可在推广到多边之前在少数国家中进行测试有助于构建进一步自由化的政治共识；相互重叠的 RTA 网络，包括贸易转移型 RTA，会培育改革这一体系的需求，从而表现为一种支持多边体系的积极力量。

第二，不利影响。RTA 是促进贸易转移而不是贸易创造的风险，从而促使既得利益去维持优惠差额，并以特惠侵蚀为由挑起对多边自由化的担忧；RTA 成为一种谈判工具，利用优惠的市场准入来换取非关税问题（如标准）上的让步，从而降低对最惠国自由化的热情；RTA 的扩散会掠夺进一步多边自由化谈判所需的资源；相互竞争的 RTA 会锁定互不相容的管理结构和标准；RTA 创立替代性的法律体系和争端解决机制，会削弱多边贸易体制的纪律执行体系；不同管理体制所构成的迷宫会破坏 WTO 的透明度和可预见性原则。因此，对 WTO 的作用构成了严重的挑战。

为了解决这种困境，WTO 成立了 RTA 委员会（CRTA）对 RTA 进行审查，评估各 RTA 是否符合 WTO 有关规则，并考察其对多边贸易体系的影响。截至 2007 年 3 月 1 日，在 194 个被通知的 RTA 中，有一半以上已经经过审查或正在审查过程之中。有 14 个正在接受事实性审查；62 个协议的事实性审查已经结束；5 个 RTA 的审查报告正在接受磋商；19 个 RTA 的审查报告已经获得通过。

第四节 中国与 WTO

一、中国加入 WTO 的历程

从 1986 年 7 月 11 日中国正式向 1947 年 GATT 递交“复关”申请到中国最终加入 WTO，历时 15 年。中国的“复关”与“入世”是 GATT/WTO 的所有多边谈判中最漫长和最艰苦的一个谈判过程。这个谈判大致可分四个阶段：

第一阶段：从 20 世纪 80 年代初到 1986 年 7 月，主要是酝酿和准备“复关”事宜。

第二阶段：从 1987 年 2 月到 1992 年 10 月，主要是审议中国经贸体制。

第三阶段：从 1992 年 10 月到 2001 年 9 月，“复关”/“入世”议定书内容的实质性谈判，即双边市场准入谈判。

第四阶段：从 2001 年 9 月到 2001 年 11 月，中国“入世”法律文件的起草、审议和批准。

2001 年 11 月 10 日，WTO 第四届部长级会议一致通过中国加入 WTO 的决议。11 月 11 日中国政府代表将全国人大常委会批准书交存 WTO 总干事。2001 年 12 月 11 日，中国正式成为 WTO 第 143 个成员国。

二、中国加入 WTO 的法律文件

（一）中国加入 WTO 的法律文件构成

中国加入 WTO 的法律文件包括：《建立 WTO 协定》、《中华人民共和国加入的决定》、《中华人民共和国加入议定书》及其附件、《中国加入工作组报告书》。中国加入 WTO 的法律文件的主体是《建立 WTO 协定》，议定书和工作组报告书已成为该协定的组成部分。

议定书是确定作为申请加入方中国权利与义务关系的法律文件，工作组报告书则是对整个加入谈判情况的记录和说明（也包括部分承诺）。工作组报告书在结构上与议定书有一定的差异，但作为谈判过程的记录和对议定书有关条款的进一步细化和说明，与议定书具有内在的统一性，具有与议定书同等的法律效力。此外，作为 WTO 成员，中国的权利与义务不仅包括在议定书和工作组报告书当中，也全面体现在 WTO 负责实施管理的各项协定与协议中。

（二）议定书和报告书产生的基础

1. 谈判依据的基础文件

《中国对外贸易制度备忘录》及中国工作组成员和中国主管机关作出的答疑和其他文件。

2. 谈判中双方坚持的立场

中方：中国“复关”和加入 WTO 符合社会主义市场经济目标及对外开放的国策。中国加入 WTO 将促进其经济增长，并加强与 WTO 成员的经贸关系。谈判对方：中国加入 WTO 将有助于世界贸易体制的加强，增加 WTO 的普遍性，为中国和其他 WTO 成员带来共同利益，保证世界经济的稳步发展。

3. 谈判中双方坚持的原则

中国：中国仍然是发展中国家，有权根据《建立 WTO 协定》享受给予发展中国家的所有差别和更优惠待遇。谈判对方：由于中国经济的巨大规模、快速增长和过渡性质，在确定中国援用发展中国家可使用的过渡期和《建立 WTO 协定》中的其他特殊规定的需要方面，应采取务实的方式。应认真考虑和具体处理中国适用每个协定的具体情况。

（三）议定书和报告书的构成

1.《中华人民共和国加入议定书》的构成

《中华人民共和国加入议定书》由序言、三个部分18个条款构成。第一部分为总则，包括总体情况、贸易制度的实施、非歧视、特殊贸易安排、贸易权、国营贸易、非关税措施、进出口许可程序、价格控制、补贴、对进出口产品征收的税费、农业、技术性贸易壁垒、卫生与植物卫生措施、确定补贴和倾销时的价格可比性、特定产品过渡性保障机制、WTO成员的保留和过渡性审议机制等18个条款。第二部分为减让表。第三部分为最后条款。此外，还有9个附件。分别是：附件1A：中国在过渡性审议机制中提供的信息；附件1B：总理事会依照《中华人民共和国加入议定书》第18条第2款处理的问题；附件2 A1：国营贸易产品（进口）；附件2 A2：国营贸易产品（出口）；附件2B：指定经营产品；附件3：非关税措施取消时间表；附件4：实行价格控制的产品和服务；附件5A：根据《补贴与反补贴措施协定》第25条作出的通知；附件5B：需要逐步取消的补贴；附件6：实行出口税的产品；附件7：WTO成员的保留；附件8：第152号减让表——中华人民共和国；附件9：服务贸易具体承诺减让表。

2.《中国加入工作组报告书》的构成

《中国加入工作组报告书》的内容包括：导言、经济政策、政策制定和执行的框架、影响货物贸易的政策、与贸易有关的知识产权制度、影响服务贸易的政策、其他问题和结论。

三、中国加入WTO后的权利与义务

（一）基本权利

1. 全面参与世界贸易体制

其中包括：全面参与WTO各理事会和委员会的所有正式和非正式会议；全面参与贸易政策审议；在其他WTO成员对中国采取反倾销、反补贴和保障措施时，可以在多边框架体制下进行双边磋商；充分利用WTO争端解决机制解决双边贸易争端；全面参与新一轮多边贸易谈判，参与制定多边贸易规则；对于现在或将来与中国有重要贸易关系的申请加入方，将要求与其进行双边谈判，并通过多边谈判解决一些双边贸易中的问题，从而为中国产品和服务扩大出口创造更多的机会。

2. 享受非歧视待遇

充分享受多边无条件的最惠国待遇和国民待遇，即非歧视待遇。加入前在双边贸易中受到的一些不公正的待遇将会被取消或逐步取消。其中包括：美国国会通过永久正常贸易关系（PNTR）法案，结束对华正常贸易关系的年度审议；根据 WTO《纺织品与服装协议》的规定，发达国家的纺织品配额在 2005 年 1 月 1 日取消，中国可享受 WTO 纺织品一体化的成果；美国、欧盟等在反倾销问题上对中国使用的“非市场经济国家”标准将在规定期限内（15 年）取消等。

3. 享受发展中国家权利

除一般 WTO 成员所能享受的权利外，中国作为发展中国家还将享受 WTO 各项协定规定的特殊和差别待遇。其中包括：中国经过谈判，获得了对农业提供占农业生产总值 8.5%“黄箱补贴”的权利；在涉及补贴与反补贴措施、保障措施等问题时，享有协定规定的发展中国家待遇；在争端解决中，有权要求 WTO 秘书处提供法律援助等。

4. 获得市场开放和法规修改的过渡期

为使中国相关产业在加入 WTO 后获得调整和适应的时间和缓冲期，并对有关的法律和法规进行必要的调整，经过谈判，中国在市场开放和遵守规则方面获得了过渡期。例如：在放开贸易权的问题上，享有 3 年的过渡期；关税减让的实施期最长可到 2008 年；逐步取消 400 多项产品的数量限制，最迟可在 2005 年 1 月 1 日取消；服务贸易的市场开放在加入后 1 ~6 年内逐步实施等。

5. 保留国营贸易体制

WTO 允许通过谈判保留进口国营贸易。为使中国在加入 WTO 后保留对进口的合法调控手段，中国在谈判中要求对重要商品的进口继续实行国营贸易管理。经过谈判，中国保留了对粮食、棉花、植物油、食糖、原油、成品油、化肥和烟草等 8 种关系国计民生的大宗产品的进口实行国营贸易管理（即由中国政府指定的少数公司专营）。保留了对茶、大米、玉米、大豆、钨及钨制品、煤炭、原油、成品油、丝、棉花等的出口实行国营贸易管理的权利。同时，参照中国目前实际进出口情况，对非国营贸易企业进出口的比例作了规定。

6. 对国内产业提供必要的支持

其中包括：地方预算提供给某些亏损国有企业的补贴；经济特区的优惠政策；经济技术开发区的优惠政策；上海浦东经济特区的优惠政策；外资企业优惠政策；国家政策性银行贷款；用于扶贫的财政补贴；技术革新和研发基金；用于水利和防洪项目的基础设施基金；出口产品的关税和国内税退税；进口税减免等。

7. 维持国家定价

中国保留了对重要产品及服务实行政府定价和政府指导价的权利。其中包括：对烟草、食盐、药品等产品，民用煤气、自来水、电力、热力、灌溉用水等公用事业以及邮电、旅游景点门票、教育等服务保留政府定价的权利等。

8. 保留征收出口税的权利

中国保留对鳗鱼苗、铅、锌、锑、锰铁、铬铁、铜、镍等共84个税号的资源性产品征收出口税的权利。

9. 保留对进出口商品进行法定检验的权利

10. 有条件、有步骤地开放服务贸易领域并进行管理和审批

（二）基本义务

1. 遵守非歧视原则

中国承诺在进口货物、关税、国内税等方面，给予外国产品的待遇不低于给予国产同类产品的待遇，并对目前仍在实施的与国民待遇原则不符的做法和政策进行必要的修改和调整。

2. 统一实施贸易政策

承诺在整个中国关境内，包括民族自治地方、经济特区、沿海开放城市以及经济技术开发区等统一实施贸易政策。

3. 确保贸易政策的透明度

承诺公布所有涉外经贸法律和部门规章，未经公布的不予执行。设立“WTO咨询点”对有关成员咨询的答复应该完整，并代表中国政府的权威观点，对企业和个人也将提供准确、可靠的贸易政策信息。

4. 为当事人提供司法审议的机会

承诺在与中国《行政诉讼法》不冲突的情况下，在有关法律、法规、司法决定和行政决定方面，为当事人提供司法审查的机会。

5. 逐步放开外贸经营权

承诺在加入WTO后3年内取消外贸经营审批权，已享有部分进出口权的外资企业将逐步享有完全的贸易权。贸易权仅指货物贸易方面进口和出口的权利，不包括在国内市场的销售权，不同产品的国内市场销售权取决于中国在服务贸易方面作出的承诺。

6. 逐步取消非关税措施

加入WTO后，将已有400多项产品实施的非关税措施（配额、许可证、机电产品特定招标）在2005年1月1日之前取消，并承诺今后除非符合WTO规定，否则不再增加或实施任何新的非关税措施。

7. 不再实行出口补贴

中国承诺遵照WTO《补贴与反补贴措施协议》的规定，取消协议禁止的出口补贴，通知协议允许的其他补贴项目。

8. 实施《与贸易有关的投资措施协议》

中国承诺加入WTO后实施《与贸易有关的投资措施协议》，取消贸易和外汇平衡

要求、当地含量要求、技术转让要求等与贸易有关的投资措施。根据大多数 WTO 成员的通行做法，承诺在法律、法规和部门规章中不强制规定出口实绩要求和技术转让要求，由投资双方通过谈判议定。

9. 以折中方式处理反倾销、反补贴条款的可比价格

在中国加入 WTO 后 15 年内，在采取可比价格时，如中国企业能明确证明该产品是在市场经济条件下生产的，可以该产品的国内价格作为依据，否则，将找替代价格作为可比价格。该规定也适用于反补贴措施。

10. 接受特殊保障条款

在中国加入 WTO 后 12 年内，如中国出口产品激增造成 WTO 成员国内市场紊乱，双方应磋商解决，在磋商中，双方一致认为应采取必要行动时，中国应采取补救行动。如磋商未果，该 WTO 成员只能在补救冲击所必需的范围内，对中方撤销减让或限制进口。

11. 接受过渡性审议

在中国加入 WTO 后 8 年内，WTO 相关委员会将对中国和成员履行 WTO 义务和实施加入 WTO 谈判所作承诺的情况进行年度审议；然后在第 10 年完全终止审议。中方有权就其他成员履行义务的情况向委员会提出质疑，要求 WTO 成员履行承诺。

（三）基本承诺

1. 逐步降低关税

中国自 1992 年以来，经过几次大幅度自主降税，2001 年的总体关税水平为 14%。根据加入 WTO 时所作的承诺，2002 年已降至 12%，2005 年已下降至 10% 左右。

2. 逐步开放服务市场

开放服务市场的承诺主要涉及电信、银行、保险、证券、音像、分销等部门，主要承诺如下：

（1）电信：承诺逐步允许外资进入，但在增值和寻呼方面，外方最终股比不超过 50%，不承诺外商拥有管理控制权；在基础电信中的固定电话和移动电话服务方面，外方最终股比不得超过 49%。

（2）银行：承诺在加入 2 年后允许外资银行在已开放的城市内向中国企业提供本币服务，加入 5 年后允许其向所有中国个人提供本币服务。

（3）保险：在寿险方面，承诺允许外资进入，但坚持外资股比不超过 50%，不承诺外资拥有管理控制权；承诺 3 年内逐步放开地域限制。

（4）证券：A 股和 B 股不承诺合并，不承诺开放 A 股市场（即不开放资本市场），但允许成立合资公司。

（5）音像：承诺开放录音和音像制品的分销，但不包括出版和制作，电影院的建

设不允许外资控股，音像领域只允许根据中国的法律规定设立中外合作企业，同时音像制品的输入和分销必须按中国国内法律法规进行审查。

（6）电影：承诺加入后每年允许进口 20 部分账电影。

3. 根据《与贸易有关的知识产权协定》对知识产权进行保护

四、中国加入 WTO 后的机遇与挑战

（一）符合中国的根本利益和长远利益

1. 中国对外开放将进入一个新阶段

加入 WTO，扩大了中国的市场准入范围，增加了贸易机会，改善了中国的贸易、投资条件，提高了服务业的开放程度。它使中国在更大的范围、更广阔的领域、更高的层次上参与国际经济技术合作，增强对外资的吸引力，把国内市场与国外市场更加紧密地联成一体，实现资源优化配置；可以充分、有效地利用国内外两种资源、两个市场，更好地"引进来"、"走出去"，把中国对外开放提高到一个新的水平。

2. 有力地推进社会主义市场经济体制

加入 WTO 后，客观上要求按市场经济的一般规律，调整和完善社会主义市场经济的行为规范和法律体系，消除生产方式中不适应时代要求和生产力发展的体制和机制障碍，依法办事，转变政府职能和工作作风，建立和完善全国统一、公平竞争、规范有序的市场体系，为经济发展创造良好的体制环境，这将有力地推动中国的市场经济体制改革。

3. 促进经济持续快速健康发展

加入 WTO，将促进国内结构调整同正在进行的全球性经济结构调整紧密结合，依据中国产业的比较优势和全球产业发展趋势，适应国际市场竞争的要求，加快科技进步和创新，不断推进国民经济结构的优化升级，提高产业和产品的竞争力，尽快实现经济增长方式的根本性转变，推动国民经济在既有较高速度又有较好效益的轨道上持续发展。

4. 促进海峡两岸经贸关系的发展

在中国加入 WTO 后，台湾作为中国单独关税区也成为 WTO 成员。两岸加入 WTO 后，都要遵循 WTO 的非歧视原则和市场开放原则，这将有利于促进海峡两岸实现"三通"，促进两岸经贸关系的进一步发展与和平统一大业的实现。

（二）为中国经贸济发展提供了新的历史机遇

1. 拓展国际市场

加入 WTO 后，中国将在国际贸易事务中享有更多的权利，获得更加稳定的国际经贸环境，享受其他国家和地区贸易投资自由化的便利。它对充分发挥中国的比较优势、

拓展国际市场、发展同各国和地区的经贸往来与合作必将起到积极作用。中国可以直接参与国际多边贸易新规则的制定，维护中国的正当权益，分享世界贸易体制发展带来的更多机会和利益。

2. 改善投资环境

加入 WTO 后，随着中国向 WTO 其他成员提供国民待遇，提高贸易政策及法律、法规的透明度，扩大市场准入的范围，逐渐减少对外商投资的限制，外商进入中国市场的门槛将大大降低，外商投资的空间也将扩大。中国投资环境的上述改善，将促进中国利用外资进入一个新的高潮。

3. 扩大对外投资

加入 WTO 后，中国企业可以利用其他成员开放市场、对 WTO 成员提供非歧视和互惠待遇的便利条件，在更大程度上走向国际市场，参与国际经济竞争。

4. 提高资源配置效率

加入 WTO 后，中国企业可以充分利用中国市场、劳动力、土地、自然资源等方面具有的优势，在更广阔的世界市场上开展合作与竞争，实现资源优化配置，提高国际竞争力。同时，中国将进一步加快改革，国内地区间的封锁和一些行业的垄断将逐渐打破，生产力要素将得到更加有效、合理的配置，资源优势将得以充分发挥。

5. 促进国有企业改革

加入 WTO 后，随着市场加大的开放和跨国公司更多的进入，中国国有企业将不得不接受国际竞争的冲击和考验，只有通过改善自身素质，积极参与竞争，才能继续生存和发展。同时，国有企业会有更多机会吸收国外的先进技术，学习国外企业先进的运作方式和管理经验，通过与外商的合资与合作，加快结构调整和产品升级换代，增强竞争能力。

6. 促进私营企业发展

中国加入 WTO 后，一些行业如金融、外贸、供电、交通运输等将取消不能私营的禁令，与其他企业的待遇日益平等，将为民营企业带来空前的发展机遇。

（三）中国加入 WTO 受到的挑战

其中包括：一些政策法规还不适应 WTO 规则，政府已有的和惯用的宏观调控手段受到制约；政府职能的转变；国内外市场竞争加剧；贸易争端向纵深发展；地区发展可能更加不平衡；世界经济对中国经济的负传递渠道加多和加重等。

本章小结

1. 随着第二次世界大战后经济的恢复与发展，世界市场空间和内容不断扩大，竞争随之加剧。为维护国际贸易秩序，出现了贸易各国应共同遵守的国际规则机制，即建立多边贸易体制的要求。20 世纪 40 年代后期，在联合国主持下开始筹建国际贸易组织，因受美国未批准接受的影响，该组织夭折。此间，由23 国于 1947 年 10 月 30 日签订 GATT，1948 年临时生效，待国际贸易组织成立后，并入其中。因该组织胎死腹中，该协定成为“准国际贸易组织”和多边贸易体制的基础。

2. 在 1947 年 GATT 主持下，1948 ~ 1993 年间，举行了八轮多边贸易谈判，谈判内容从关税扩大到非关税，促进了贸易自由化，加速了第二次世界大战后世界经济的恢复和发展。

3. 20 世纪 80 年代以后，在世界经济出现滞涨和新贸易保护主义兴起的背景下，以先天不足的 GATT 为基础的多边贸易体制需要改进和加强，以适应经济贸易迅速变化的需要。在 GATT 第八轮多边贸易谈判中，达成了建立 WTO 的协定。1995 年 WTO 成立，取代 1947 年 GATT 成为世界多边贸易新体制的组织和法律基础。

4. WTO 是 1947 年 GATT 的继承和发展，二者有联系但又不同。以 WTO 为基础的世界多边贸易体制的目标是扩大国际贸易，其主要目标是为出口企业的货物和服务产品提供自由、有保证、可预测的国际市场，促进投资自由化，加强对知识产权的保护。这些目标是通过 WTO 负责实施管理的近 30 个贸易协定与协议来实现的。

5. WTO 自运行以来，举行了 6 届部长级会议，达成了一些新协议，促进了贸易和投资的自由化，加强了知识产权制度，解决了不少贸易争端，推动了经济全球化。其成员的贸易额已占全球贸易额的 90% 以上，对国际贸易与经济的发展影响重大，成为无可替代的国际组织。但是，由于协定和协议执行的不平衡，加上地区经贸集团的迅速发展和国际贸易新事务的不断出现，使 WTO 受到严峻挑战。为了应对挑战，从 2002 年开始，WTO 进行多哈发展回合多边贸易谈判，计划于 2004 年底结束，因矛盾过多，结束日程不断拖后，到 2008 年仍未结束。

6. 在改革开放国策下，中国经过 15 年的漫长谈判，于 2001 年 12 月成为 WTO 第 143 个成员。中国加入 WTO 后，在认真享受权利的同时，如实地履行了承诺的义务，改善了中国的国际贸易环境，推动了中国社会主义市场经济体制的建立与完善，促进了中国对外贸易的巨大发展，提高了中国的综合国力，加强了中国在 WTO 中的作用。与此同时，中国和与其他成员的互动加多，相互影响加强。

◇ 思考题

1. 什么是 WTO 确立与发展的基础？
2. WTO 的职能是什么？
3. WTO 如何解决其成员之间的贸易争端？

4. WTO建立后取得了哪些成就？遇到了哪些挑战？
5. 多哈发展回合谈判的主要议题是什么？
6. 中国加入WTO的法律文件是什么？

主要参考文献

一、英文

1. James R. Markusen. International Trade. McGraw Hill，1995.

2. Giancarlo Gandolfo. Internatioanl Trade Theory and Policy. Springer-verlag Berlin-Heidelberg，1998.

3. Peter J. Hugill. World Trade since 1431. The Jones Hopkins University Press，1993.

4. UNCTAD，WORLD INVESTMENT REPORT.

5. WTO，WORLD TRADE REPORT 2007.

二、中文

1. 姚曾荫．国际贸易概论．北京：人民出版社，1987.

2. 薛荣久．国际经贸理论通鉴：第一卷，第五卷．北京：对外经济贸易大学出版社，2008.

3. 薛荣久．国际贸易．北京：对外经济贸易大学出版社，2008.

4. 石广生．中国加入世界贸易组织知识读本．北京：人民出版社，2001.

5. 米亚·麦科克．国际贸易．北京：中国税务出版社，2007.

6. ［美］罗伯特·A·帕斯特．走向北美共同体．中译本．北京：中国商务出版社，2004.

7. 中华人民共和国商务部．国别贸易投资环境报告 2007. 北京：人民出版社，2007.

8. 戴维·C·科顿．当公司统治世界．中译本．广州：广东人民出版社，2006.

9. 联合国贸易与发展会议．世界投资报告（历年）．北京：中国财经出版社．

主要参考文献

一、英文

1. [illegible] B. [illegible] International [illegible] (1993)

2. [illegible] International [illegible]

3. [illegible] World Trade [illegible]

4. [illegible] TRADE [illegible]

5. WTO, WORLD TRADE REPORT 200[illegible]

二、中文

1. [illegible] 1985

[illegible] 2008

[illegible] 2005

[illegible] 2007

[illegible] 2004

[illegible] 2007

8. [illegible]